普通高等学校"十四五"规划汉语言文学国家级一流专业建设
暨教育部师范类专业认证特色实践精品教材

编写委员会

顾　问

李向农　华中师范大学教授、博士生导师
　　　　教育部师范类专业认证专家组组长

汪国胜　华中师范大学教授、博士生导师
　　　　华中师范大学国家语言文字推广基地主任
　　　　教育部人文社会科学重点研究基地语言与语言教育研究中心主任

杨荣祥　北京大学中文系人文特聘教授、博士生导师
　　　　北京大学国家语言文字推广基地首席专家

总主编

盛银花　湖北第二师范学院文学院教授

编　委（按姓氏拼音排序）

戴　峰（湖北第二师范学院）　　方　正（黄冈师范学院）

郭　彧（湖北科技学院）　　　　李汉桥（湖北第二师范学院）

马　英（湖北第二师范学院）　　盛银花（湖北第二师范学院）

童　琴（湖北第二师范学院）　　汤元勇（黄冈师范学院）

余志平（湖北工程学院）　　　　张鹏飞（湖北大学）

普通高等学校"十四五"规划汉语言文学国家级一流专业建设
暨教育部师范类专业认证特色实践精品教材

总主编　盛银花

中学语文阅读教学与实践

主　　编◎盛银花
副主编◎陶立军　李汉桥

华中科技大学出版社
http://press.hust.edu.cn
中国·武汉

内 容 简 介

本教材以提升本科师范院校汉语言文学专业学生的中学语文阅读教学能力为核心,旨在帮助语文教师掌握中学语文阅读教学理论知识和实践技能。汉语言文学专业的师范生在本科学习阶段,需要了解中学语文阅读教学有关知识、掌握中学语文阅读教学实践技能,以满足毕业要求,明晰职前做什么、怎么做的问题。

全书共六章,每章都配有中学语文阅读教学案例,还设置了知识检验与问题思辨。本教材适用于本科师范院校汉语言文学专业学生,也可作为本科师范院校汉语言文学专业的选修教材和职后语文教师的培训教材。

图书在版编目(CIP)数据

中学语文阅读教学与实践 / 盛银花主编. -- 武汉 : 华中科技大学出版社,2025.5. -- ISBN 978
-7-5772-1821-2

Ⅰ. G633.332

中国国家版本馆 CIP 数据核字第 2025GQ2391 号

中学语文阅读教学与实践
Zhongxue Yuwen Yuedu Jiaoxue yu Shijian

盛银花　主编

策划编辑:周晓方　杨　玲
责任编辑:周　天
封面设计:原色设计
责任校对:张汇娟
责任监印:曾　婷
出版发行:华中科技大学出版社(中国·武汉)　　电话:(027)81321913
　　　　　武汉市东湖新技术开发区华工科技园　　邮编:430223
录　　排:华中科技大学惠友文印中心
印　　刷:武汉市洪林印务有限公司
开　　本:787mm×1092mm　1/16
印　　张:15.5　插页:2
字　　数:329 千字
版　　次:2025 年 5 月第 1 版第 1 次印刷
定　　价:59.90 元

总序

INTRODUCTION

我们要为谁培养人才,以及培养什么样的人才,是高等师范教育人才培养需要首先明确的重要问题。教育部《教师教育振兴行动计划(2018—2022年)》明确指出,"教师教育是教育事业的工作母机,是提升教育质量的动力源泉",师范院校应"采取切实措施建强做优教师教育,推动教师教育改革发展,全面提升教师素质能力"。国家"双一流"建设和新文科建设中关于师范生的培养终极目标是"有理想信念、有道德情操、有扎实学识、有仁爱之心"的优秀教师。2017年开始的高等学校师范类专业认证,秉持学生中心、产出导向、持续改进的理念,设定的毕业要求是践行师德、学会教学、学会育人、学会发展,对师范生的培养有了明确的标准。2019年,教育部开始实施一流本科专业建设"双万计划",呼唤教育教学深度改革。同年,中共中央、国务院印发的《中国教育现代化2035》强调:中国特色教师教育体系应"强化职前教师培养和职后教师发展的有机衔接。夯实教师专业发展体系,推动教师终身学习和专业自主发展","加强课程教材体系建设,科学规划大中小学课程,分类制定课程标准,充分利用现代信息技术,丰富并创新课程形式"。在这样的背景下,为了响应师范类专业认证要求和一流本科专业建设、一流本科课程建设要求,我们决定组织编写特色实践系列教材。

2019年以来,湖北第二师范学院汉语言文学专业先后获批为省级和国家级一流本科专业建设点,通过了教育部师范专业认证(中学教育第二级)。在此期间,根据师范类专业认证的要求,我们对应"一践行三学会"的毕业要求,将中文专业师范生的培养目标设定为四点。一是师德为先。积极践行师德规范,有家国情怀,有理想信念,有仁爱之心;能够依法执教,将汉语言文学知识和人文精神内化到人生修养和工作之中,重视文行出处,不断提高传道授业解惑的能力和职业自豪感。二是笃学善教。掌握扎实的汉语言文学基础知识,理解学科知识体系的基本思想和方法;具有科学的教育观,具备人文、艺术、科学素养,掌握中学语文教学技能,能够研究和解决基础教学问题,善于组织和开展中学语文教学活动。三是以文化人。能够结合汉语言文学学科知识进行育人活动,自觉继承和传播先进文化;掌握中学生身心发展特点和语文教育教学规律,具备班级管理能力和组织育人活动的能力。四是好修为常。具有反思意识和沟通协调能力,具备团队合作精神,能够应对未来教育的变化,乐于接受教育理念和知识结构的更新,践行终身学习理念,实现专业发展和自我完善的统一。

如何让学生实现这四个目标呢?我们认为,将人才培养观念从"师范教育"转向"教师教育"是一条关键的路径,这意味着我们必须重视师范课程的实践性取向,必须将职前的师范教育与职后的教师素质提升递进贯通,使学生在实践活动中收获内在的教学体验和教育智慧,为自我的持续发展奠定基础。这种实践活动既包括大学期间学习的有关课程的实践,又包括针对中学语文教学的实践。这就要求学生在学习大学有关知识体系的同时,针对中学语文课程新目标的要求,开展相应的实践教学活动。作为实践教学活动的指导,特色实践教材是非常重要的。我们组织业内人士讨论、论证,认为编写一套适应一流专业建设和师范类专业认证要求的师生用书是非常必要和迫切的。这套"普通高等学校'十四五'规划汉语言文学国家级一流专业建设暨教育部师范类专业认证特色实践精品教材"(以下简称"精品教材")就应时而生了。"精品教材"按照最新版中学语文新课程标准和高校师范类专业认证要求进行设计,力求涵盖中学语文教学所涉及的各方面的主要内容。"精品教材"总主编为盛银花,共计 5 册,分别为:

《语文教学设计与实施》(马英 主编)

《国学经典名篇诵读》(李汉桥 主编)

《中学语文阅读教学与实践》(盛银花 主编)

《文学鉴赏与中学诗文教学实践》(戴峰 主编)

《古代汉语与中学文言文教学实践》(童琴 主编)

"精品教材"涵盖了中学语文教学的各个方面,不仅可以作为在校师范生教材用书,也是即将从事中学语文教学的人和正在从事中学语文教学的人提升自己的教学能力和实现自修的重要参考,是连接高等师范教育和中学语文教学的桥梁,因而这套"精品教材"的读者对象为下列三类人员:一是高校师范类汉语言文学专业教师,他们在讲授理论知识的同时,需要了解中学语文教学实践的有关内容,做到理论和实践相结合;二是高校师范类汉语言文学专业大学生,他们可以把"精品教材"作为达成毕业要求和将来从事中学语文教学的参考用书;三是中学语文教师,他们可以把"精品教材"作为参考用书,因为它包含大学理论知识的实践指导。

为了达到上述目的,"精品教材"的编写原则有二。一是打破大学语言文学知识与中学语文教学实践的界限,使大学教师了解中学语文实践,达到理论和实践相结合,使中学语文教师了解大学知识理论体系,提升中学语文教学素养。二是注重实践技能培养,以教学实例阐释教学原理,用课程案例来证实学习规律,授人以"渔",教学相长,把握当下,成就未来。

是为序。

盛祝花

2022 年 4 月 26 日

前言

PREFACE

书籍是人类汲取知识力量的源泉，而阅读则是人类积累知识、形成智慧、塑造灵魂的重要途径。一个人的阅读经历可以反映出其精神世界的成长轨迹，而国民的精神力量则是一个国家发展的重要动力，这种精神力量根植于广泛的阅读。步入信息时代，海量、碎片化的信息资源催生了低质量、快餐式的阅读方式，这使得深度阅读成为这个时代的稀缺品。

《普通高中语文课程标准（2017年版2020年修订）》提出了语文核心素养培养要求，就是学生语言能力、思维能力、认知能力、文字运用能力的语文教学目标。而语文阅读教学活动是实现语文核心素养的培养要求的重要途径，因为阅读就是从视觉材料中获取信息的过程，是一种通过运用语言文字来获取信息和知识、发展思维并获得审美体验、认识外部世界的活动，是一种感受、理解、领悟、吸收、鉴赏、评价和探究文章的思维过程。作为语文教学中的重要组成部分，阅读是培养学生自主获取有效信息、加工信息、理解语言内涵、获得审美体验的有效方法。阅读教学则是学生、教师和文本之间的多方交流过程，它侧重于在阅读活动中对信息进行处理，并通过对文本内容理性的思考和分析等，促使学生形成一定的感悟、观点。

21世纪初，教育部首次下发了《语文课程标准》，其中明确要求教师培养学生的阅读兴趣，增加学生的阅读量，扩大学生的阅读面，同时教师在教学过程中也要多读书、读好书。之后，教育部对《语文课程标准》进行了修订，要求教师鼓励学生自主选择优秀的阅读材料，并加强对学生课外阅读活动的指导，积极开展各种课外阅读活动。《普通高中语文课程标准（2003）》强调，教师要培养学生广泛的阅读兴趣，扩大学生的阅读视野，要引导学生读好书、读整本书，丰富精神世界，提高学习品位，要求高中学生课外自读五部以上文学名著以及其他读物，总量要超过150万字。《普通高中语文课程标准（2017

年版 2020 年修订)》再次提出:"必修阶段各类文本的阅读量不低于 150 万字。""选择性必修阶段各类文本的阅读总量不低于 150 万字。"包括《乡土中国》和《红楼梦》在内的经典著作,都需要学生在课外独立、自主阅读。

针对至少 150 万字的课外阅读任务,我们要思考:学生是否具备独立的阅读能力?怎么才能让学生学会独立阅读?课堂内的阅读指导如何引领学生课外独立阅读?用什么方法来检验学生独立阅读学习的深度和有效性?

本教材致力于探索新时代、新课标、新高考背景下中学语文课内外阅读教学方法及其实践,为师范院校汉语言文学专业学生提供针对中学语文阅读教学的职前训练资料,汉语言文学专业的师范生在本科学习阶段,需要了解中学语文阅读教学有关知识,掌握中学语文阅读教学实践技能,以达成其毕业要求,明晰师范生职前做什么、怎么做的问题。

全书共六章。第一章介绍了中学语文阅读教学要求。第二章分析了中学语文阅读教学现状。第三章说明了中学语文阅读教学目标。第四章探讨了中学语文阅读教学策略。第五章总结了中学语文阅读教学模式。第六章阐述了中学语文阅读教学实践。

目录

CONTENT

中学语文阅读教学要求

第
一
章

第一节　语文新课标阅读要求

一、新课标对高中阶段整本书阅读数量提出要求

　　《普通高中语文课程标准(2017 年版 2020 年修订)》(以下简称《课程标准》)在"关于课内外读物的建议"中提出,高中阶段要求学生在课内外加强阅读,培养阅读的兴趣和习惯,提升阅读品位,掌握阅读方法,提高阅读能力。此外,《课程标准》对整本书阅读的数量提出明确要求,其中举例的"整本书"有 33 本,分别为文化经典著作、小说、剧本、语言文学理论著作,其余的诗词、散文、当代文学作品、科学人文类作品并未给出具体书目,只是对整本书的类别进行了划分,推荐了相关作者或要求教师根据班级情况灵活推荐。其中列举的现代小说有 18 本,表明《课程标准》十分重视现代小说的整本书阅读,高中生应该增加现代小说的阅读量。目前高中语文课程分为三个阶段:必修、选择性必修和选修,在普通高中语文课程结构及学分的设计中,"整本书阅读与研讨"贯穿高中生整个语文学习过程,在必修课程中占据 1 分,在选择性必修和选修中不设学分,但将"整本书阅读"学习任务群分别渗透于中华传统文化专题研讨、中国革命传统作品专题研讨、中国现当代作家作品专题研讨等学习任务中,并且《课程标准》在"学习要求"部分明确提出"必修阶段以及选择性必修阶段,学生文本的阅读量不低于 150 万字"[①]。同时建议学生学会运用多种整本书阅读方法,对各种体裁的文本都能达到了然于胸。在一定程度上,《课程标准》对"整本书阅读"量的规定,也是对高中生阅读数量提出的具体要

　　① 中华人民共和国教育部.普通高中语文课程标准(2017 年版 2020 年修订)[M].北京:人民教育出版社,2020:10-11.

求,依赖具体的阅读书目,培养学生良好的阅读习惯,为终身阅读打好基础。

二、新课标对中学生拓宽阅读视野的要求

《课程标准》在"整本书阅读与研讨"学习任务群中提出"本任务群旨在引导学生通过阅读整本书,拓展阅读视野,建构阅读整本书的经验"①。要求增加高中生阅读数量,扩展阅读范围。在《课程标准》的阅读书目内容可划分为三大类:文学、语言文学理论、科学人文。文学类的包括诗歌、小说、散文、戏剧四大类,涉及的书目有《三国演义》《红楼梦》《四世同堂》《家》等经典著作。其中现代小说占比较大的原因是高中生的生活比较简单,而现代小说的现实性较强,能够将社会中的大部分事件记录下来,阅读现代小说可以帮助学生全方位地了解社会,获得更为丰富的生活经验。通过阅读科学人文论著,学生能够锻炼理性思考能力,感受科学的魅力,体会作家缜密的逻辑,精练的语言,从而提高思维的逻辑性。通过阅读语言文学理论著作,学生可以了解更高阶的艺术思想发展和演变的过程。这些经典的作品凝聚了优秀作者的智慧,学生在阅读时能够领略文学、语言文学理论、科学人文的不同艺术特点,形成自己的阅读经验,不断提升自身的文学素养,所以整本书阅读是拓宽学生阅读视野的重点。

三、新课标核心素养对中学语文阅读教学的要求

根据《课程标准》的要求,新课改下的语文教学要以培养学生的语文学科核心素养为目标,将"语言建构与运用""思维发展与提升""审美鉴赏与创造""文化传承与理解"②渗透到语文教学的各个环节,培养学生的必备素养和关键能力;同时也强调要重视在阅读与鉴赏、表达与交流、梳理与探究等语文教学活动中提升学生的语文阅读能力。而阅读教学是语文教学的重要组成部分,是引导学生进行阅读与鉴赏、梳理与探究等学习活动的重要环节之一,在阅读教学中,学生不仅能够收获基础性的语文知识和技能,还能够在欣赏、梳理和探究的过程中提高理解能力、思辨能力和审美能力,可以说阅读教学是落实新课标要求的重要环节。

四、新课标对阅读与思维的要求

《课程标准》将语文学科核心素养概括为语言建构与运用、思维发展与提升、审美鉴赏与创造、文化传承与理解。首次将"思维"提升到与"文化"同等的地位,对应"思维发展与提升"的核心素养,提出了"增强形象思维能力""发展逻辑思维""提升思维品质"的

---

① 中华人民共和国教育部.普通高中语文课程标准(2017年版 2020年修订)[M].北京:人民教育出版社,2020:11.

② 中华人民共和国教育部.普通高中语文课程标准(2017年版 2020年修订)[M].北京:人民教育出版社,2020:3.

课程目标；设置了 18 个学习任务群①，其中关于阅读教学和思维发展的就有 6 个，分别是：思辨性阅读与表达、文学阅读与写作、实用性阅读与交流、整本书阅读与研讨、跨媒介阅读与交流、学术论著专题研讨。在学生的阅读能力培养过程中，思维发展同语言运用、审美鉴赏、文化传承是不可分割、相辅相成的。教师要指导学生解读文本，体会作品的语言美、意境美、情感美，从而全面提升学生的审美水平。

第二节　新高考改革发展趋势

当前，新高考改革工作不断深化，高考语文作为中学语文教育教学工作的指挥棒，其对阅读考核要求的变化，使得语文阅读教学的优化与创新工作刻不容缓。查阅新高考改革以来的高考试卷，我们可以发现，试卷中的阅读部分有如下变化，这也是语文阅读课堂教学改革的重要依据。

一、新高考改革增加了阅读题量

新高考改革过程中最为显著的一个变化，就是语文阅读题量大幅度增加了，而这个变化势必会给学生的答题带来巨大的挑战。以前的语文高考试卷的阅读量普遍在7000 字左右，新高考改革以后语文试卷的阅读量提高到 9000 字左右，且随着高考改革工作的不断深化与进一步推进，阅读量还会进一步增长，这就意味着学生完成阅读题的时间会越发紧张，学生不得不提高自身的阅读速度，来适应新高考的变化趋势。

二、新高考改革扩大了阅读范围

新高考对学生语文阅读能力的考核内容已远远超出了日常课堂的授课范围。以往语文高考的阅读内容普遍聚焦文学层面，而新高考改革后语文高考阅读内容所涉及的范围大大增加了，无论是人文、历史，还是哲学、科学都有所涉及，这说明仅仅局限于课本上的文本内容是远远不够的。这就对学生阅读知识的积累提出了更高的要求，对学生的阅读理解能力和信息处理能力都提出了挑战。

三、新高考命题的变化

高考作为学生学习和教师教学的重要导向，始终处于不断的变革和发展中，近几年的高考对整本书阅读的考查越来越重视。除全国卷之外，一些自主命题的省份率先开始考查整本书阅读的教学效果。2017 年，"整本书阅读与研讨"作为学习任务群出现在

① 中华人民共和国教育部.普通高中语文课程标准(2017 年版 2020 年修订)[M].北京：人民教育出版社,2020:8.

《课程标准》中,成为新一轮高考命题的方向,与此同时,关于整本书阅读的命题数量在各地区高考试题中逐渐增加。2016—2018年间,江苏、北京、天津均以选择题、微写作、简答题三种题型考查了学生对整本书阅读的情况,其中北京卷对"整本书阅读"的考查侧重学生的"读写结合"能力,借助设定情境、对比阅读等试题考查学生的个性化解读能力。对"整本书阅读"的考查,在测试内容上层层深入,命题材料上更加注重整合。2022年全国高考语文甲卷以"情境化"试题考查了学生对《红楼梦》情节的鉴赏和理解能力,巧妙借助了原著文本,给予学生创作空间,让学生结合实际对《红楼梦》的情节进行个性化解读和创造性表达,减少了学生与名著的距离感,引导学生从不同角度表达自己的理解,这有利于语文阅读教学的去模式化。总之,新课标将"整本书阅读"作为高考考查目标,表明"整本书阅读"和新高考的指向应保持一致。

四、新高考改革注重阅读与思维的关联

语文高考试卷满分为150分,题型分为四部分:第一部分为现代文阅读(36分),分为论述类文本阅读(9分)、实用类文本阅读(12分)、文学类文本阅读(15分);第二部分为古代诗文阅读(共34分),分为文言文阅读(19分)、古代诗歌阅读(9分)、名篇名句默写(6分);第三部分为语言文字运用(20分);第四部分为写作(60分)。其中阅读部分占了70分,重要性不言而喻。

以2022年全国高考语文甲卷为例,与往年高考试卷相比,该试卷的难度加大了,阅读量也有所增加,题型稳中有进、稳中求变,注重考查学生的语言运用与表达能力、审美与鉴赏能力、阅读与思维能力。具体而言,主要变化有四点。其一是文学类文本阅读,从之前的一篇文章变为两篇文章,形成了比较阅读,第二个简答题也变为比较分析题。其二是实用类文本阅读,由三组材料组成了非连续性文本阅读。其三是古代诗歌阅读也变成两首诗的比较阅读,简答题变为比较分析题。其四是在语言文字运用部分,第17、18题由以前的选择题变成了填空题,分别是填写成语和病句修改,难度有所增加,更能考查学生的知识积累、语言运用与表达能力;第19题为选择题,考引号的用法;第21题由简答题变为选择题,考修辞手法的辨析,注重考查学生对基础知识的运用和思辨能力。

综上所述,高考试卷依托考试大纲与《课程标准》,着重关联新教材,深化基础考查,创新试题形式,渗透了语文学科核心素养,贯彻了立德树人的根本任务,体现了时代性和实践性。高考试卷灵活考查了考生运用知识解决问题的能力及各种思维能力,侧重考查学生在论述类文本、实用类文本阅读中体现的逻辑思维和辩证思维能力,在文学类文本阅读中体现的形象思维和批判性思维能力,在文言文阅读中体现的逻辑思维和批判性思维能力,在古代诗歌阅读中体现的形象思维和创造性思维能力,在写作表达中体现的系统思维和辩证思维能力等。

第三节　新教材单元编写特点

一、新教材单元中的板块设置

当前通用的普通高中语文教科书是由教育部统一编写的,又称部编版高中语文教材,于 2019 年在全国范围内陆续投入使用。该教材一共有五册,分为必修上册、下册,选择性必修上册、中册和下册。

部编版高中语文教材共设计了 28 个学习单元,必修教材每册 8 个单元,选择性必修教材每册 4 个单元。其中包括 22 个以课文为核心的单元,2 个"整本书阅读"单元和 4 个活动类单元,还在各册最后设置了一个独立的"古诗词诵读"板块,每册有 4 首古代诗歌,共 20 首。在必修教材中,以阅读与写作为主的单元有 13 个,包括 5 个"文学阅读与写作"单元,3 个"思辨性阅读与表达"单元,3 个"实用性阅读与交流"单元,2 个"整本书阅读与研讨"单元。在选择性必修教材中,除了一个活动类单元,其余均是以阅读与写作为主的单元。每个单元设有"单元导语","单元导语"一般由三段话组成,简明扼要地说明单元的人文主题、所属学习任务群、选文情况、单元核心任务及学习目标。每篇课文后面有"学习提示"。必修教材每个单元后面都设置了"单元学习任务",选择性必修每个单元后面设有"单元研习任务",安排了三至四个具体学习任务,包括阅读与鉴赏、表达与交流、研读与讨论、写作等,引导学生在课后进行深入思考。

二、新教材学习任务群中的阅读主题

部编版教材按照人文主题和学习任务群双线编排单元,以部编版高中语文必修上册为例,8 个单元的学习任务群就包括了"文学阅读与写作"单元 3 个,"思辨性阅读与表达""实用性阅读与交流""整本书阅读与研讨""当代文化参与""语言积累、梳理与探究"单元各一个;涉及的人文主题有:青春激扬、劳动光荣、生命的诗意、我们的家园、乡土的中国、学习之道、自然情怀和语言家园;涵盖了现代诗歌、小说、散文、新闻评论和古诗文。在第一单元诗歌与小说、第三单元古诗文、第七单元散文和古诗词诵读的阅读教学中,教师可以侧重培养学生的形象思维和创造性思维;在第二单元实用性文本和第六单元议论性文本的阅读教学中,教师可以着重训练学生的逻辑思维、辩证思维和批判性思维,锻炼学生的阅读表达和审美鉴赏能力。例如,必修上册的第六单元共有四篇课文、六篇文章,都是有关"学习"的议论性的文章,对应《课程标准》里"思辨性阅读与表达"学习任务群。其中,第一篇课文包括《劝学》和《师说》两篇文章,教师可进行群文阅读教学,激发学生的比较意识,培养其思辨能力。在"单元导语"中,首句就点明了"学习是永恒的主题",学生要以"学习之道"为核心,形成正确的学习观,学会有针对性地、合理地阐述自己的观点,这有助于锻炼学生的逻辑思维和辩证思维。"单元学习任务"设置了三个具体学习任务,后面有一段文字阐述了"议论要有针对性",就是要学会写议论文的方法,这契合了"单元导语"中的学习目标。

---- 检 测 与 思 辨 ----

1. 新课标关于语文阅读教学的要求有哪些?

2. 高考语文试卷改革内容及趋势是什么?

3. 部编版高中语文教材如何体现阅读内容?

第二章

中学语文阅读教学现状

第一节　中学语文阅读教学整体现状

一、采用单篇教学，缺乏任务群意识

对于众多的一线教师而言，单篇教学是惯常采用的教学方式。单篇与任务群之间存在一定的关系，任务群一般是由数个单篇组成的。因此，要合理处理单篇教学与任务群教学之间的关系，必须选择合适的教学方法开展任务群教学。《课程标准》设置了18个学习任务群，任务群阅读教学与传统的阅读教学最大的不同体现在教材编排内容上，任务群教学不仅突破了文体的限制，还按照整个单元内容提出了单元任务。部分教师在论述类文言文文本的教学过程中仍然采用传统的单篇教学方式，仅仅是将单篇文言文的主要内容进行翻译，并对艺术风格进行总结归纳，接着在课后让学生进行机械背诵。这种方法忽视了文本在单元中的位置、作用及其与其他篇目之间的关系，忽视了文本对于学生能力培养的重要作用，这不利于学生能力的提高和思维的发展。

二、文本分析浅尝辄止，缺乏深入思考

部编版高中语文教材里的学习任务群所选的都是非常经典的文本，不仅语言精练优美、结构合理，而且还蕴含着深刻的思想内涵和审美价值。要想领略这些文本的思想内涵和审美价值，必须进行理性思考，深入挖掘文本内容。有的教师对文本分析浅尝辄止，对文本内容的理解停留在表面，无法深入挖掘文本内涵并点明文本主旨。

例如，有的教师在讲授《六国论》时，以"论"这一文体导入，引导学生学习作者阐明观点的方法，明确了文章行文思路，进而分析得出六国破灭的原因是"弊在赂秦"，同时联系写作背景得出苏洵撰写本文的目的是委婉提醒北宋统治者要以史为鉴，奋起抵御，谋求"不赂而胜之"之道。这种讲授方法看似对文本进行了分析，但课堂教学解读到此

就结束,未免令人感到可惜。事实上,这篇文章作为议论文的典范,对于其论据部分是否符合史实这一问题还可以进行深入的探讨。教师可以进一步分析此时六国割地和战败的史实,为学生提供相关学者对这一问题的看法,发散学生思维。学生在阅读后可以继续探讨为什么在《六国论》中苏洵会有不符合史实的叙述和议论,进而从根本上认识本文的价值。

三、机械灌输知识,忽视知识整合

部编版高中语文教材中的许多文本内容都属于基础性语文知识,基础性的语文知识只能满足学生对于文本的浅层认知的需要,而要进行深刻且富有思辨性的阅读,则需要深入挖掘蕴含在基础性知识当中的更深层次的知识。对文本的深刻的认知是需要通过大量和丰富的基础性知识来转化和生成的,而且这部分知识是提高学生思维能力的重要内容。在传统的教学中,对基础性语文知识的灌输,主要表现为对概念进行生硬灌输、知识转化率低。几乎每一位学生都知道议论文的三要素为论点、论据、论证方法;古代诗歌的特征是"言志缘情";散文的特点是"形散而神不散",但是对于"古代诗歌是如何通过言志而缘情的"这样追本溯源的问题却一问三不知。究其原因是学生并没有真正理解,只是简单地对一些概念进行死记硬背,没有对这些知识进行深刻思考,仅凭简单思维训练和背诵进行识记,长此以往,学生容易丧失思维能力。①

例如,有的教师在教《劝学》时,仅仅根据议论文的三要素展开教学,从抓文章中心、寻找论据,以及生硬灌输论证方法等方面进行课堂教学,这样的课堂教学生硬枯燥,完全忽略了这篇文章当中说理语言的特点、所体现的学习观和更深层次的思想,学生只能在教师生硬的知识灌输过程中掌握论点、论据和论证方法。学生在运用所学的论证方法进行有力的表达时也是生搬硬套,没有新意,没有思考。教学中对学生的思维训练包括课堂教学中由教师引导进行的思维训练、单元练习设计和课外练习设计的思维训练。教材中学习任务群的选文多为古代文言文,在实际的教学过程中,教师课堂上的思维训练主要偏重文言文基础知识的识记和背诵,而忽视了教材单元练习的题目,课外也不去搜集可供使用的作业练习,指向高阶思维的练习训练设计更是少之又少,甚至有部分教师整节课上完了,无论是课上还是课下完全没有进行任何训练,只是单纯的知识灌输。而偏重识记、背诵的低阶思维训练不仅会使学生产生倦怠,更妨碍了学生批判性思维的形成。

四、问题设计低级,忽视思维训练

提出问题是解决问题的前提,课堂教学不能一味地向学生灌输知识,进行填鸭式教

---

① 孙利蕊.“思辨性阅读与表达”学习任务群专题阅读教学研究[D].哈尔滨:哈尔滨师范大学,2023:22.

学,而是要提出问题并解决问题,与学生进行交流互动。师生的交流互动离不开问题的提出,课堂提问不仅能够推动教学进程的深入,还能够激发学生的学习兴趣和注意力,调动学生解决问题的积极性,活跃学生的思维,促使学生主动探究、独立思考、推理评价并最终解决问题,为课堂教学增添活力。教师应该增强自身文本细读的能力,从细微处入手,通过提出具有思辨价值的问题,引导学生进行思维扩展和发散。当前有些教师的课堂提问并不具备思辨价值,表现在两个方面。一是问题设计被动、质量不高。一些一线教师在教学设计环节时,过分依赖教学参考用书,甚至在课前完全按照教学参考用书中的文本解读线索设置问题,在教学过程中也按照原先设计好的问题提问,没有进行灵活的发挥。教师如果仅仅为了完成教学而进行生硬的课堂提问,会限制学生思维的发展。教师提问如果仅为了推进教学,只关注答案能否得出,以及下一个问题怎样提出,而忽视学生在课堂上所迸发的思维火花,就会打压学生主动思维的积极性,不利于学生学会质疑和思考,不利于其思辨能力的提升。二是问题设计混乱,导致学生逻辑分析混乱。有的教师提出的问题之间没有形成合理的逻辑关系,导致学生在分析问题的过程中产生思维混乱。

例如有的教师在《烛之武退秦师》教学的课堂导入环节,以古代兵法著名的"三十六计"中的"借刀杀人"计引出本文烛之武在剑拔弩张的敌对情势下,一步步说服秦伯,使秦伯不仅撤走了围郑的秦军,反而派兵保卫郑国的事例;进而称赞烛之武有勇有谋、敢于奉献的精神品质;接下来通过提出四个问题引导学生进行分析:第一个问题是课文讲述了一个什么样的故事?秦、晋两国为什么围攻郑国?第二个问题是烛之武是怎样说服秦伯的?第三个问题是烛之武用哪些事实和事理一步步说服秦伯?其中哪一点最关键?第四个问题是烛之武的人物形象是怎样的?以上教学设计将结论当作前提,明显犯了"循环论证"的逻辑错误。在课堂导入环节就已经明确了本文解读的基本方向,向学生暗示了"烛之武有勇有谋"这个结论式的信息,因此,之后的文本分析就只能在开始就确定了结论的框架中进行,而且教师所提出的问题与问题之间关联性并不紧密,跨度大。可见,教师的引导逻辑混乱会直接影响学生对文本的理解,致使学生产生思维定式和思维混乱等问题。

五、缺少阅读资源开发,教学内容单薄

教师的实际教学内容既有对教学中现成教材内容的沿用,也有对教材内容的"重构"(处理、加工、改编、增删、更换);既包括对课程内容的执行,也包括在课程实施中对课程内容正面或负面的创生。[①] 简言之就是教师在课堂上向学生传授的内容包括知识

---

① 王荣生.语文教学内容重构[M].上海:上海教育出版社,2007:1.

技能、思想观点以及行为习惯等多个方面,教学内容对学生有重要的影响。教学内容的来源众多,除了统一使用的课内教材,教师还应该充分利用整合课外的优质资源,丰富课堂阅读教学。当前,受传统教学观念的束缚,很多教师对阅读教学资源的开发不充分。虽然教材中的篇目都是由教育专家精挑细选的,具有代表性和典型性,但是教材中所选的文本数量相对较少,文本的篇幅也较短,部分篇目从人教版到部编版一直没有更新。因而,教材的阅读文本数量相对较少,单篇文本内容篇幅也相对有限。想要使语文阅读教学课堂有活力,就必须充分开发教材资源,灵活地运用教材资源。教材是教学的参考,教师要以教材为本,不断向外延伸,引导学生探索教材以外的知识和技能,只有这样才能让语文教材资源发挥其导向作用。

例如,某教师按照凯洛夫五步教学法对《六国论》进行教学设计,在教学过程中,他仅仅对教材中的课文进行了翻译,对文章的结构和主旨进行了简单分析,然后就让学生在课下进行背诵和默写。这不仅导致学生对学习产生倦怠心理,更容易导致教师对教学产生懈怠心理。《六国论》是一篇具有深刻内涵的论述类文本,课内外也有很多可供利用的教学资源,教师可以采用比较鉴赏法,与贾谊的《过秦论》、苏辙的《六国论》以及李桢的《六国论》三篇文章进行比较阅读和分析,这样不仅能够使学生深刻理解教材中的《六国论》,而且能够开阔学生视野,使学生学到更多的说理方法,掌握更多的说理角度。值得注意的是,对课外阅读资源的运用要合理。

第二节　中学语文教师阅读教学现状

一、阅读教学环节设计缺乏梯度,碎问碎答

教师备课要备两头,一头是教材,一头是学生。语文阅读教学中最重要的两点:一是恰当的教材内容,二是有效的教学组织。其中,教学内容是居于首位的。但语文阅读教学的现状往往是,不管什么课文,不管什么学生,教师都按特定文体上课,设置的几个问题难易程度也无太大区别。教师需要从学情出发进行教学设计,在教学目标的设置阶段,就要考虑学生的知识接受程度、文本特点,设计由认知接纳、思维能力提升至审美提升的逐层递进的教学板块,从而使学生的综合能力得以提升与发展。每一篇课文都有其独特之处,教师要针对其特点设置问题,引导学生明白这一知识点;关键问题的设计要像阶梯一般,由易到难、由简到繁、由浅到深,每一个问题对应一部分内容。

在阅读课堂教学中,有些老师一节课会提出十多个甚至更多问题,其中一些问题学

生不需要思考就能回答,这种提问是无意义的;有些老师课文讲到哪里便提出对应的问题,但问题之间的衔接不是很流畅,问题的设计不合逻辑,缺少一种全局意识,而学生也跟着随声附和,几乎没有用心思考。这样的教学只是一味满堂追问、碎问碎答。这种课堂之下,学生对文本的解读只停留在表面,缺乏积极主动的思考,学生的文本解读能力没有得到提升,表达能力和思维能力也得不到有效的锻炼。

二、阅读教学干预过多,课堂点评不够深入

阅读教学过程中,有些教师过度主导,使得学生只能跟随教师的教学节奏被动阅读,缺乏主动性和体验感,无法在阅读期间体验文章的文字美、修辞美、情感美和思想美,阅读体验不佳。有的教师在学生遇到阅读障碍时,直接给出答案,而非鼓励学生调整阅读思路,这也导致阅读教学的形式化和低效化。

现在的课堂虽然摒弃了过去的"一言堂"模式,但一些教师仍将重点放在设计问题让学生来回答上。学生回答问题后,教师会让学生自己来点评,或者只是简单地说"行""好""可以""不错"等。教师的点评不到位,是当下一个比较突出的问题。学生的回答为什么"行"? 为什么"好"?"好"在哪里? 为什么"可以"?"不错"与"好"有没有区别? 学生都不清楚。甚至有的教师在学生回答问题之后就直接让他们坐下,连一个"行"与"好"都没有说。点评不够深入,学生又怎么能进步呢?

三、教师的阅读课堂主体意识不明晰

有些教师在备课时会预设很多问题,并在课堂上不断引导学生说出自己预设的答案,导致学生在课堂上没有太多思考和探究的机会。很少有老师会启发和鼓励学生提出自己认为重要的问题,教师忽略了课堂中学生的主体性地位。通过对一些高中老师的访谈我们了解到,高中老师的教学主要以高考为导向,因此,他们在教学和考试之间把握不好度。很多课堂教学的目的已经成了应对考试,将学生语文素养的培养和提升丢在一旁,很少把时间花费在设计问题、为学生提供丰富的实践性训练活动上。在应试教育下,学生面对的是书海题海,难免会对学习语文失去兴趣。

四、教师对阅读文本的解读停留于形式层面

余映潮教师在教一篇课文前,会多次读文本,查阅相关文献资料,从不同角度了解文本,借鉴别人的阅读感受来丰富自己对文章的理解与体验,从而更好地备课与教学;而大多数语文教师往往过早地思考这篇文章我要教什么,不对文本做进一步的研究。明明是散文,老师却当成议论文,让学生找论点、论据、论证……语文老师自己没有好好去读、去理解、去感受,而是用语文教师的眼光看课文,这是现在语文教学面临的最大的问题和困难。教师在阅读课文时,往往侧重自己认为重要的内容和感受,却忽略了学生

的认知接受能力和学习特点。他们没有意识到，不同类型、不同篇幅的文章应采取不同的教学策略，如长文短教、美文美教、整体勾勒、设置话题等。语文教师对于文本的解读会直接影响教学质量，因此，文本解读是教师备课的关键。

五、教师对学生阅读教学引导方法不足

学习方法、思维模式和实践技能的指导（即学法指导），是一种高级教学活动，可以有效地训练学生。但是，从当前语文教学情况来看，学法指导还没有得到广泛应用。传统的语文教学注重教师的讲解，注重知识的系统性，注重对学生语文知识的考查，这种思维模式根深蒂固，使得语文教师能力的发挥受到局限，教师基本上没有从学法的角度对学生进行指导。《课程标准》既要求教师引导学生掌握语文学习的方法，又要求教师训练学生掌握基本的语文学习方法。然而，许多教师还不明白具体哪些是"基本的语文学习方法"，因此，在语文阅读教学过程中，教师习惯采用相似的学法对学生进行指导，忽视了不同的任务群教学有不同的学习要求，针对不同能力的提升。学生没有将相应的学法用于学习，自然失去了对阅读的兴趣，学习积极性也会下降。

第三节　高中学生阅读现状

一、学生自主阅读缺少时间保障

高中阶段，学生的学习内容难度比较大，日常学习任务相对繁重。在这样的背景下，学生很难有时间进行课外阅读。此外，部分学生在学习时抱着应付考试的心态，并不重视课外阅读。教师在进行阅读教学时，应根据课堂的教学目标及课堂性质，选择数量不等的文本，这需要教师的精准把握。如果没有对教学内容进行预设就选择文本，可能会导致文本容量不合理。比如，在群文阅读课上，如果文本数量过多，为了完成文本的呈现，教师就会压缩学生自主思考及阅读的时间，学生在有限的时间内不能阅读完所有文本，阅读的时间不能得到保障，更没有时间思考，阅读课堂教学效果便会大大降低。

二、学生阅读内容比较随意

语文阅读教学中，学生会因为缺乏教师的阅读指导而随意选择阅读内容，他们常常会阅读一些娱乐性的书籍。长此以往，学生的语文素养和阅读能力难以有效提高。高中阶段是学生身心发展的关键时期，选择合适的阅读内容，对他们的学习和身心健康发展具有重要的促进作用。

学生缺乏阅读兴趣,在课业完成之后对课外阅读的内容也缺乏深度理解和思考,所选择的课外阅读内容和课堂教学内容关联不大。这两方面的问题妨碍了学生掌握有效的阅读方法,学生难以有效地精读课文并将课堂上学到的阅读技巧运用到课外阅读上,阅读能力无法得到有效提升。如《林教头风雪山神庙》是一篇人物刻画丰满立体,故事情节跌宕起伏的小说,有些语文老师在讲解的过程中,始终离不开"描写手法"这一关键词——什么地方用了肖像描写,哪些段落用了心理描写……这种机械的讲解,让语文失去了趣味,让学生失去了阅读兴趣,学生对文章的理解也是浮于皮毛,只是简单地跟随老师做笔记,记录描写手法、中心大意等。

三、学生不重视课外阅读

受传统应试教育思维的影响,部分教师不注重拓展阅读教学,这影响了学生对阅读的态度,导致学生不重视课外阅读。阅读文学作品往往需要花费大量的时间,因此在学习任务相对繁重的情况下,部分学生没有时间进行自主阅读。教师若只指导学生掌握教材上的知识,不仅难以培养学生的阅读兴趣,还难以提高他们的阅读能力,更难以促使学生养成良好的阅读习惯。

四、学生阅读量不足

《课程标准》对高中学生的阅读量作出了明确规定,要求高中生保障阅读的数量和广泛性,主动阅读各类优秀书籍,涉猎不同领域。然而,现阶段,绝大多数学生的阅读量明显不足,大部分学生的阅读量都未能达到课标要求。学生的阅读量不足,知识储备不够丰富,会对其语文学习造成一定的影响。学生阅读量不足的原因主要有三点:其一,高中阶段的科目多、学习任务重,学生很难抽出时间进行阅读;其二,学生阅读效率较低,未能实现高效阅读,从阅读活动中获取的知识有限;其三,学生缺乏完善的阅读计划,没有实现常态化阅读、定期阅读。

五、学生缺乏阅读技巧和良好的阅读习惯

受功利主义思想的影响,很多高中语文教师为了提升学生在阅读学习中的"得分率",把所谓的各种阅读技巧或者方法机械地传授给学生,且缺乏情感上的指导,而有效阅读需要学生从情感的角度去感受和理解文本内容。这就导致学生在阅读和独立解决新问题时,往往死板地应用"阅读公式",其情感并未真正投入其中,也就无法由表及里地去理解和把握阅读内容的核心与内涵,导致学生的阅读效率较低。

阅读教学有效开展的重要前提,是发挥学生的主体作用。但从现状来看,不少的高中生尚未养成良好的阅读习惯,主要表现在:阅读内容单一,且局限于课内,课外主动阅读的时间偏少;阅读目的性、功利性较强,很多时候是为了完成任务而进行的阅读,缺乏

主动阅读的意识;阅读流于表象,很多学生主动阅读只是为了消磨时间,因此在阅读过程中既缺乏专注度和细致性,也缺乏积极主动的思考和分析,有些学生甚至形成了一目十行的不良阅读习惯。

检 测 与 思 辨

访谈中学语文教师,并就他们的阅读教学困惑,写一篇调查报告。

中学语文阅读教学目标

第三章

第一节　理解阅读作品内容

一、通过阅读总结作品内容大意

在中学语文阅读教学当中,教师需要引导学生在阅读的过程中从整体角度去理解作品的内容大意,理解文本整体概念和内容。

比如,教师在教《永遇乐·京口北固亭怀古》的时候,可以让学生朗读文本内容。诸如"金戈铁马,气吞万里如虎""廉颇老矣,尚能饭否"这样饱含感情的词句,其实是非常适合大声朗读的。学生在朗读的过程中,可以深刻地领会作者想要表达的情绪:辛弃疾不仅怀念往昔英雄人物,更重要的是想要以廉颇自喻。辛弃疾的爱国之情隐藏在词的每一句中,学生齐声朗读这些句子的时候,可以更加全面深刻地感知其壮志豪情和爱国之情。

二、通过品读感知作者思想

对于一些思想深刻的文本,想要理解作者的思想绝非易事。教师应当引导学生仔细品读、反复品味文本内容,这样才可以让他们更加深入地理解作者想要表达的思想。

比如,教师可将《离骚》作为品读重点,让学生领会作者的思想感情。《离骚》将诗人美好的政治理想体现得淋漓尽致。屈原面对一些丑恶的统治集团,仍然坚持追求真理,不忘初心。他的美好品德是非常值得我们学习的。《离骚》的内容深刻,词句美妙,蕴意丰富,教师要引导学生反复品读,使其感受蕴含在诗句当中的诗人的美好品德和爱国之情。

又如,教师可以将《与妻书》《长征胜利万岁》《百合花》等文本进行集中性的群文阅读教学。这些文章有一个共同点,就是抒发了爱国之情。《与妻书》中林觉民表达了为祖国献身的决心,《长征胜利万岁》的作者也表达了对于家国的热爱,《百合花》则歌颂了革命军人舍生忘死的崇高精神。教师可以从爱国角度出发,引领学生朗读和学习这些文本,全面感知爱国的多种表现方式,以提升学生对于家国情怀的理解层次。

三、通过比较阅读领悟真善美

比较阅读是一种阅读方式和思维方式,也是一种不可或缺的阅读习惯,在阅读教学中发挥着重要作用。与单篇文本阅读相比,比较阅读能够以"同中求异""异中求同"的方法引导学生比较文本的共性与个性,实现对文本的深层次理解。在阅读教学中,教师可以通过比较阅读的方式融入德育,引导学生在"异中求同",在"同中求异",体会文本语言、人物、故事等方面的真善美,进一步提高思想境界和道德品质。

在阅读教学中,教师想要在阅读教学中融入德育,须做到以下两点。一是选择阅读文本,确定比较的内容。如选择教材内的革命主题的作品,比较不同人物共有的革命精神;选择教材内有相同或相似主题的古诗词,比较不同作品体现的思想情感和人生哲理。二是围绕比较内容创设比较阅读活动,在比较中凸显共性与个性。在比较阅读的教学过程中,教师可以围绕作品的作者、时代背景、人生经历、人物形象、相关意象、思想情感等内容创设阅读活动,彰显文本语言、人物、故事等方面的真善美。在比较活动中,教师还要引导学生分析相同现象的价值导向,使学生能够对文本中的人物品质、文化内涵等德育内容有深层次的理解。如教师可以选择部编版高中语文教材必修上册第二单元的《心有一团火,温暖众人心》《"探界者"钟扬》两篇文章进行比较阅读,在引导学生了解人物通讯知识的基础上,从人物身份、背景、事迹的角度出发创设"比较人物形象"活动,探究其中体现的中华优秀传统文化的精神内涵,深化学生对人物高尚品格的认知,为学生树立模范榜样。

四、通过专题阅读体会灿烂文化

文化是语文教学的核心内容,语文教学要注重根植文化、观照和回应文化,文化育人是语文教学的实践诉求。部编版高中语文教材编选了众多蕴含中华优秀传统文化的名篇佳作,在编写设计上重点体现必修教材的基础性、实践性、选择性,以及必修教材的专题性与研究性,旨在帮助教师突破单篇教学的常态,开展更符合学科素养逻辑的专题阅读活动,引导学生体会灿烂文化。在阅读教学中,教师可以选择能够体现中华优秀传统文化的课内外文本,开展专题阅读活动,通过精心设计阅读活动,让学生深刻体会中华优秀传统文化的核心理念、人文精神与传统美德,涵养学生的家国情怀,坚定民族文化自信。

如"毛泽东诗词专题阅读"活动,为教师在专题阅读中渗透德育教学提供了良好的范例。在课前,教师以《毛泽东诗词集》[①]为专题阅读文本,要求学生充分预习,使其对文本有一个初步认识。在课堂中,教师精心设计"精读诗词、分享心得""创意写作,弘扬革命文化"活动,引导学生在品味、鉴赏、交流过程中感受诗词魅力,体会革命文化。在阅读教学中,教师可以围绕体现中华优秀文化的文本进行专题阅读,引导学生对某一问题进行深入分析,使其能够广泛且深入地理解文章的文化思想内涵与价值意蕴,这一方法有利于提升语文育人效果。

五、通过精读分享生活哲理

精读作品,尤其是精读散文,能够使我们领会作品中蕴含的生活哲理。写景抒情类的散文通常以个性化的表达方式营造具有独特韵味的审美情境,也体现了作者的人生体悟与民族审美趣味,精读这一类作品,对于培养学生高尚的审美情趣,引导其树立正确的审美观念具有重要的作用。部编版高中语文教材中不乏文质兼美的写景抒情散文,如《荷塘月色》《故都的秋》等,但课文数量有限,教师需要开发课外阅读资源。在阅读教学中,教师要有计划地指导学生精读写景抒情散文,与学生商议阅读篇目,制订阅读计划,定期展示阅读成果。

如在教完部编版高中语文教材第七单元后,教师可以指导学生在课下有计划地精读《听听那冷雨》《春天是一点一点化开的》《雅舍》等文章。在课外阅读之前,教师要提醒学生精读散文时要注意的要点。一是注重把握文章的情感基调,仔细品味作者在景物描写中寄托的情思;二是查阅相关资料,深入挖掘作者的人生经历与精神世界,领悟文中的生活哲理与生命感悟;三是善于以勾画、圈点、批注等形式标记精彩段落,记录自己独特的情感体验,深入理解作者通过景物描写表达的生活哲理。在课外阅读之后,教师可以开展"生活哲理分享会"等课堂活动,在学生交流阅读成果的过程中,引导学生联系生活经验,进一步理解文章中蕴含的生活哲理、思想智慧和现实意义,培养学生良好的态度和品德。

六、通过品读经典诗词歌赋体会家国情怀

经典的诗词歌赋是提高学生思想道德品质与文化素养的重要素材,应作为学生课外阅读的首选内容。从"安得广厦千万间"到"苟利国家生死以",一些深蕴着家国情怀的诗词歌赋流传至今,时刻彰显着独具特色的民族文化魅力。而这些经典诗词歌赋之所以薪火相传、经久不衰,是因为其传达的核心理念与价值取向与中华民族优秀传统文化相契合,在时代发展中完成了伟大的传承。在阅读教学中,教师应指导学生在课外阅

---

① 毛泽东.毛泽东诗词集[M].北京:中央文献出版社,2019.

读经典诗词歌赋,体会深蕴其中的家国情怀。具体来说,教师应以家国情怀为主题,筛选抒发爱国情怀的古诗文,确定阅读内容;引导学生仔细品读,利用知人论世等方法进一步分析作品内容,着重品味语言文字的深刻意蕴和作者的情感态度;引导学生记录古诗文中的家国情怀,并整理成读书笔记。最后,教师可以定期举办"家国情怀伴我行"阅读分享会,促进学生将家国情怀内化于心、外化于行。

七、通过细读革命题材小说探讨人生理想

革命题材小说是对学生进行理想信念教育的特色资料。以革命题材小说中的英雄事迹、革命精神感染学生,更有利于坚定学生理想信念,强化学生的社会责任感和历史使命感。革命题材小说具有浓厚的革命情怀,要让学生跨越现有的生活环境、思维方式和时代隔阂,去深刻体味其表达的革命精神,并与革命志士产生情感共鸣。教师要引导学生细读文本,在特定的情境中仔细品味文本语言,深入解读革命人物形象。一方面,教师可以围绕教材中的革命传统作品进行延展,如筛选《党费》《荷花淀》等作者的其他革命题材的小说,并将其推荐给学生阅读;另一方面,教师也可以引导学生自主查找,在学生感兴趣的小说中筛选适合篇目,指导学生阅读。学生在阅读过程中,教师可以指导学生抓住小说的主要人物、故事和环境,仔细分析,以表格或思维导图的方法梳理故事情节;还可以引导学生透过人物语言、事迹和环境描写,深度解读人物形象,体会革命情怀,为革命人物撰写小传,为革命故事编写简介。在阅读之后,教师可以创设以"革命人物颁奖会""革命故事分享会""红色理想交流会"等为主题的读书分享会,在讨论革命志士的理想信念与革命精神的过程中,引导学生见贤思齐,树立为中华民族伟大复兴而不懈奋斗的光荣理想。

八、通过阅读教学感悟多元化价值观

高中语文课文有丰富的文化底蕴,能够对高中生树立正确的价值观起到促进作用。因此,在高中语文阅读教学中融入价值观教育是非常重要的。一方面,有利于学生健全人格的形成。学生全面发展的前提是具有健全的人格,在高中语文阅读教学过程中,教师从经典作品入手,可以有效培养和塑造学生的健全人格。另一方面,有利于学生多元化价值观的形成。高中语文阅读文本具有"包罗万象"的特征,其中丰富多彩的内容能为学生多元化价值观的形成提供养分。

(一) 人与他人

个人作为社会的重要组成部分,要想在社会中生存、想要融入社会,就要学会与他人合作,不能只以自己个人的利益为中心,还要有大局观。从高中语文教材中可以看出,很多文章内容是关于与他人交往的,如《孟子》和《论语》等,通过学习这些内容,学生

能够明白人与他人交往应该秉承"仁者爱人""以和为贵"等原则。

（二）人与自我

当代学生的自我意识普遍比较强，注重自我价值的发挥和体现。《课程标准》强调阅读教学要引导学生正确认识自我，这在高中语文教学专题中也有所体现。如《百合花》《沁园春·长沙》等篇章都体现了人与自我之间的关系构建，学习这些内容，可以帮助和引导学生正确认识自我。

（三）人与自然

一些学生受学习任务繁重等因素的影响，很少有时间和机会走进大自然、欣赏大自然，缺乏与大自然的接触，这导致其无法正确认识人与自然之间的关系。高中语文教材中有很多描写自然环境的文章，通过作者绘声绘色的描述，学生可以感受到大自然的魅力，明白人与自然之间的和谐共生关系，例如《荷塘月色》《我与地坛》等文章都描绘了自然之美。在实际教学过程中，教师需要积极引导学生深刻感受和体会大自然的神奇和魅力，使学生自然而然地形成正确的价值观。

（四）人与社会

个人要想在集体中获得发展，最为重要的一点便是要正确认识和处理个人与集体之间的关系。在阅读教学中，教师可以从《苏武传》《历史的回声》等有着鲜明爱国主义色彩的文章入手，让学生知道个人发展与家庭、社会和国家也有着密切关系，培养其社会责任感和爱国主义精神，使其在复杂的社会环境中，保持本心，避免受到不良价值观的影响。

九、通过品读作品语言感受节奏韵律

许多诗歌散文类作品都具有独特的节奏韵律。教师可以组织学生在诵读作品的同时品味语言美，通过反复斟酌、推敲，体会作品的语言技巧，理解并把握作品的节奏美。通过自主诵读、分角色诵读、配乐诵读等活动，学生可以切身感受，学会整体把握作品的韵律美。在此基础上，教师可以组织学生进行创作，试着写出自己对节奏韵律的理解。

例如，在讲授《声声慢·寻寻觅觅》时，教师可以指导学生诵读词作，并引导学生体会作品的韵律美。这首词的节奏韵律赏析分三个环节。第一个环节是体会"入声押韵美"。作品中有不少入声字，包括"戚""息""急""识""得"等。这些入声字使词句有了明显的停顿，有助于展现词人哽咽的状态，进而表达词人内心悲痛的情感。第二个环节是体会"曲调婉转美"。学生可以标注每句词的平仄，从中发现平仄的搭配使用所呈现的高低起伏之感，感受作者的内心世界，体会她不平静的内心感受。第三个环节是体会"句内节奏美"。教师要引导学生从"寻寻觅觅，冷冷清清，凄凄惨惨戚戚"等词句中感受紧凑、反复的节奏感。这些叠字的使用让整个句型呈现出回环往复的感觉，一唱三叹，荡气回肠。结合上述三个环节，学生能够体会到词作的节奏美。在此基础上，教师可以安排学生展开思考探究，思考在自主创作时如何将情感和节奏相结合，体现出节奏美。

在诵读感悟的过程中，学生能初步了解诗文作品的节奏美、结构美、韵律美。学生在自主创作时也会斟酌词语的使用，调整句型，表达自己对美的理解，提升自身审美鉴赏和创造水平。

第二节　鉴赏文学作品

一、通过阅读鉴赏，增强文化自信

部编版高中语文教材提高了中华优秀传统文化内容的比重，增设"古诗词诵读"栏目，同时精心编选了先秦诸子散文等经典篇目，力求增强学生对中华优秀传统文化的认识。在教学古诗文时，教师要引导学生深入解读文本，从语言、意象、情感及思想智慧等方面探究古诗文的魅力，强化对民族文化的自豪感与认同感。首先，教师要引导学生品味古诗文的语言之美，重点引导学生品味古诗的深层含义及语言表达的逻辑与艺术，领略汉语言的魅力，加深对祖国语言文字的热爱之情。其次，教师要引导学生体会古诗词的意象之美，体会由意象组成的意境之美。意象是古诗词中寄托作者丰富情感的物象，是鉴赏古诗词应该掌握的重要审美要素。古诗词中常见的"梧桐""秋天""子规""冬至""长亭"等树木花草、鸟兽飞禽、自然现象、时令节日及特定地点，往往会被作者赋予深意，具有强烈的情感色彩。再次，教师要引导学生感悟古诗文的情感之美。古诗文抒发了作者真挚饱满的情感，涉及的亲情、友情、爱情、山水之情等体现了民族审美情趣、价值观念和传统美德。最后，教师要引导学生领悟古代先贤的思想智慧。经典古诗文深蕴的思想智慧和人生哲理往往经久不衰，即使历经千百年依然能带给人们启迪，如《师说》《赤壁赋》等名篇佳作对品德修养、学习之道、处世哲学等问题的探讨，能够给予青春期的学生一定的精神指引。

总之，古诗文阅读教学中的德育渗透要引导学生充分认识古诗文的音韵美、语言美、意境美和情感美，促进学生在美的熏陶与感染中提升人文修养，从而增强传承中华优秀传统文化的自觉性。

二、通过阅读鉴赏，体察自然情怀

人类生活在自然之中，而自然也被人类的精神世界反映。很多文人墨客在人生失意时选择寄情山水，从中找寻精神寄托和心灵慰藉，同时也以更加细腻的文学作品抒发着他们对自然真挚而热烈的情怀。"道法自然""天人合一"等中国古代先贤的哲理智慧早就烙印在了民族文化之中,至今仍发人深思。部编版高中语文教材也精选了蕴含生态文明教育内容的选文,因此,阅读教学中的德育教育不能忽视生态文明教育。在阅读教学中,教师要充分利用写景抒情方面的教材选文,促进学生在品读、鉴赏的活动中接受美的熏陶与感染,引导学生体察作者真挚的自然情怀,激发其对自然的热爱之情。

如在教《故都的秋》一文时,教师可以创设"分析故都秋味""感受悲凉之美""体会故都之情""抒发自然感悟"四个阅读活动,引导学生体会自然的美与作者的情,进一步抒发对自然的独特情怀,激发学生对自然美景的珍爱之情。此外,教师也要引导学生善于发现身边的山水之美。教师可以创设阅读课堂活动,在分享与交流中深化学生对山水之美的情感体验,鼓励学生将对自然的真挚情感付诸生活实践,从而培养学生爱护自然、珍视自然、绿色生活的高尚德行。

三、通过阅读鉴赏,赏析人物之美

语文育人要顺应社会发展的潮流。基于此,诸如焦裕禄等众多为国家发展和民族复兴无私奉献的先进人物及其事迹,被引入文学作品及教材,成为语文教育中德育渗透的典型范例。新媒体的发展给学生提供了丰富多样的交流互动平台,缩小了学生与文本之间的距离,削弱了时代背景、生活方式等方面的隔阂,一些视频资料可以生动地呈现人物的言行举止和人物品格,有利于学生走进人物内心深处,在阅读过程中接受德育内容的熏陶感染,并促使阅读体验更快地转化为情感体验与生活体验。如教师在教《喜看稻菽千重浪——记首届国家最高科技奖获得者袁隆平》一文时,可以引入与袁院士相关的采访、纪录片、电影等视频资料,创设"看先进人物视频,赏析人物之美"的阅读活动,引导学生体会不同的媒介记录的人物事迹的不同之处并探究其原因,学习袁院士的高贵品质,结合自身生活实际表达对先进人物的感念与敬仰之情并付诸实践,领悟其精神的现实意义。

四、通过阅读鉴赏,追溯历史故事,知人论世

在阅读教学中,教师可以通过讲述与课文有关的历史故事,或者给学生介绍作者的生活经历,还原历史真相,提升学生的学习兴趣。让学生在了解这些历史知识的基础上,运用知人论世的方法展开自主阅读,挖掘课文的深意,同时提升自身的文化认同感。

如在学习《阿房宫赋》时,教师可以先给学生讲述秦始皇的相关历史,让大家了解秦王朝覆灭的历史原因;再给学生讲述杜牧的生活经历,以及他生活的时代背景;最后让

学生围绕这些历史故事展开分析,说说作者为何要创作《阿房宫赋》。通过这种方法,可以让学生逐步理解杜牧的爱国情怀。杜牧生活的时代是晚唐时期,当时社会动荡不安,而统治阶级仍贪图享乐。作者是一个有爱国情怀的人,他担心国家会像秦朝一样,最终走向覆灭,于是便创作了《阿房宫赋》,表达自己对统治者的规劝之意。结合历史故事和创作背景,学生能更清楚地了解作者的创作意图,不仅如此,学生也能感受到杜牧的爱国情怀,从而激起自己的爱国情怀。

在介绍与课文相关的历史知识之后,引导学生运用知人论世的方式展开阅读,既能帮助学生深刻理解课文内容,还能让学生在缅怀古人的过程中,传承民族文化和民族精神。

五、通过阅读鉴赏,了解传统节日,传承民族文化

传统节日是民族文化的重要表现形式,蕴藏着丰富的民族情感。在阅读教学中,教师可以结合文本,让学生关注传统节日的相关话题,让学生了解节日的来源及风俗习惯,以及和传统节日有关的名人故事。这样能让学生感受蕴藏在传统文化中的精神力量,从而获得深刻认知和体悟。

如在学习《登高》后,教师可以引出话题:"大家知道在哪个节日,人们喜欢登高望远?"学生很快就能发现,在重阳节的时候,人们都喜欢登高。接着,教师可以提出和中国传统节日有关的讨论主题:"你对中国传统节日的了解有多少?大家能否说出中国的传统节日,然后找出相应的古诗词作品,看看诗词中隐藏了什么信息,你能否从中找到和节日有关的传统风俗?"这个问题能够很好地激发学生的探究热情,大家围绕端午节、中秋节、元宵节、春节等传统节日展开探究活动,可以使学生认识到中华民族的传统节日所展现的古人的生活状态,了解古人对生活的期望。通过了解、继承这些文化传统,可以让我们的生活变得更为丰富。

六、通过阅读鉴赏,感悟深邃意境,探寻生命价值

中国古诗词作品中包含着丰富的意象,体现了古人对于生命价值的探究。教师可以以此为出发点,引导学生围绕古诗词作品进行深入探究,一方面让学生学会分析鉴赏古诗词作品,提升学生的鉴赏能力,另一方面也能让学生更深刻地体悟中华传统文化,并理解中国古代人民对生命的独特观点和态度。

如在学习《念奴娇·赤壁怀古》时,教师可以引导学生找出作品中的意象,并让学生说说作者是如何将自己的情感融入其中的。如有学生回答:"作品展现了乱石穿空,惊涛拍岸,卷起千堆雪的场景,作者通过这些意象表现了自己的豪迈之情,抒发了想要建功立业的愿望。"教师可以继续引导学生思考作品中蕴藏的生命价值,即人生短短数十

年,有的人认为只要安逸享受生活,过好每一天就可以了,但是也有人如作者一样,思考人生的价值,希望能通过建功立业、报效国家等方式展现自己的生命价值。这些问题启发学生通过作品了解作者的人生观、价值观,建立积极健康的人生观、价值观。在中国古典诗词中,意境的展现反映了中华民族独有的思维方式,彰显了古人对于生命理想境界的思考。通过阅读鉴赏,学生能够真正进入课文所描述的意境,从而更好地领会古人的精神品质。

七、通过阅读鉴赏,体察哲人思想,塑造理想人格

语文教材中有不少体现古人哲学思想的文章,教师可以让学生深入解读这些作品,体会古人的哲学思想。《劝学》一文体现了荀子的哲学思想,教师可以引导学生透过文章思考其中的借鉴意义。教师可以提出问题:"《劝学》提出了怎样的学习观点呢? 怎样学习才是刻苦的? 怎样能得到更好的学习效果?"让学生认识到锲而不舍、金石可镂的精神,只有坚持不懈才能从量变过渡到质变,进而理解作者的哲学思想。教师还可以让学生结合自己的生活进行思考:"作者的学习态度如何? 对你有什么启迪?"学生在学习中自然就能感悟到学习只有坚持不懈,才能取得成功。在理解课文内容的过程中,学生能够感知古人积极向上的人生态度,并以此反思自己的思想和行为,从而明确自己的人生方向,塑造理想的人格。

八、通过阅读鉴赏,紧扣时代精神

《课程标准》提出,教师要顺应时代的发展要求,调整课程教学内容和目标,引导学生改变学习方式。在指导学生阅读的过程中,教师也要结合时代精神,引导学生了解一些社会热点事件,并展开深入思考和讨论,从而拓展学生对中华传统文化的认识范围。

如在学习《青蒿素:人类征服疾病的一小步》后,教师可以引导学生思考:"古往今来,有不少人为人类文明的发展作出了卓越的贡献,你能举几个例子,并说说从他们的身上能获得怎样的启迪吗?"这样的活动主题要和时代潮流联系在一起,让学生自主搜索相关资料。如有学生发现祖冲之是一名著名的数学家,他在条件恶劣的时代,坚持不懈地进行数学研究,取得了卓越的成就。教师还可以引导学生总结《青蒿素:人类征服疾病的一小步》的写作方法,然后模仿课文写一写自己了解到的古今名人,说说他们给自己带来怎样的启迪。

语文教学要反映现实生活,体现时代精神。教师要将具有时代性的教学内容融入课堂,构筑鲜活的语文教学课堂,激发学生的科学精神、创造精神,促使他们将时代精神和传统文化结合在一起,形成全新的认知。

第三节　提升核心素养

一、采取群文阅读方式,培养学生的语言建构与运用素养

"语言建构与运用"是语文核心素养的基础部分,只有具备这一素养的培养,学生才能形成健全的语言系统,构建语言材料和语文知识之间的联系,提高正常交流水平。中学生已经形成了自己的语言系统,但怎样在阅读教学中有效运用语言系统,是值得教师思考的问题。教师可以通过群文阅读方式,帮助学生构建语言系统、提高其语言的运用素养。群文阅读的实施方法主要分为"连接"和"萃取"两种。首先,通过文本之间的关联性,搭建语言纽带和渠道。教师要关注文本内部结构和特点,注重文本之间的语言运用,从而搭建语言纽带、形成语言积累,使学生能够掌握语言运用技巧和规律,能够对文本进行交流、理解和评价。其次,运用"萃取"方式,挖掘语言精髓内容。在群文阅读教学中,所谓"萃取"就是借助语言方式,对诸多文本进行反复阅读和思考,将积累的语言材料与语文知识展开,并挖掘其中的联系,从而改进阅读策略与学习方法。[①] 学生学会在文本中"萃取"关键词和关键句、挖掘语言精髓和本质,有利于提升其语言运用的素养。例如,某教师准备引导学生借助古诗意象、情境展开群文阅读,将阅读主题设为"猿声"并展开相关课文选择与引入工作,教师挑选了杜甫的《登高》、郦道元的《三峡》、刘长卿的《重送裴郎中贬吉州》这三首诗。教师引导学生对三首诗展开横向和纵向对比,然后通过对比相同字词的不同用法感受诗歌中不同的语言基调与内涵,强化学生的语言建构能力,逐步完善学生语言系统。

另外,教师还可以通过组织声情并茂的诵读活动,提升学生的语言建构与运用素养。诵读是每个教师教授新课过程中必不可少的环节,但要注意诵读并非只是简单的正音朗读,而是还要调动学生情绪,进行理解式朗读,让学生在诵读中投入情感、体现自我的个性,这是至关重要的。声情并茂的诵读能够加深学生个人对文本的审美体验,从而更好地理解文本内蕴含的情感,实现审美鉴赏能力的提升。在这个过程中,教师可以借助多媒体影音技术,营造氛围,再引导个体学生进行富含情感的诵读,从而让学生在诵读中进行审美的体验,并完成对文本内容主题的概括。如在《我与地坛》的教学过程中,教师可以引入央视读书栏目的《史铁生——我为母亲而写作》视频资料,其中的朗读者深情朗读《我与地坛》中关于母亲的节选片段,不少学生深受触动。紧接着,教师可以

---

① 郭芳.高中语文阅读教学中发展学生核心素养的途径探索[J].高考,2023(13):30-32.

让学生在这样良好的氛围下一起诵读课文的最后三个自然段,在这样的朗读中,学生深刻地体悟到了母亲的坚强和伟大,这并非教师灌输的知识,而是学生通过自我的诵读和情感体验得出的结论,这样学生既能掌握文本内容,又能获得情感审美体验上的提升,也为开展后续的深入教学夯实了基础。

二、借助多元解读方式,促动学生思维发展与素养提升

素质教育的最终目标,就是让人获得全面、自由的发展。教师要坚持以学生为本的原则,引导学生积极思考与分析。在阅读教学过程中,教师要转变传统教学模式,注重学生思维发展与素养提升,促进学生获得全面和健全的发展。教师要通过多元解读方式的运用,丰富阅读教学内涵与形式,引入不同文本内容,选择学生容易理解与接受的教学策略,提升学生思维能力。多元的解读方式主要有以下几种。

第一,填充式解读方法的运用。语文学科具有极强的可操作性和人文性,教师基于核心素养培养理念,推动传统教学模式的转变。教师可通过填充式解读方法的运用,促进学生的思维发展与素养提升,转变教师作为唯一解释者的教学思路,带领学生展开阅读思考,激发学生阅读思维,引导学生对文本进行多元解读,打破传统思维局限,使学生能够找到作者、文本、自我之间的内在关系,培养学生自主阅读的能力与意识。

第二,还原式解读方法的运用。教师采取多元解读方法的过程,是对文本空白与不确定进行填充的过程,还原式解读方法的特点是对文本思维的深度挖掘,以及还原文本的语境,强调教师对学生思考方向的引导。教师为学生提供具有丰富背景的作品时,可以先引导学生对人物特点展开分析,从而走进作品中进行感知与体验,与作品深度对话,提升学生的发散思维能力。例如,教授《雷雨》这篇课文时,可以通过三个维度深入解读:阶级社会、人物命运、宗教文化。教师在将文章主题思想与写作背景介绍给学生之后,还要采取正面教育方式,引导学生思考文本中的问题的根源。学生在思考过程中,教师要给予足够尊重,学生通过整体感知文本内容,能够形成自己独有的文本体验和理解,从多元视角去审视文本内容,发现其中蕴含的道理,促进学生思维发展。在多元解读方式推动下,学生的知识层面能够得到拓展,学生的发散思维能够得到提升,从而摆脱传统的依赖教师的情况。教师引导学生针对文本内容展开多元解读时,要从不同视角和层面出发,深入理解文本内涵与本质,从而提升学生的思维能力。

第三,创设问题导向,开展针对性批判教学。教师在语文阅读教学课堂上创设问题情境,可以有效推动教学实践活动的开展。展开针对性批判教学应以培养学生的探究意识为出发点,让学生在不同的问题情境下深入探索语文阅读教学文本。教师要根据学生的学习情况设计针对性问题,引发学生的自主思考,促使学生进行深入分析与推理,从而形成独到见解。问题导向的情境需要围绕四种不同的问题来创设:探究性问

题、矛盾性问题、假设性问题和开放性问题。在问题情境中,学生会充分调动知识储备、搜集信息补充资料以印证自身观点,这种方式不仅可以加深学生对阅读文章的理解,还能进行有针对性的训练,提升学生的批判性思维能力。

三、运用内外控制方式,提升学生的审美鉴赏与创造素养

想要培养学生的审美能力和鉴赏能力,阅读教学内容的选择十分重要,教师要采取正确且恰当的方式促进学生认知、情感、态度的全面发展,促进学生创造能力和艺术鉴赏能力的提高。"内控法"和"外控法"[①]两种方式的结合,可以有效帮助学生形成审美感知,逐步提升学生审美鉴赏与创造素养,具体操作方法如下。

首先,采取"内控法",引导学生深入审美意境。教师在课堂教学中,可以通过运用丰富的教学手段,在保证其教学效率的同时,不断提升教学的审美氛围,通过"内控法"将审美思想固定在轴承上,并以此为基础引导学生发散思维,激发学生的审美感知能力。带领学生深入审美意境,就是培养学生发现作品意境美。高中语文教材的许多诗歌,包含着一定的艺术美和意境美,这是学生学习和借鉴的基础。例如:《雨巷》的教学中,仅根据文本内容的描述来讲解,学生无法从单纯的文字中感受到诗人想要表达的意境,教师还需要引导学生融入其中,用心体会、感受,领会作品的内在意蕴,逐步培养学生的感受能力。教师还可以通过文本插图或者配乐的方式,带领学生进入诗歌的意境中,感受诗歌的画面感和情感基调,帮助学生领会其中的意境美。教师可以通过审美教育的正向渗透,让学生在阅读中感受到乐趣与满足,从而完成审美培养目标。

其次,采取"外控法",构建审美感知。教师可以设置探究问题的品析活动,提升学生的审美鉴赏能力与创造能力。在阅读教学中,教师可以设置几个问题让学生自主阅读和品析课文,让学生带着问题多角度、多层次、全方位地对文章句子或某一片段进行反复品读、赏析。让学生在阅读中拓展个人思维空间、提高阅读文本和解决问题的能力。如在教授《我与地坛》之前,教师可以设置预习问题,要求学生阅读全文后,找出最能触动自己的句子或段落,回忆自己是否也曾经和史铁生一样有过相似的情感,并将它写下来。这个问题的设置包含了对学生基础的语言阅读、进一步的情感体悟以及文字表达能力的考查。学生们需要在阅读全文后,对其中的某些片段进行思维构建,再结合自己的个人经历进行加工,然后对情感进行书面表达。这个过程不仅能够促进学生的语言能力的运用、思维能力的发展,还能引导学生体悟美好的情感,使其拥有个性化的审美体验。通过学生们的作业情况,可以看出这一教学方法的效果:有的学生被史铁生母亲的伟大母爱触动,联系想起了自己深夜学习时母亲轻轻的脚步声和温柔的叮嘱;有

---

① 郭芳.高中语文阅读教学中发展学生核心素养的途径探索[J].高考,2023(13):30-32.

的学生被母亲走后史铁生的懊悔触动,向老师倾诉了生母去世后自己的后悔和继母深沉地爱着自己的感动;也有学生被史铁生对生命的追问启发,表达了自己也会像史铁生一样和抑郁症继续抗争的决心;还有学生感悟到亲情的珍贵,提出了面对父母争吵时不知所措的疑惑。这样的活动能够实现润物细无声地提高学生核心素养的目标。

四、营造阅读情境,提升学生的文化传承与理解素养

阅读是增强师生交流、促进良好师生感情营造的关键。在思想碰撞与心灵交融中,学生通过阅读的方式与文本内容进行深入对话,从中获取所需信息内容。在这一过程中,特定的文化氛围能够加强学生对文化的理解与认同。因此,教师在教学实践中,可以通过营造良好的教学氛围,调动学生的阅读热情,增强学生的文本认知与理解能力,实现传统文化的传承。例如,在教授《廉颇与蔺相如列传》时,教师可以让学生进行角色表演,让学生在表演过程中体会人物的性格特征,并感悟每个句子的重要内涵。学生在角色扮演过程中,可以学习廉颇积极向上的精神,加深对文本描述的文化内涵的理解。

检 测 与 思 辨

结合中学语文课文,设计提升学生语文核心素养的若干问题。

第四章

中学语文阅读教学策略

第一节　面向新形势的阅读教学改革

新高考以及高中语文学科核心素养的提出构成了当前语文教学的新形势，这一形势要求阅读教学必须进行相应的改革，以适应新形势的发展。

一、新高考背景下的阅读教学改革

近年来，高考阅读题型灵活开放、综合性强，对学生阅读能力的考查力度不断增强。这就要求教师打破传统的阅读教学模式，改革阅读教学方法。

（一）创新教学方式，增强课堂的阅读效果

在新高考背景下，要提高高中学生的阅读效率，首先要做的就是打破传统的阅读教学方式，教师要主动、科学地做出改变，创造全新的教学方式。从学生的角度出发进行教学方式的改革，无疑是最有效的。比如，屈原的经典作品《离骚》，相比一般作品，它的阅读信息量大，疑难字词多，又不好理解，很多学生对这篇文章提不起阅读兴趣，更别说背诵。在传统的阅读教学中，教师们把重点放在了最关键的基础知识积累上，而不去关注文章内容的分析。要改变这一现状，教师需要主动与学生沟通交流，创新教学方式，采用游戏的形式，先让学生分小组讨论并出题，出题的形式可以多样化，如知识积累类型的、文义理解类型的、文本解析类型的。然后通过抢答、记分、评比的方式，进行师生互动，大家共同参与文本阅读，这种方式可以在增强学生团结协作意识的同时，培养学生的想象力，提高其阅读的兴趣，增强课堂的阅读效果。

（二）展开多元化阅读，提高鉴赏能力

在中学语文教学中，阅读欣赏是一种很重要的学习方法，它能够帮助同学们理解文章蕴含的深刻文化意蕴和情感。中学生的社会阅历少，生活也较单一，对有年代感的文

章内涵理解不深,很难真正体会到作者的情感。在这种情况下,我们必须进行多元化阅读,提高他们对现实生活的体察力和感悟力。

例如,部编版高中语文必修上册第一单元的第一篇课文就是毛主席的《沁园春·长沙》,在该课文的阅读教学中,教师要带领学生反复诵读,去初步感知课文。让学生在朗读中想象"橘子洲头万山红遍"的美景,感受"鹰击长空,鱼翔浅底"的灵动,领略"粪土当年万户侯"的气魄,体会作者表达的思想感情,领悟诗歌的语言美、意境美。在这一过程中,不同的学生也许会有不同的感悟和见解,老师要尊重学生的想法,鼓励学生主动表达,各抒己见,交流分享。还可以结合毛主席其他时期的诗作来进行拓展阅读,比如结合学生在九年级上册学过的《沁园春·雪》进行比较阅读,对比两首诗中不同的意象来体会意境,并用文本细读法来分析其中异同;还可以运用"激导法",向学生提问,同样是写景,两首诗有什么不同? 在不同中有何共性? 引导学生层层深入,挖掘不同层面的内涵,在训练学生形象思维的同时也训练了其抽象思维,这两种思维在学生思维过程中是相互依存、密不可分的。

又如,李白的诗歌中的诸多"神来之笔",就是运用了丰富的联想力和想象力。比如《望庐山瀑布》中的"飞流直下三千尺,疑是银河落九天",《将进酒》中的"君不见,黄河之水天上来,奔流到海不复回。君不见,高堂明镜悲白发,朝如青丝暮成雪",《梦游天姥吟留别》中的"霓为衣兮风为马,云之君兮纷纷而来下。虎鼓瑟兮鸾回车,仙之人兮列如麻",《蜀道难》中的"蜀道之难,难于上青天!""上有六龙回日之高标,下有冲波逆折之回川。黄鹤之飞尚不得过,猿猱欲度愁攀援",无不运用了丰富奇特的想象和大胆夸张的表现手法,展现出雄奇壮丽的意境和豪放洒脱的气势,极富浪漫主义色彩。很多小说也运用了丰富夸张的想象手法来展开故事情节,往往会收到意想不到的效果。例如,卡夫卡的小说《变形记》就是以"人"变为"甲虫"这一奇特的想象来奠定故事荒诞的基调,而故事背后折射的是人情冷漠的社会现实;唐代传奇《南柯太守传》也发挥了丰富的想象力,讲述主人公享尽荣华富贵、大起大落的一生,而这些只是他在槐树底下睡觉时做的一场梦,由此有了成语"南柯一梦"——比喻人生如梦,世事无常。

又如,部编版高中语文必修上册第七单元的选文都是写景抒情的散文,其中就有朱自清先生的优美散文《荷塘月色》,其第四、五自然段中的景物描写细腻传神,分别展示了"月色下的荷塘"与"荷塘上的月色"。教师在授课过程中,可以让学生发挥想象力将"荷塘月色图"画出来,充分发掘学生联想和想象的能力,领略荷塘月色的景色与意境之美,从而进一步体味文章的中心思想与作者表达的思想感情。朱自清善于运用比喻、拟人、通感等修辞手法来描写景物,塑造形象美。比如,他将叶子比作"舞女的裙",将白花比作"一粒粒的明珠""碧天里的星星"和"刚出浴的美人",比喻贴切又生动形象,能唤起读者诗意的联想。又如"微风过处,送来缕缕清香,仿佛远处高楼上渺茫的歌声似的",将"清香"的嗅觉转化成了"歌声"的听觉,让读者能体会到这清香如同远处的歌声一样缥缈不定、似有若无的,这一构思贴切独特;"塘中的月色并不均匀,但光与影有着和谐的旋律,如梵婀玲上奏着的名曲",把树影与月光交织在一起所构成的"光和影"的视觉形象,转化为"旋律"的听觉形象,激起读者无穷的遐想。带领学生细读文本的过程也是引导学生感受、领悟、联想、想象的思维过程,能有效地训练他们的形象思维。

在中学语文阅读教学中,教师要有意识地培养学生观察、感知、联想和想象的能力。不仅是在语文课堂中,在课堂之外,教师也要鼓励学生用心观察,热爱生活,去感受日常生活中的人、事、物;教师要引导学生结合生活情境与学习活动去丰富认知、展开联想、发展想象,养成善于发现、勤于观察的习惯,培养学生观察的自觉性、敏锐性、全面性、深刻性,使得阅读理解和语言训练相统一、与生活实践相联系、与知识教育相结合。

(三)拓展教学内容,培养学生的综合素养

教师要拓展阅读资源、丰富阅读内容,适当延伸阅读教学的空间范围,以满足学生的阅读需求,提升学生自身的学习能力。基于此,教师应积极贯彻落实素质教育理念,定期组织开展主题阅读活动,促使学生开阔视野、陶冶情操、提高文化素养。以《立在地球边上放号》为例,它与同单元的文章《红烛》具有关联性,都体现了革命精神。考虑到作者郭沫若的身份及其革命思想,教师可以进行拓展阅读,找到其同类思想篇目《立》《我们在赤光之中相见》和《朋友们怆聚在囚牢里》,尝试进行延展性阅读,使学生在个性化阅读中获得思维灵感。

例如,在讲授《林教头风雪山神庙》时,教师可以提前让学生阅读与本文相关的章节,如"豹子头误入白虎堂""林冲棒打洪教头"等;还可以推荐茅盾先生的文章《豹子头林冲》让学生阅读。在课堂教学中,教师要充分利用群文阅读的形式,整合语文资源,进行比较阅读,引导学生关注人物所处的环境,帮助学生精准分析人物性格,更深入地了解林冲的个性。教师还可以继续创设情境,引导学生思考:假如林冲生活在现在这个社会里,他会成为一个什么样的人? 通过交流探讨,让学生认识到社会主义制度的优越性,珍惜现在充满正能量的社会大环境,努力奋斗,实现崇高的人生理想。

(四)教授阅读技巧,提高学生的自主阅读能力

学生由点对点的阅读转为由点到面的阅读,离不开教师对其阅读技能的指导。语文教师要善于利用课堂,教授学生阅读方法和技巧。群文阅读、比较阅读、整本书阅读等阅读方式,作为语文阅读教学的新方向,需要我们在教学实践中不断探索创新,用不同的阅读方法吸引学生参与阅读。

例如,部编版高中语文必修下册第六单元的选文都是小说,第十二课是鲁迅先生的

小说《祝福》。文中的"我"向冲茶短工询问祥林嫂的死因,短工淡然地回答道:"怎么死的？——还不是穷死的?"教师在教学中就可以抓住这个点,向学生发出疑问:"祥林嫂真的是穷死的吗?"以此来引导学生深入文本,探究祥林嫂之死背后的原因。文中对于祥林嫂的外貌有几处描写,从祥林嫂第一次出现在四叔家里的"……脸色青黄,但两颊却还是红的……"到第二次出现时的"脸色青黄,只是两颊上已经消失了血色……眼光也没有先前那样精神了",到捐了门槛后"神气很舒畅,眼光也分外有神",再到祭祖时节不让碰祭品后的"不但眼睛凹陷下去,连精神也更不济了",最后是"我"五年后遇见祥林嫂"……脸上瘦削不堪,黄中带黑,而且消尽了先前悲哀的神色,仿佛是木刻似的……"通过这几处按照时间顺序来描写的人物外貌的变化,我们就可以感受、窥见人物内心的情感变化,探究情节发展推动祥林嫂一步一步走向死亡的原因。还有祥林嫂向人们谈起阿毛的经历,人们从"特意寻来"听她这一段悲惨的故事,"一齐"流下那"停"在眼角上的眼泪,"叹息"一番,"满足"地去了,还纷纷地"评论"着,到经过大家的"咀嚼鉴赏"成为"渣滓",只值得"烦厌和唾弃"的变化。人们通过"鉴赏"祥林嫂的失去至亲的痛苦使自己的痛苦得到转移,让自己得到满足和消遣,直至遗忘,作者通过细节描写毫无掩饰地讽刺与揭示这种人性的冷漠与残忍。由此可见,阅读方法是动态的,阅读技巧要随着课堂的变化而变化,不能生搬硬套。语文教师要系统地指导阅读技巧,让学生快乐、从容地享受阅读过程。

（五）巧妙地设置问题,提高学生的探索能力

新高考注重考查学生解决实际问题的能力,注重以问题为导向,考查学生的思维探索能力。这就要求教师尊重学生的个体差异,精心策划阅读教学内容,明确重点,进行合理的、分层次的问题设置,让学生积极思考,进而提高他们的阅读和探索能力。例如,在《边城》的阅读活动中,教师围绕设计的三个问题"风景美""人情美""人性美"开展阅读活动,这三个问题层层推进,互为伏笔,形成了一个完整的"问题链"。学生通过回答这三个问题,在抽丝剥茧的思考中,阅读思维螺旋上升,直指作者表达的核心价值理念,也就是教师设计的"三美"的答案。

又如,部编版高中语文必修下册第三单元的文章属于知识性读物,均为说理性的文章,这类文章就可以用思维导图法去划分结构层次,理清行文思路,可以先从整体上去把握,再通过文本细读来具体分析。第八课《中国建筑的特征》是梁思成先生写的一篇说明文,在具体教学中,教师可以在学生阅读之前就给出设计好的几个问题,让学生带着问题去阅读,有针对性地边读边思考,略读与精读相结合,在规定的时间内找到答案并结合自己的理解回答问题,这样能有效锻炼学生筛选、归纳、概括、组织信息的能力,同时训练学生的语言表达与逻辑思维能力,这也是高考试卷里实用类文本考查学生能

力的方法。第九课《说"木叶"》是林庚先生写的一篇议论性的散文,语言自然优美,论述深入浅出,作者用"木叶"来说明诗歌语言具有暗示性的特点。在教学过程中,教师可以先让学生描绘思维导图,厘清文章的结构思路,并在课堂上进行讲解,充分调动学生思考的主动性和思维的活跃性。比如通过对诗歌中"木叶"和"树叶"的感知、联想与思考,初步认识诗歌中的意象;概括和比较文章第六段中"木叶""落叶""黄叶""落木",通过小组讨论分析,总结出"木"与"叶"不同的意蕴,让学生明白原来作者就是通过"木叶"这个具体的意象来揭示诗歌语言具有暗示性的特点。这个过程不仅训练了学生语言表达与运用的能力,锻炼了其形象思维和逻辑思维能力,还培养了其审美与鉴赏古典诗歌的能力,激发学生对于古典诗歌和中华优秀传统文化的兴趣与热爱。

(六)建立评价模式,培养学生的创新思维

阅读教学需要培养学生深度阅读的能力,进而促进学生辨证思维的形成。教师可以结合学生的发展需求,鼓励学生"用自己的思维"来思考,让学生在广泛阅读时就能自主地培养批判思维。教师建立合理、有序的评价模式,可以避免阅读教学的盲目性和随意性,进而激励学生勇于表达自己的意见。从宏观上来讲,阅读习惯、阅读思维、阅读能力、阅读素养等都需要有评价标准。学生只有参考具体的评价意见,才能找到自己的不足,进而做出调整和改变。评价可以采用擂台赛、辩论赛、表演赛、佳作展等模式,引进奖励机制,采用自评、互评的方式,不断激发学生的创新思维,及时巩固阅读的成果。

例如,《鸿门宴》的阅读教学,可以通过分角色朗读、舞台剧表演、讨论"我眼中的项羽(刘邦)"等活动形式进行,组建学习小组,按照设计好的评价模式,进行生生自评互评,引导学生及时分享自己的心得体会,取长补短,培养学生的创新思维。

又如,在部编版高中语文必修下册中,第二单元的选文是三篇戏剧作品,第4课选自关汉卿的元杂剧《窦娥冤》的第三折。《窦娥冤》一共四折,第三折是全剧的高潮部分,在阅读教学中,教师要注重学生戏剧文化知识的积累,激发学生对中国古典戏曲和中华优秀传统文化的兴趣和热爱。还可以让学生自己组织分角色表演,这样既能熟悉文本,还能锻炼学生的语言表达能力、审美鉴赏能力与思维能力。要善于找到情节的矛盾冲突点,全剧的矛盾激发点在于一个"冤"字,因为冤屈,窦娥许下三桩誓愿:血溅白练、六月飞雪、大旱三年,最后都一一实现,感天动地,沉冤昭雪。要理解、掌握、探究文章的中心思想,就不得不深入文本分析这三桩誓愿,教师可以提出问题,引领学生去一探究竟,也可以引导学生自己发现问题,通过自主思考、小组讨论、合作探究等方法,去分析问题、解决问题。比如三桩誓愿之间的关系是怎样的?顺序是否可以调换?体现出窦娥怎样的思想情感变化?窦娥的第三桩誓愿涉及众多老百姓,那她还善良吗?教师

可以提出诸如此类的开放性问题,训练学生的发散性思维与多角度看待问题的辩证思维。

(七)运用读写结合,增强阅读的内驱力

从阅读与写作的关系来看,两者具有相互促进的作用。具体而言,阅读是吸收的过程,写作则是表达的过程,教师要帮助学生学会在阅读中吸收、在写作中表达。教师要针对学生的实际情况,确立不同的读写结合训练点,采取仿写、改写、续写、扩写、补写、写读后感等读写结合策略,让学生练笔。教师还应该有大语文观,建立课程内容与生活之间的联系,在教学过程中进一步运用读写结合,积极调动学生的写作欲望,培养学生"我手写我心"的创作意识,让学生站在创作者的角度进行阅读和思考,形成较强的内驱力,养成写作习惯。比如,给家长写一封信,写一篇国旗下的演讲稿,写一份入团申请书,给抖音、快手写文案等,这些方法都能加强阅读与写作的有效衔接。

教师可以在诗歌、散文、小说文本的阅读教学中侧重训练学生的创造性思维,先教学生阅读赏析,再引导学生进行写作训练。例如毛泽东的《卜算子·咏梅》这首词借用了陆游的《卜算子·咏梅》的原调原题,同样是咏梅词,但两首词所呈现出来的意境却截然不同。毛泽东运用了逆向思维,反其道而行,一改陆游词中"零落成泥碾作尘,只有香如故"的那种孤芳自赏、遗世独立的梅花形象,展现梅花在寒冬俏立枝头,不与百花争艳,而只当报春的使者的乐观坚强、无私奉献的崇高精神境界和高风亮节的内在美,给人一种乐观积极、迎难向上的精神力量;而陆游的词虽借寒梅自诩自己的爱国情操及高洁人格,却仍然摆脱不了传统文人的自怨自艾,整体是悲观的格调。教师还可将毛泽东的《卜算子·咏梅》与其他咏梅诗词进行对比阅读,结合作者的创作背景来深入分析,使学生对于诗词的理解与感悟更上一层楼。

教师在高中语文阅读教学中,要注重培养学生想象、联想、迁移和创新的能力,激发学生的好奇心和求知欲;加强课堂内外的交流讨论,让学生进行思想碰撞,引导学生从多个角度思考问题,提高其思维的发散性和灵活性;教师要加强读写结合训练,以读促写,以写促读,在培养学生阅读能力的同时训练其写作能力,激发学生的创新思维;教师还要避免成人的定式思维对学生造成过多的影响和束缚,让学生的思维自由发散。高中是学生思维最活跃、知识积累最快的时期,教师要鼓励学生开拓创新,经常保持好奇心,不断学习,积累经验,不满足于一种答案,在阅读中探寻新思路新方法,培养学生的创造能力。

二、发展核心素养与阅读教学改革

《课程标准》指出,高中语文学科核心素养主要包括"语言建构与运用""思维发展与

提升""审美鉴赏与创造""文化传承与理解"四个方面。① 提高语文核心素养有助于提升阅读水准,在培养学生综合素质的同时,有效引领教学方向。其中"语言建构与运用"素养的提升可以帮助学生更好地积累文字,理解语言规律,形成语言经验,在不同的情境中规范交流,增强文字组织能力以及语言架构能力;"思维发展与提升"使学生的阅读更加富有逻辑性和创造性,在阅读过程中,获得直觉思维、形象思维、逻辑思维、辩证思维和创造思维的发展,通过理解文本中的人物形象增强认知能力;"审美鉴赏与创造"素养的提升,要求教师在语文阅读教学中注重学生的审美意识的培养,通过对艺术手法的分析升华学生审美观念,提升其自身品位,使其能独立完成优秀文学作品的筛选和文艺作品创造;"文化传承与理解"要求教师在阅读教学中要指引学生深入理解中华优秀传统文化,并在借鉴国内外优秀文化的基础上拓宽视野,增强文化自信。由此可见,培养学生核心素养的理念为语文能力培养提供了重要的指引,不仅有利于提升教师的教学水平,还有利于提升学生的思维以及语言运用等综合能力。

因此,教师要围绕语文学科核心素养的四个方面,完成日常教学框架设计,引领学生在阅读过程中了解中国语言文字的魅力,加深对优秀作品的理解,完善并提升自身的思维模式和水平,让学生在大量阅读优秀作品的过程中掌握语言运用技巧,提升文学情感鉴赏水平,从而在后续的学习生活中发现美、创造美,领悟生活的真谛。开展阅读教学时,教师应拓展阅读范围,让学生广泛接触优秀的作品,加深对中华优秀传统文化的理解,为文化传承创造良好的条件。

(一) 引导学生养成阅读习惯

提升语感阅读训练是语文教学的重点。在教育改革背景下,对学生核心素养的培养成为重要的教学目标。语文教学不仅要满足学生学习语文知识的需求,还要提升学生的文化自信。在具体教学工作中,教师既要注重教学目标的设定,又要结合学生的特点开展多种形式的教学活动,鼓励学生完成多元化阅读。核心素养的培养应以语感训练为切入点,使学生形成良好的语感,能进一步构建语言表达的逻辑架构,提升语言运用能力。

现阶段,许多学生在进行口语表达时会出现思维混乱、没有逻辑性等问题,原因是学生对词语的内在联系把握不准确。因此,在阅读教学中,教师要培养学生良好的阅读习惯,强化学生对语句内部逻辑的理解,进而提升语感,使学生能够在阅读过程中潜移默化地提高阅读质量。培养阅读习惯时,教师可以设置固定的阅读时间,如早自习诵读10 分钟。阅读内容不限于教材,还可以有课外读物。例如,早自习和课前 5 分钟都可

---

① 中华人民共和国教育部.普通高中语文课程标准(2017 年版)[M].北京:人民教育出版社,2017:7.

以用来开展课文的诵读活动,可以将阅读贯穿于语文阅读学习的全过程,强化学生对文章的理解,还可以通过常态化的阅读活动,督促学生完成阅读练习。在此基础上,教师要结合学生的实际情况筛选材料,布置背诵任务,提高学生的记忆能力,使他们在养成阅读习惯的同时提高语言表达能力,提升核心素养。

(二) 开展语文阅读核心素养融合教学

1. 语言表达能力的培养

在语文阅读课程的讲授过程中,学生是课堂的主体,教师设计教学方案时要以学生为核心,基于教育改革要求,使学生在日常学习过程中养成自主阅读的习惯。与此同时,教师要发挥引导者的作用,结合学生的阅读理解能力设定分层式阅读任务,并采取多元化的检查形式督促学生养成阅读习惯,提升其语言运用核心素养。以部编版高中语文选择性必修教材中《记念刘和珍君》一课为例,文章的时代背景是新民主主义革命时期。在该课的教学过程中教师不能仅仅依赖传统教学形式,而是要利用课堂互动等方式提高学生的学习积极性。讲解前,教师可以布置阅读任务,要求学生在朗读课文的基础上收集背景资料和其他阅读材料。这样能提高学生的阅读质量,强化其综合能力,进而实现培养学生语言运用核心素养的目标。

2. 文字理解水平的提升

语文教学中,核心素养的培养要坚持实践性和综合性相结合,特别是在教学目标设定上。提升语文核心素养是学好语文课程的关键,能有效提升学生的语文成绩。语文教学的关键是培养学生的个人情怀,教师在阅读课程的讲解中要注重提高学生的文本理解能力,通过多种形式的活动设计,使学生在实践过程中养成文化鉴赏的习惯。教师要在调动课堂参与积极性的同时,缓解学生的学习压力,鼓励学生积极参与阅读课程的互动活动,在轻松的氛围下提升学生的文本理解能力,落实语文核心素养的培养工作。以必修下册第六单元《装在套子里的人》为例。这篇课文主要运用了讽刺的写作手法,学生在第一遍阅读的过程中经常会出现理解性问题。为增强学生对文本的理解,教师可以在课堂讲解中列举国内外相似的优秀作品,并收集纪录片等资料展示给学生,向学生介绍作者个人背景和创作背景。在具体实施中,教师可以通过新媒体技术完成以上工作,从而调动学生的积极性。此外,介绍作者个人背景时,教师也可以通过知识竞赛和班级小型座谈会的方式给学生布置不同的阅读资源收集任务,在良好的阅读氛围下强化学生的文本理解水平。教师要结合学生的实际情况加以引导,提高核心素养培育质量。

3. 思维分析能力的强化

阅读核心素养的培育重点不仅包括拓展语文阅读范围、强化语言运用和文本鉴赏能力,还要求学生能够借助语文阅读材料锻炼思维,强化思维水平。筛选阅读材料时,教师可以融入时政热点,并要求学生在阅读材料后通过课堂讨论的形式升华思想,实现锻炼学生思维的教学目的。语文核心素养培育的主要对象是学生,学生的主观能动性十分关键。因此,在核心素养培育过程中,教师要因材施教,结合学生特点构建有针对性的教学体系。

例如,对于阅读能力基础较为薄弱的学生,可以适当降低阅读难度,提高学生的学习积极性,使其能更好地参与后续的语文阅读学习,领略语文知识的魅力,锻炼个人思维。此外,还要制订合适的学生发展规划,并结合学生在每个阶段的认知水平设定不同的培养目标。在教学设计中尽可能地融入一些自主思考环节,让学生学会独立思考,进而提高阅读理解能力。例如,讲解郁达夫的《故都的秋》时,教师可以设计如下的实践活动,以锻炼学生能力。正式讲解前,教师可以收集大量资料,并对文本内容进行初步讲解,对文本知识进行拓展。然后将学生划分为不同的小组,将收集到的资料发给学生,并督促学生进行小组探讨与合作,然后表达自身对文本内容的理解。而对于某个片段的讲解,教师可以采用辩论的形式提升学生的思维逻辑性。学生分组阐述个人观点后,教师完成最后的总结、指出学生的优点及不足,并为学生的后续学习制订有针对性的优化方案,使学生能够在课堂分享过程中了解自身在阅读方面的不足,并开展专项练习。这样不仅可以有效提高学生的阅读质量和语文学习成绩,还有助于提升学生的思维水平,达到提升语文核心素养的要求。

4. 审美鉴赏水平的强化

审美鉴赏是语文阅读核心素养融合教学的重要内容。语文教学是一个强化审美的过程,它不仅仅是教学生学习汉语,更要让学生感悟文学的魅力。学生要通过品读与赏析获得审美体验,加深对作品的理解,在优美的语言以及有趣的故事中理解作品的内涵。例如,教师讲解部编版高中语文教材中的《老人与海》时,学生可以通过渔夫的故事了解勇于拼搏、不畏困难的人生哲理。在学习《雷雨》时,学生能通过文字描述感受压抑的氛围和情感冲击,进而深刻领会文学作品所表达的人文精神,为后续的文化传承与发展奠定良好的基础。总之,为了科学地将核心素养观念融入学科教学中,帮助学生在学习和生活中更好地表达自身见解,为学生的后续发展创造良好的条件,教师要在设定阅读课程目标和选择教学形式时,充分考虑核心素养理念,并基于学生的实际情况设计多种形式的教学活动。此外,教师要借助多媒体设备收集、拓展阅读资料,为强化学生的阅读水平奠定良好的基础。教师还要提升自身语文素养,不断拓展阅读范围,筛选符合学生理解水平的阅读内容,为阅读强化训练提供资源,从而进一步推动我国高中语文教学改革的顺利进行。

第二节　教师阅读教学组织策略

一、教师阅读教学组织

阅读是人们获取信息的重要方式。语文阅读作为语文教学的重要组成部分,重在培养学生的语文阅读能力与素养,促进学生思辨能力的发展,从而进一步提高学生的写作能力。基于此,语文教师应重点关注学生的阅读品质、阅读兴趣、阅读习惯等方面,组织好阅读教学活动。可以通过以下几个方面开展阅读教学。

(一)以生为本,尊重学生主体地位

传统阅读教学活动中,语文教师是课堂的主体,主导了语文阅读课堂的教学内容、教学活动安排等,学生则处于被动接受阅读理解知识的状态。课堂时间主要被教师用于讲解阅读知识、解题技巧,学生的自主阅读、思考时间被压缩,这导致学生的阅读思维、阅读能力得不到训练。教师不注重提高学生阅读能力及基础,仅根据教学进度、教学目标安排阅读素材,这样的教学模式不仅不能满足学生阅读学习需求,还违背了以生为本的教学原则。当下,语文教师应该积极转变教学思维,做到以学生为本,在阅读教学模式构建过程中,将学生放在首位,从学生阅读基础能力、阅读思维现状等出发,合理选择阅读素材、调整阅读教学进度等,从而构建有效阅读教学模式,强化学生阅读的主体性。

比如,新生在入校之际,由于语文学习背景不同、学习经历差异等,会存在阅读能力参差不齐的现象。对此,语文教师应该通过调研、沟通、摸底考核等方式了解学生的阅读基础,把握学生阅读的能力,然后结合单元教学进度,选择难度适宜的阅读素材,并确定高中生喜爱的阅读主题,在课堂上给予学生足够的阅读时间、空间,让学生成为课堂小主人,将阅读的时间、空间还给学生,真正实现自主阅读。让学生能够通过阅读课堂,学会自主阅读学习、思考,感受阅读的乐趣,学会合理安排阅读时间、阅读进度,能够选择喜欢的阅读素材,从而全面提高阅读能力。总之,教师在构建阅读课堂模式时,应该结合学生的学习基础和阅读习惯,合理安排阅读内容,在课堂上减少干预与满堂灌讲解,尽可能让学生多阅读、多思考。

(二)创造阅读环境,营造良好的阅读氛围

阅读环境对学生的自主阅读效率、阅读效果都有直接影响,良好的阅读环境有助于学生专心阅读和思考。教师可以让学生自主选择阅读素材,为其提供课堂内外的阅读机会。良好的阅读环境,对学生阅读兴趣、阅读习惯培养都有着重要意义。因此,在设

计阅读课堂教学模式时,教师应该注重阅读氛围的营造,为学生提供良好的阅读环境,让学生能够通过阅读课堂积累知识、积极思考、自主探索,活跃阅读思维,提升阅读效率。

例如,在教授《沁园春·长沙》时,教师可以结合教学进度,提供毛泽东的一些相关作品放到班级阅读角,供学生在课堂内外阅读,让学生带着对伟人的崇敬,翻阅作品。阅读课堂上,教师可以结合毛主席的作品写作年代以及相关影视作品,运用多媒体向学生一一展示,并配上不同时代的音乐作品,这一方面可以激发学生阅读兴趣,另一方面能够让学生在不同类型的音乐中体验不同的情绪状态,与毛泽东的作品产生跨时代的情感共鸣,从而深刻理解作品,了解毛泽东不同时期的家国情怀。阅读不仅是对文字的翻阅、理解,还要通过文字去理解作者的情感、深层的心理活动,这样才能形成自主阅读、思考的学习习惯。阅读环境不仅限于校园,教师还应该加强与家长的交流沟通,引导家长在家庭中为学生提供良好的阅读环境与氛围,这对学生阅读习惯培养有着重要意义。在阅读课堂上,教师要注重阅读氛围创设,可以结合阅读素材、阅读主题,运用多媒体打造情境,让学生能够在阅读文字的同时,理解作者的情感与观点,让阅读从简单的文字阅读转变为深层次的理解与学习。

(三)合理选择阅读素材,加强学生的合作意识

阅读素材的选择对阅读课堂教学模式的构建有着直接影响。在以往阅读教学活动中,可供参考的阅读素材较少,阅读题以阅读理解题型为主,素材库往往更新慢、重复率高、篇幅短、难度大。对已经具备一定阅读基础的中学生而言,短篇幅的阅读文章,对学生的阅读习惯、阅读鉴赏能力培养没有帮助。教师在构建阅读课堂模式时,应该对阅读素材进行严格筛选。一是结合教学目标,选择适合中学生阅读的素材;二是结合班级学生阅读经历,选择学生未阅读过的素材;三是选择包含古今中外优秀作品在内的丰富的阅读素材,帮助学生积累多领域的知识;四是结合教学进度及单元主题,选择对应的阅读素材,巩固学生的知识。

例如,高中语文教材中的《雷雨》课文中是节选内容,教师可以为学生提供《雷雨》全文,有兴趣的学生可以课后自主阅读。这样的教学素材,可以让学生结合所学知识以及对课文中人物的理解,去阅读全册素材,了解故事前因后果,从而更深刻地认识和理解人物的情感、心理活动。在阅读课堂上,教师可以鼓励学生根据阅读的素材内容进行自主分组,组员可以讨论阅读过程中遇到的问题,沟通阅读感悟。教师要严格把关阅读素材,并借助互联网等途径,选择丰富多彩的课堂阅读内容,鼓励学生在阅读课上自主选择阅读素材,自主组队进行合作。相较于传统书面阅读素材,教师还可以运用一些阅读软件,向学生推荐更多趣味化、针对性强的阅读素材,增加学生的阅读量。优秀的阅读

素材是阅读的基础,也是阅读教学有效性的保障,教师可以结合教学主题选择素材,还可以结合学生的兴趣爱好,如流行音乐、篮球、足球等选择阅读素材,让学生从被动式阅读向积极主动阅读转变,鼓励学生通过阅读交友,与同学和朋友交流沟通阅读心得,从而激发学生自主合作和阅读的热情,让阅读成为学生学习生活的一部分。

(四)应用互联网背景,构建体验式阅读课堂模式

信息技术发展及其在中学语文教学中的应用,使得教学效率不断提高,教师的教学资源也变得更加丰富多彩。在课堂教学中,教师通过对网络、多媒体的运用,提高了教学效率,丰富了师生互动方式,学生的自主学习时间也更加充分。在中学阅读教学中,教师可以借助互联网构建体验式阅读课堂教学,通过对图片、音乐、文字以及视频等资料的展示,让阅读素材视觉化,从而激发学生阅读兴趣,调动学生的听觉、视觉去感悟阅读素材的意境。体验式阅读课堂可以优化学生情感体验,增强审美感受,有利于促进学生自主阅读习惯的养成,让学生通过自主体验来切身感悟作品。这种教学方式打破了传统阅读课堂习惯,让阅读教学变得生动活泼,从而提高教学效率。

以《窦娥冤》的教学为例,《窦娥冤》全称《感天动地窦娥冤》,是元朝关汉卿的杂剧代表作,取材"东海孝妇"的民间故事。同时《窦娥冤》也是中国传统剧目中的十大悲剧之一。这个经典故事很多学生都听说过,教材中的部分只是节选,教师可以通过互联网找到《窦娥冤》的全文以及相关视听素材,并利用多媒体向学生展示剧目表演视频。《窦娥冤》的内容晦涩难懂,而通过观看剧目则可以让学生对整个故事情节有充分的理解。在阅读课堂上,教师可以先展示剧目的视频,让学生进入故事情境,了解人物心理活动。接下来,教师可以引导学生自主分组,排演舞台剧,让学生通过扮演角色了解角色的情感,这是一种让学生与角色产生共鸣的方法。学生在体验角色时,会跟随故事情节发展而真情投入,从而对故事人物产生更深刻的理解、认知。这样的体验式阅读教学方式,能够提高学生的阅读学习积极性,让学生通过体验获取更多阅读感悟,进而提高阅读能力。在这个过程中,学生还能够进一步发挥想象,在原来故事情节的基础上,续写续编,激发创新能力与想象。

教师应该充分应用好阅读课堂,为学生打造体验式阅读课堂,让学生能够通过体验角色理解阅读素材。对于一些远离我们生活的故事、人物,学生可以通过角色体验等方式来拉近自身与故事主人公的距离,从而深入理解人物情感与心理活动,实现深层阅读。

(五)运用问题引导,构建探究式阅读教学模式

阅读思维品质是判断学生阅读能力的重要指标,但在现实教学活动中,很多学生在阅读过程中缺乏思考与探究。以往的阅读教学活动都以教师讲解为主,教师的过度解

读不仅占据了大量阅读课堂的时间,还导致学生的可思考、可探究空间被压缩。学生缺乏自主阅读、探究的机会与锻炼,导致在阅读过程中不得要领,只停留于文字表面,对阅读素材的内涵、中心思想、人物情感等都缺乏探究。语文教师应该充分运用问题进行引导,让学生能够循序渐进地思考问题,从而完成阅读素材的略读、精读、深层学习探究。在打造探究式阅读课堂时,教师应该尊重学生主体地位,引导学生自主阅读、自主探究;精心设计问题,使其难度适当,既能够激发学生自主探究的兴趣,又能够帮助学生通过探究获得阅读自信;问题设计一方面需要做到合理、开放,与阅读素材相符合,不得脱离阅读素材,另一方面问题答案应该具有一定开放性,鼓励学生从多个角度去分析、探究,形成辩证思维习惯,树立学习自信。

以《赤壁赋》的教学为例,该篇课文不仅讲述了作者与友人月夜泛舟游赤壁的所见所闻,还表达了作者对月夜泛舟活动的喜爱之情,以及怀古伤今的情感,更有精神解脱的豁达。教师可以在阅读课堂上推荐"赤壁之战"的相关阅读素材给学生。"赤壁之战"是指东汉末年孙权、刘备联军于建安十三年(208 年)在长江赤壁一带大破曹操大军的战役。"赤壁之战"中孙权、刘备在强敌紧逼关头,结盟抗战,扬水战之长,巧用火攻,创造了中国军事史上以弱胜强的著名战例。教师可以提出问题,引导学生去阅读、探究。问题一:"赤壁之战"是哪两方发生的战役? 问题二:"赤壁之战"发生的时间、地点? 问题三:"赤壁之战"最终是如何取得胜利的? 问题四:你喜欢故事中的谁? 为什么? 利用这些问题激发学生好奇心,引导学生带着问题去阅读、探究,让阅读具有目标,从而引导学生全身心投入。阅读结束后,教师可以引导学生按小组讨论、分析,培养学生分析问题的能力以及合作探究能力。最终,教师可以带领学生一起复盘探究过程以及问题,并进行归纳总结。教师要及时给予学生评价,多鼓励学生,增加学生对探究式阅读课堂的信心,让学生通过探究式阅读课堂养成良好的阅读思维习惯,做到边阅读边探究。

(六) 因材施教,构建分层化阅读课堂教学模式

学生在语文学习能力、阅读学习基础、阅读习惯、阅读兴趣、阅读积累方面各不相同,导致他们在阅读综合素养方面存在显著的差异。但在以往传统阅读教学课堂上,学生的差异没有受到重视,教师会统一布置阅读任务,统一安排阅读教学,这样的教学安排,导致部分学生的阅读学习需求得不到满足。如班级内的学优生,由于阅读基础扎实,阅读积累丰富,教师布置的阅读任务都是他们已经掌握的内容,如果重复完成阅读任务,学生的阅读课堂时间就会被浪费;而对学困生而言,他们往往无法在规定时间内完成阅读与探究。因此,教师应该因材施教,构建分层化阅读课堂教学模式,按照学生阅读综合能力进行合理分层,并针对不同层次学生开展针对性阅读教学。

语文教师首先需要根据学生以往的阅读基础、阅读课堂表现等对班级学生进行合

理分层,并定期进行评价以及动态调整,确保学生被分到与自己能力匹配的层次。有针对性的教学能够帮助学生查漏补缺,满足不同层次学生的学习需求。例如,在教学《论语》《老子》时,班级内部分学生有国学学习经历,都已经熟练掌握《论语》《老子》等文章内容,而班级内部分学困生因为理解能力较差,学习此类阅读素材时进度慢。在这种情况下,教师可以结合具体情况对学生进行分层,共分成三层,学习卓越组、学习进步组、学习基础组。学习卓越组已经熟练掌握阅读素材内容,教师可以为其推荐其他阅读素材,让学生利用好课堂时间完成自主阅读与积累;对于学习进步组,教师可以结合语文课堂教学进度,让其翻阅阅读素材,并尝试自主阅读、探究、总结;学习基础组需要先对书本知识进行查漏补缺,在此基础上再对阅读素材进行学习。分层式阅读课堂教学,可以满足不同层次学生阅读需求,也能够全面提升班级阅读水平。综上所述,班级学生阅读水平参差不齐是客观存在的,教师在教学活动中,可以有针对性地对学生进行分层,为学生提供针对性教学活动与阅读素材,帮助学生查漏补缺,让每一位学生的语文阅读水平都能稳步提高,从而提升班级整体语文阅读水平。

(七)引导学生分析故事情节,提升学生的思辨能力

思辨能力是中学生语文阅读学习必不可少的能力。培养学生的思辨能力可以从以下几个方面入手。一是明确阅读文本的意义和目的。学生明白阅读文本的意义和目的,才能更好地理解文本内容,并在阅读中注意相应的问题。二是掌握阅读技巧和分析方法。学生需要掌握一些阅读技巧和分析方法,如了解文本结构、把握作者意图、分析文章内容等,从而更好地理解文本内容。三是深入思考和探究。在阅读过程中,学生需要深入思考和探究阅读文本内容,理解其中的思想感情和社会价值,以更好地理解阅读文本内容,并从中获得启示。

例如,在教授《祝福》时,教师可以让学生仔细阅读文中的每一句话、每一段,体会鲁迅的写作意图,思考每一段内容在全文中的作用,领会作者想要表达的思想感情。教师可以例举课文中的一句:"她一手提着竹篮。内中一个破碗,空的",点明鲁迅想要通过"祥林嫂"那只"空"的破饭碗,表达对传统社会等级制度、封建统治和社会不公的批判,以及对弱势群体的同情和关注。在教师一步一步的指导下,学生对课文的内容能有深入了解,并在此基础上可以对文章的内容进行归纳总结。

(八)精心设计合作活动,提升学生自主学习能力

中学生的心智已经发展到比较成熟的阶段,他们拥有自己的观点和看法。所以,在阅读教学过程中,教师要鼓励学生表达自己的不同看法。教师需要精心设课堂活动,让学生们建立良好的合作关系,通过分工、协作完成任务,并且在完成任务过程中相互帮助,以提升团队合作能力。此外,教师还可以通过精心设计的合作活动促进学生之间沟

通、交流，从而提升学生的语言表达能力。

例如，在教授《边城》时，教师在整体了解学生认知能力的前提下，在课堂中将其分成多个合作学习小组，让学生以小组为单位对课文的内容展开分析和探讨，使其对课文的梗概有大致的认识，并从中提炼故事主旨。比如，用分组讨论的方式，让学生分析文章开头说明了些什么、文章的高潮和结尾是如何进行的等，并为每部分增加一个小标题。随后，教师可以带领小组成员对文本中的人物进行深入剖析，从而有效提高课堂教学效果。

（九）"整本阅读"与"碎片阅读"结合

"整本阅读"即整本书阅读，它已经成为当今阅读教学的新趋势，能够对学生的阅读学习产生重要影响，具有十分重要的价值和意义。部编版高中语文教材选编了很多中外名著节选内容，为"整本阅读"教学提供方向性指引。当然，随着"整本阅读"理论和实践的推进，出现了一些质疑，很多人盲目批判"碎片阅读"，过分抬高"整本阅读"，导致阅读教学出现偏差。

从现实情况来看，"整本阅读"和"碎片阅读"各有利弊，承担着不同的教学任务，二者不应被割裂，而应相互融合，共同促进学生阅读能力的提升和核心素养的构建。教师应积极引导学生将"整本阅读"与"碎片阅读"结合起来，提高阅读效率。"整本阅读"和"碎片阅读"旨在培养学生的不同能力，"整本阅读"侧重于培养学生的整体思维和"大语文观"，在固定的时间内阅读整本书，有助于锻炼学生的整体意识，学生要注重部分与整体的关联，感受整本书的魅力和宏大主题营造。"碎片阅读"是利用碎片化的时间阅读，能够在提高学生阅读效率的同时扩大其知识面，让阅读变得更加轻松有趣。例如，《论语》就非常适合进行"碎片阅读"，因为它以语录体的形式展现，内容简短且具有概括性，十分适合学生进行碎片化学习，每天研读几则，坚持下来，就能有一个很好的语文知识积累。

当然，"碎片阅读"仅仅是学生阅读学习中的"小零食"，是激发学生阅读兴趣的"小甜点"，真正的"主食"还是"整本阅读"。"碎片阅读"和"整本阅读"两者有机结合，才能够带给学生阅读学习的饕餮盛宴。

（十）"纸质阅读"和"数字阅读"结合

新形势下，新的阅读方式不断涌现，阅读内容的呈现方式更加多元，传统的阅读材料主要印刷于纸上，随着互联网和信息技术的普及，文字越来越多地被记录在多媒体电子设备上。文字记载和呈现方式的转变带来阅读方式的变革，与传统的纸质阅读相比，数字阅读更加方便快捷，形式丰富多样，为语文阅读教学带来无限可能。

教师应将纸质阅读与数字阅读结合，创新阅读形式和教学模式。相比传统纸质媒介，数字媒介携带更加方便，且打破了传统纸质阅读的时空局限，能够实现随时随地阅读。因此教师应该鼓励学生积极探索数字阅读，实现纸质阅读与数字阅读的融合。例如，教师可以以教材中的名著节选为基础，布置课后阅读任务，让学生利用电子设备搜索下载整本书进行阅读。

当然，数字阅读也存在一些问题。网络上的信息鱼龙混杂，学生在搜索阅读资源的同时也会接触到很多的娱乐性信息，中学生好奇心强，各种没有营养的阅读资源吸引着学生的目光，教师要防止学生沉迷网络小说，适时做好引导检查。此外，也要引导学生做好时间分配，防止出现"偏食"的现象。

（十一）"有字阅读"和"无字阅读"结合

"有字阅读"是对书籍的阅读，"无字阅读"是对生活的阅读，两者要互相融合，最终实现"学以致用"。"有字阅读"和"无字阅读"，对学生的学习和成长都很重要。"有字阅读"指向学生的精神成长，因为著作是先贤或当代作家们的智慧结晶，学生通过阅读这些书籍可以获得更多人文知识和精神营养，从而增长学识，开阔眼界。"无字阅读"对于学生的成长同样至关重要，简单来说，"无字阅读"就是向他人学习和从社会中学习，阅读社会和人生这部大书，因此，学生始终要做到谦虚谨慎，以实践为师，理论联系实际。

要积极汲取历史或其他人的经验，做到以史为鉴，以他人为鉴。例如，历史上的"纸上谈兵"，就是理论脱离实际的典型例证，学生一定要引以为戒。相对于"有字阅读"，"无字阅读"要求学生到社会中去体验和挖掘，在丰富的阅历中感知生活、思考人生，读好人生这本书。

二、教师引导学生阅读策略

（一）合理安排阅读活动，制订完善的阅读规划

教师应当重视阅读教学，关注学生的阅读量，通过提高阅读效率的方式提高学生阅读量。具体而言，教师可以从规划阅读时间、制订阅读计划和提升阅读效率三方面入手帮助学生提高阅读量。教师可以引导学生进行课外阅读，将课外时间充分利用起来。例如，学生在乘坐公交上下学时可以进行阅读；在夜晚休息前可以拿出 10 分钟进行阅读；在早上起床以后可以拿出 10 分钟左右的时间进行阅读。在规划好阅读时间的前提下，教师可以帮助学生制订合理的阅读计划，让学生将碎片化阅读和阅读计划结合起来。例如，教师在协助学生制订阅读计划时，可以建议学生每天阅读 30 分钟，而学生可以将这 30 分钟分散在起床后、休息前、上学、放学、吃饭等不同时间段，充分利用碎片化时间保障阅读量。教师应当帮助学生提升学习效率，在课堂上教给学生一些常用的阅读技巧，如粗读、略读、跳读、精读等，并鼓励学生将这些阅读技巧运用于课外的碎片化

阅读中,对精彩片段采取精读方式,在次要情节处则可以选择略读方式。

(二)调整阅读教学目标,实现知识与素养并重

学生的发展是多元的,既包括知识层面的发展,也包括思维、情感和素养的发展。在未来的阅读教学实践中,教师要把握素养和知识之间的关系,实现知识和素养并重,既要带领学生学习新知识、接触新事物,实现知识积累,也要帮助学生提升素养。此外,由于长期受到功利化阅读活动的影响,虽然教师调整了阅读教学的目标,部分学生依旧存在焦虑情绪,无法保持正确的阅读心态。对此,教师应帮助学生树立正确的阅读观念,正确看待阅读期间遇到的问题,将其作为提升自己阅读能力的契机,从而缓解学生的厌学情绪。教师可以从简单的文章入手,逐步引导学生进入深度阅读的状态,培养学生的阅读兴趣。

(三)引导学生分析文章,实现技巧与思想并重

文章之美包括文字美、修辞美、情感美和思想美,这四种美缺一不可。部分学生阅读能力不足,只能感受到文章的文字美和修辞美,对此教师可以设置阅读问题,引导学生逐步分析作者情感和文章主旨,这既可以让学生领略文字和修辞之美,也可以帮助学生提升阅读能力,感悟文章的情感和思想之美。教师可以设置专门用来提升学生审美能力的鉴赏活动,培养学生的审美情趣。例如,教师可以引导学生从人物语言、动作、形象等角度鉴赏文学作品,体会作者塑造人物形象的初衷,带领学生分析作者所用的语言描写、动作描写或外貌描写技巧,并思考人物身上体现了哪些优秀品质。此外,部分课文和阅读素材与传统文化具有密切关联,教师可以将传统文化作为阅读主题,带领学生感受传统文化之美,了解传统文化的内涵,正确看待传统文化与现代文化之间的关系,学习人物身上的优秀品质,促进学生思想发展。

(四)选择合适的阅读材料,促进课内外阅读有机融合

教师要结合学生性格特点和阅读需求,为学生准备丰富多样的阅读文本,吸引学生注意力,激发学生的课堂阅读兴趣,使学生以兴趣为驱动投入课堂阅读。教师选择的阅读材料应当与课本内容相契合,例如,在完成《祝福》的阅读教学以后,教师可以推荐一些鲁迅的其他作品,或者以民国时代为背景的文学作品,让学生对半殖民地半封建社会的黑暗现实有更深刻的了解,领会鲁迅的复杂情感。同时,教师应当为学生推荐一些优质读物,避免学生受到网络小说的消极影响,同时也能提升学生的阅读量,帮助学生在阅读期间增长见识、积累知识。

(五)创设真实情境,设置多样任务

真实情境是项目化阅读教学的重要特征,这里的"真实情境"既可以从学生真实生

活中提炼,如"整理族谱""探寻传统节日""植物观察日记",又可以是"拟真"的,如让学生设计东坡文化纪念馆、模拟面试官等。只要阅读情境与学生的生活、经验、情感发生真正的关联,这样的阅读活动就是"真实"且有意义的。

项目化阅读教学强调"做中学",教师要设计一系列的探究任务与阅读活动。阅读的安排要以项目主题和阅读内容为基准,有效的阅读活动要挑战性与驱动性兼备,且能激发学生持续的探究热情,这就要求教师在设计阅读活动的时候,根据教学的内容巧妙设置阅读活动,以任务推动学习。如阅读教学案例"走进劳动现场"中设计了初识新闻、研读新闻、创作新闻三个探究任务。教师先从简单的学习任务入手,让学生对新闻的几种体裁有所了解,接着让学生研读教材中的经典新闻篇章,熟悉并掌握新闻中的人物通讯和新闻短评的写作特点,感受字里行间的劳动精神与品质。随后,教师让学生引用、迁移前面所学知识,走出校园,观察社会,创作属于自己的新闻作品,发现真实世界中闪闪发光的劳动者的精神。整个过程围绕新闻主题层层递进,逐渐深入,符合学生内在认知规律,有助于学生实现梯度进阶,让学生在较为宽松的学习氛围中实现素养的提升,在真实的学习实践中逐步走向深度学习。

(六)开展多样活动,促进语言表达

阅读是语言输入的一个过程,口语表达与写作则是语言输出的重要形式,二者是一个不可分割的整体。下面列举几种可以有效促进学生语言表达的阅读活动。

一是绘制思维导图。每个人的思维运转模式和逻辑思路本不可见,他人更是无法洞察,思维导图可以使个人的思维可视化,有助于学生在阅读活动中进行有逻辑的表达。思维导图可以用于对比阅读,以梳理文学作品中的人物关系、人物生平和情节发展等。如《雷雨》中人物繁多,借助思维导图可以帮助学生加深对人物关系的理解;将鲁迅的《拿来主义》和马南邨的《不求甚解》进行对比阅读时,通过思维导图可以梳理两篇文章的结构和论述思路,找出差异和联系,深化文本分析能力及逻辑思维能力。学生借助思维导图,可以将对文本的思考有条理地表达出来,从而提高交流的效率。

二是编演课本剧。课本剧是一种把教材中叙事性课文改编成戏剧的表演活动。学生首先要深入解读课文,形成自己的理解,并在小组讨论交流中表达自己的看法。学生在老师的指导下独立撰写剧本,将阅读输入转化为语言输出,锻炼自己的表达与创造能力。在项目化阅读教学中,教师可以将情节性强的小说或诗歌改编为戏剧,锻炼学生的创作、表达能力。让学生发挥创造力与想象力,合作讨论交流,将课文改编为剧本,有助于学生在阅读中锻炼语言表达与创造能力,同时也有助于促进学生对文本内容的深度理解。

三是进行头脑风暴。头脑风暴是一种教学中常用的鼓励学生自由表达和交流的方

法,学生通过讨论、追问等方式进行集中交流,从而互相启发,激发联想,并产生共鸣。如在《祝福》一课的教学过程中,教师可以让学生探讨"祥林嫂的死因究竟是什么"这一问题,学生可以自行收集相关背景资料,钻研阅读课文,找寻答案,争相发言,甚至可以展开辩论,这样有助于激发学生的阅读兴趣,深化对人物形象的理解,领会文章蕴含的深刻社会意义。

四是举办读书分享会。阅读不仅可以从书籍中汲取知识与力量,还能锻炼思维,促进表达与交流。适时举办读书分享会,让学生在阅读的同时分享收获、提出困惑,在小组共同探究交流中借鉴其他同学的不同观点加深对阅读内容的理解与感悟。如以"敬爱的鲁迅先生"为项目主题,让学生自行寻找相关书籍,感受鲁迅先生不同的侧面:文学大师、民主战士、伟大思想家、生活教育家。在读书分享会中,学生各抒己见、表达交流,从而对鲁迅先生及其作品形成完整而深入的了解。

五是开展书香校园广播阅读活动。校园广播是传播信息,锻炼听、说、读、写能力的有效途径。项目化阅读教学可以通过校园广播,开展晨诵、午读、晚赏等阅读活动。如在以"徜徉经典古诗词"为主题的项目阅读活动中,学生可以自主选择经典古诗词,查阅资料,确定朗读基调,有感情地诵读古诗词。诵读的过程是内化优秀语言材料、体验感悟诗人情感、接受审美熏陶的过程,也是锻炼学生语言表达能力的好机会。诵读之后,师生可以一同对古诗词进行品读鉴赏,随后,教师可以让学生书写并广播读后感悟,引导学生边阅读、边鉴赏、边创造,从而促进学生听、说、读、写各方面能力的发展。

第三节　阅读教学方法

一、比较阅读

(一)对同一主题作品的比较

语文教材中,经常会有相同主题的课文。教师在具体教学过程中,可以将相同主题的课文放在一起,引导学生开展比较阅读活动,这样能在很大程度上深化学生的情感体验。例如,教师可以将《短歌行》与《赤壁赋》放在一起,让学生进行对比阅读。两篇文章的主题思想都是感叹人生短暂,渴望建功立业,而学生经过对比阅读,可以体会到曹操与苏轼两人对人生易逝的感悟,同时学生也能够从"譬如朝露,去日苦多""哀吾生之须臾,羡长江之无穷"中体会作者壮志难酬的悲愤之情。在此基础上,教师可以教导学生懂得珍惜时间,不虚度光阴,从而深化学生的情感体验,提升课文教学效果。又如,教师在课堂教学中,可以将描写田园生活的《归园田居》与《山居秋暝》放在一起,让学生进行比较阅读。学生通过对比阅读,既能了解北方田园的状态,又能对南方山间的景致有充分感受,学生在感悟自然风光之美的过程中,能充分认知两位诗人对大自然的热爱之情。同时,学生还可以借助对比阅读,透过自然景象,感受诗人醉心山水之间的隐逸情怀,进一步领悟古诗的思想内涵。

(二)对同一作者不同时期作品的比较

教师还可以尝试将同一个作者不同时期的文学作品放在一起,引导学生开展比较阅读活动,这样能让学生对作者的生平、写作特点有更深入的了解,从而提升学习效果。高中语文教材收录了很多杜甫的作品,教师在讲解杜甫的诗歌时,可以引导学生对杜甫不同时期的作品进行分析,从而体会作者不同时期的作品风格。例如,杜甫年少时期意气风发,对人生充满了期待,热爱祖国的大好河山,杜甫这一阶段的作品风格大多壮阔豪迈,代表作有《望岳》;青年时期的杜甫报国无门,经历了凄苦的生活,而唐朝也由盛转衰,他这一时期的作品中大多蕴含着浓厚的悲凉、失望情感,代表作有《兵车行》;安史之乱爆发后,民不聊生,杜甫的诗词中更是充满了对国家破碎的悲怆、对民众的同情,代表作有《春望》;晚年的杜甫漂泊于西南,老无所依,写下了《茅屋为秋风所破歌》。教师让学生对杜甫不同时期的作品进行比较阅读,从中体会杜甫一生的心理变化,从而与杜甫作品产生情感共鸣。

(三)从写作手法的角度进行比较

教师在引导学生对文学作品进行阅读时,经常会要求学生分析文章的写作手法。学生可以从写作手法的角度入手,开展比较阅读活动,在比较过程中深化对某种写作手法的认知,并以此为基础,深入体会文章要表达的情感。例如,在必修下册《涉江采芙蓉》的教学中,教师可以引入《庭中有奇树》,引导学生开展比较阅读活动。这两首诗都采用借景抒情的表现手法,通过景物寄托自己对家人的思念之情。两首诗都采取了先扬后抑的手法,《涉江采芙蓉》前两句对景色展开描写,面对江心生长着的绿油油的荷花,诗人萌生了采摘一株美丽荷花的想法;《庭中有奇树》的前四句也是景色描写,作者面对充满春意的大树,也想要摘下一朵美丽的花。这几句诗读起来鲜明、活泼,但紧接着,作者笔锋一转,联想到摘下花以后难以送给亲人,思念之情便瞬间涌现。学生通过比较阅读,可以对这种写作手法产生深层次的认知,也能深刻领悟其中的情感。通过对比学生还可以发现,两者虽然都是借景抒情,但是在情感表现上还存在一定的差别:《涉江采芙蓉》将芳草、兰泽、芙蓉看作情感寄托之物,它们都是纯洁景物的代表,能让人联想到作者与远方亲人的纯洁感情;而在《庭中有奇树》中,作者将情感寄托在树木之上,借助对树木四季变化的描写表达怀念之情,让人能感受到深闺妇人在树前看着花开叶落、感叹时间流逝的哀愁。

（四）从形象角度进行比较

在中学语文教学中，学生接触到的很多阅读材料中的人物形象都有十分鲜明的个性，如鲁迅笔下的祥林嫂，属于典型的旧社会妇女形象，为人淳朴、善良，但遭受封建思想和封建制度的迫害；又如孔乙己，其麻木、迂腐的形象，留给学生深刻的印象。在剖析阅读材料时，分析人物形象也是很重要的环节。教师在引导学生对人物形象进行分析时，也可以利用比较阅读的方式，让学生对不同作品中的人物形象进行比较，同时，教师还可以让学生对一篇文章中的不同人物形象进行比较，深化学生对文章内容的理解。

例如，在《氓》的教学过程中，教师就可以引导学生对文中的男女主人公形象进行比较。学生经过比较，就可以发现，结婚前后男女主人公的形象都有了很大改变，婚前，男主人公的形象是情深义重，而在结婚后，曾经的信誓旦旦变成了"至于暴矣"；而女主人公在结婚前是憧憬美好、和睦的夫妻生活的，是"载笑载言"的少女，可是在婚后却变成了"夙兴夜寐"、操劳家务的深闺妇人。结婚前后人物形象的巨大改变，让学生不禁感叹。在教学中，教师不仅可以引导学生对男女主人公人物形象进行纵向比较，还能引导学生开展横向比较，让学生在比较的过程中认识到，男主人公是一个薄情寡性、自私自利的负心汉；而女主人公的形象则在横向对比中高大起来，女主人公自始至终忠于爱情，勤劳而善良，面对始乱终弃的丈夫，女子虽然伤心难过，却并未自我放弃，而是在呐喊反抗中表现出自己坚强、勇敢的一面。通过比较阅读，学生可以清楚地了解男女主人公的不同爱情观，能更深入地感受人物形象，这对于学生学习效果的提升有极大帮助。

（五）比较相似文本中的不同之处

比较两篇或者多篇相似文本，找到其中的不同之处，能够有效拓展学生的思维，实现多角度创意阅读。

首先是对同一位作家的不同文章进行比较。对比作者的不同本文可以加深对作者的了解，从而更为深入地分析文章。同一位作家在同一个时期所创作的文章，风格会比较相似，教师可以引导学生对这些文章进行系统性的学习，让学生在分析过程中找出其中的共同点。例如，苏轼被贬后，他所创作的作品内容多以山水为主，且其中寄托着他对人生的感悟，有一定的哲理性，从某种角度来看这也是苏轼的写作习惯。高中教材中苏轼的文章包括《赤壁赋》《念奴娇·赤壁怀古》《后赤壁赋》，这几篇都是苏轼被贬后在黄州时的代表作，人们将其称作"赤壁三咏"。教师在实际的阅读教学中，可以调整教学顺序，将这几篇文章放在一起进行比较阅读，从而帮助学生们深刻体会苏轼当时的豁达豪迈之情。

其次是对同一主题的不同文章进行比较，同一主题的不同文章往往在构思和选材上有着很大的差异，通过比较可以深化学生对主题的理解，为学生们带来不一样的情感体验。例如,在诗歌创作中,感慨人生是非常重要的主题,曹操在《短歌行》中就抒发了自己的人生感慨,如"譬如朝露,去日苦多"。苏轼在《赤壁赋》中把自己的一生和长江对比,表达对人生短暂的感慨。通过这两部作品的对比,可以让学生们深入理解文章表达的人生短暂、功业难建的心情。这样的对比方式,让学生的思维不受作者或者文章的限制,体现了语文学科所具备的综合性。

(六) 比较不同文本的相同之处

比较两篇或者多篇不同的本文,找到其中的相同点,有利于培养学生的思维能力,达到更好的知识迁移效果,对于提升学生们的自主学习能力有着重要的作用。

首先是对人物形象进行比较。高中语文阅读会涉及小说题材的内容,人物是其中的重要因素,在阅读教学中帮助学生合理把握人物形象,有利于学生理解作品的内涵。在人物的描写中,眼睛最能够体现这个人的变化。例如,鲁迅在《祝福》中对人物眼睛进行了多次描写,如果能够比较这几次描写就能够更加直观地领会祥林嫂的内心变化:第一次描写是祥林嫂顺着眼,这时的她为反抗封建权威,为了不受到封建思想的影响,为了躲避逼她改嫁的婆婆而出来做工;第二次描写是祥林嫂眼角挂着泪痕,眼光缺少了之前的精神,这时的她丈夫和儿子相继死去,这是她对悲惨命运的哭诉;第三次描写是祥林嫂眼睛中连悲哀的神色都不见了,这时的她因为改嫁而被封建礼教所不容,祥林嫂对生活失去希望。通过比较这几次对眼睛的描写,我们可以感受封建礼教的吃人本质,也可以领悟这部小说的深刻内涵。

其次是对环境描写进行比较。作者在创作文章时必然会描写事件发生的相应的环境,环境描写分为自然环境描写和历史环境描写,进行环境描写是为了更好地突出主题,或者是为了推动情节发展。例如《水浒传》中的《林教头风雪山神庙》,其中有着多处关于雪的描写。第一次描写雪是在林冲赴职路上,"彤云密布,朔风渐起,却早纷纷扬扬下一天大雪来"。第二次描写雪是在林冲出门找酒时,"那雪正下得紧"。第三次是他回到草料场时,"看那雪下得紧了"。通过对比这几次对雪的描写能够看出,第一次对雪的描写是开始下雪,为后续对雪的描写进行铺垫,后两次对雪的描写则用了"紧"字,是指雪下得又大又急,以此来渲染悲凉且紧张的氛围,也是对林冲危险处境的一种暗示。与此同时,这部分对雪的描写也发挥了推动情节的作用,林冲就是因为下雪才会出门买酒御寒,也是因为下雪压倒了草屋而到山神庙过夜,如果没有下雪就不会发生后续的故事,也就是说正是因为下雪才发生了后续的系列巧合。通过比较法对这部分环境描写进行解读,能够让学生进一步理解环境描写在文章中的作用。

最后是对素材进行比较。这里所说的素材就是文章当中描写的事物,有着不同人生际遇的作家在描写同一事物时,会有着很大的差别。在学习《荷塘月色》这篇文章时,可以将其与《爱莲说》进行比较,分析二者在描写荷花这一素材时的不同之处。《荷塘月色》与《爱莲说》都属于散文,《荷塘月色》为抒情散文,《爱莲说》为议论散文,《荷塘月色》主要体现的是荷花的美,运用了拟人和比喻的手法。《爱莲说》虽然是以荷花为写作的对象,但主要是通过牡丹和菊来体现莲的高洁。《荷塘月色》的作者所生活的时期社会十分黑暗,作者的内心十分痛苦,所以他通过描写荷塘美景来抒发自己的愁苦。《爱莲说》则是作者饭后的赏莲之作,通过托物言志的方式来表现自己不同流合污的高尚情操。

(七) 比较多篇文本的异同点

在教学过程中,教师可以通过比较教学法来对比多个文本,引导学生找到其中的相同和不同,并对其中的同一性和差异性进行总结,帮助学生掌握文本内容,从而达到学以致用的目的。

首先是对具备相同特征的作品进行分析。例如,杜甫的《登高》和李白的《将进酒》都是诗歌,从同一性上来看,《将进酒》和《登高》都写到了酒,且这两首诗歌都是抒情诗的代表,都是寓情于景。从差异性上来看,《将进酒》和《登高》有着不同的风格,《将进酒》的风格是飘逸洒脱,《登高》则是沉郁顿挫,这也体现了李白和杜甫的不同写作风格。同时,《将进酒》和《登高》表达了不同的思想情感,《将进酒》体现的是乐观向上的精神,而《登高》则体现的是抑郁沉闷的心情。另外,这两首诗歌有着不同的语言特色,《将进酒》的语言直白且夸张,《登高》的语言委婉且含蓄。

其次是对具备不同特征的作品进行分析。例如,杜甫的《登高》与郁达夫的《故都的秋》两者体裁不同。从同一性上来看,这两部作品的内容都与秋天有关,且都属于抒情作品,其中所表现的意象都是萧索悲凉的。两位作者都是通过营造这种萧索的意境为文章定下一种感伤的情感基调,并且都包含着作者忧国忧民的思想。虽然这两部作品体裁不同,且作者所处的时代和环境也不同,但有着很多的同一性。教师在教学中可利用比较教学法来帮助学生们学习和理解,让学生在学习新知识时对以往所学的内容进行复习,并在这个过程中为学生们创造新的阅读体验,有利于培养学生的知识迁移能力和语文综合素养。

(八) 从纵向的角度比较

纵向对比式阅读,就是将创作于不同时代、文化背景、历史背景下的相似作品进行对比的阅读方法。作者在创作作品时,会受到各种因素的影响,而一部作品中所描写的时代背景、政治事件通常都会对作品有较大的影响。通过对作品的不同的时代背景以及不同的事件进行对比来分析作者想要表达的思想,可以更好地帮助学生理解要学习的内容。例如,教师在引导学生分析历史人物项羽时,就可以利用纵向对比的方式,例举在不同的历史背景下创作的文学作品,这些作品所表达的思想主旨是不一样的。在李清照的笔下,项羽是一位悲情的英雄,李清照对项羽怀有一种对英雄的惋惜之情,"至今思项羽,不肯过江东"表达了李清照的叹息。但是在毛泽东的笔下,项羽却是一名刚愎自用的莽夫,"宜将剩勇追穷寇,不可沽名学霸王"是毛泽东对项羽的评价。可见,毛泽东对项羽的评价与李清照完全不同。在不同的文化历史背景下,不同的作者对同一件事物的评判也会产生巨大的差异。学生在进行纵向对比阅读的时候可以发现,同样的事物在不同的历史背景下会有不一样的判断标准,可能会得到截然不同的评价,这就需要学生辩证地判断和学习。学习纵向比较阅读,有助于学生更加全面、立体地认识事物的本质,从而达到最终的学习目的。

(九)影音比较式阅读

以教材的文章为参照,将影音作品与之作对比,也是一种比较常见的对比学习方法。随着科学技术的不断进步,影视行业迎来了飞速发展,不少历史人物故事以不同的形式被搬上荧屏,被制作成电影、电视剧、广播剧等,其中不乏优秀的作品。以文字为主的印刷媒介形式过于单一且乏味,而影音作品则可以弥补这个缺陷。然而,一些历史事实在影视化的过程中难免会有失实的情况。这就需要学生在学习的时候以教材为参照,将影音作品与教材作对比。教师在授课时,可以结合影音作品来为学生讲解,这样不仅可以激发学生的学习兴趣,也更能吸引学生的注意力。例如,在学习《出师表》一文时,教师可以充分地结合电视剧《三国》中的剧情来讲解分析,这样可以使学生更加深刻地体会诸葛亮"鞠躬尽瘁,死而后已"的奉献精神。将影音作品中展现的诸葛亮与教材中描写的诸葛亮的形象进行对比,有助于学生对诸葛亮的全面认知,更有助于加深学生对文章内容的理解。当然,将教材内的文章与影音作品做对比并不是要对影音作品一味地认同或否定,而是让学生能够对文章内容和人物形象有一个具象化的理解,这需要教师对学生做出正确的引导,尤其是对那些不够严谨的影音作品进行辨别,培养学生的思辨能力。

二、思维导图阅读

思维导图是思维、语言、图像的结合体,可以将文章结构和作者的思维逻辑以图像的方式呈现,它不仅是知识可视化学习工具,也是锻炼思维技能的工具。思维导读以图文结合的方式激发学生的学习兴趣,辅助文字阅读。思维导图是深度学习的有力工具,学生可以在自主绘图的过程中完成知识的体验,在绘图构思中完成知识的结构化,在思维的发散中把握知识的体系,在生成创造中完成知识的迁移。将思维导图作为支架引入阅读教学课堂,能有效提升语文阅读教学效果,为师生阅读教学提供有力抓手。

（一）立足整合，打造系统的阅读教学体系

《课程标准》明确指出："聚焦课程目标，明确问题，整理、优化课程资源库，通过必要的精简、调整、补充，加强语文学习活动中的内容和目标的整合，形成与教材相呼应的开放教学格局，拓展学生的视野，促进学生核心素养的建构和发展。"[①]其中"整合"指围绕教学目标，进行教学内容、教学体系的整合，从而使教学内容系统化、结构化。思维导图是一种能够促进认知和语义建构的工具，能将知识体系以直观的方式展现出来，具有整合性，教师可以运用思维导图帮学生构建认知框架、知识体系，进而促进认知发展。[②]

1. 整合教学目标，指导教学方向

阅读课堂教学需要整合教学目标，使课堂教学有明确的指向。阅读教学目标的设定要考虑多方因素。教师在备课的时候要有单元意识、整体意识、文本意识，这就需要教师深入研读教材，厘清教材内部的体系和逻辑，将其还原到单元语境当中，从而了解文本之间的关系。单元当中的每一篇文章的教学目标都与单元目标相关联，将这些文章置于教学的整体框架中，就可以清晰地界定这一课的教学目标对于单元和整册书的教学意义。随后，教师可以在文本、单元、学情的指引下确立本课的教学目标，并在教学目标的指引下确定整节课的教学内容。以课标为教学的行动指南，以学情为教学的方向，以单元目标为统领，以学习任务为载体串联自己的教学活动，从而使教学目标能够对整节课起到提纲挈领的作用。

结合文本和教材进行教学目标的设定解决了教师"教什么"的问题，接下来还需要考虑"如何教"以及"学的效果"。例如，在《沁园春·长沙》的教学过程当中，教师可以结合文本分析、学情分析、单元学习任务将本课教学目标确定如下：

其一，了解意象的相关知识；

其二，分析《沁园春·长沙》中的意象的特点，赏析文中具有表现力的词语；

其三，感受毛泽东的豪情壮志，学习词人以天下为己任的胸怀；

其四，感受诗歌文体特征，学写诗歌。

将本课学习活动确定如下：

其一，了解意象的特点，学会赏析意象；

其二，鉴赏文本的壮美意象，体会豪迈意境；

其三，品读文本的语言，感悟作者的胸怀；

其四，仿写诗歌，展示青春激情。

---

① 中华人民共和国教育部.普通高中语文课程标准(2017年版2020年修订)[M].北京:人民教育出版社,2020(5):52.

② 倪文锦.备课创新:构建教学思维导图——基于焦点阅读的设计思路[J].语文建设,2022(8):10-15.

在深刻把握文本和单元目标后,教师可以创建目标分类表,这样既能够明确教学内容,又能够明确教学任务量,为阅读教学定好方向。

2. 整合教学内容,优化教学设计

教学设计是阅读教学的重要一环,教师需要整合文本内容使之形成体系。在阅读过程中需要对文本的整体和局部进行把握,李海龙在《阅读教学论》中指出,阅读是从"目有全牛"到"目无全牛"的循环过程。[①] 阅读需要在整体认知的基础上仔细研究文本,在把握整体的基础上进一步理解局部,还要在剖析文本细节后进行整合。

传统的阅读教学设计是线性的,思维较为零散,形式化设计较多,教案显得冗长,然而,教学设计的本意是辅导课堂教学。在备课的时候教师要利用思维导图整合文本内容,让教学更加有条理。思维导图是由若干关键词和勾连的线条组成的,关键词通过连线和排序,呈现层级性,体现了文本局部和整体之间的关联性。用思维导图整合教学思路,能帮助教师从繁杂的信息当中找到关联,体现了思维从"发散"到"收敛"的过程,构成具有整体性和分散性的完整教学思路。思维导图是教学思路的有效表征,它能够将冗长的教案变成立体的清晰的教学思路图,为阅读教学指引方向。

例如,在《归去来兮辞》的教学过程中,教师备课的时候可以抓住一个"辞"来统领全文,在导入环节,从文体和辞官的原因两个角度切入,来解读整篇文章的创作背景。"辞"是屈原在楚地民歌基础上创制的 种文体,同时,"辞"也是一个动词,从文中可以看出,作者辞去的原因是"质性自然""违己交病""妹丧武昌",通过结合陶渊明生活的时代背景、人物个性特征,我们就能更深入地了解他为何而"辞"。随后,教师可以围绕作者辞官时的自责、自悔、自慰、自省,以及辞官后的"乐",以"归家之乐""交游之乐""乐天安命"为出发点逐层解读文章。整篇课文授课都能围绕一个中心逐级展开,让课堂教学更加高效。

3. 整合知识网络,构建教学体系

阅读课堂教学需要整合教学体系。温儒敏先生指出,对某一课主要教哪些基本知识和关键技能,有哪些"干货",教师要做到心中有数,这有助于克服语文教学的随意性。[②] 教师需要对阅读教学的体系了然于心,如专题阅读可以分为现代文阅读、古代诗文阅读。其中,现代文阅读又分为论述类文本阅读和文学类文本阅读,文学类文本阅读又可以细分为小说和散文阅读;古代诗文阅读可以再次细分为文言文阅读、古代诗词阅读。这一分类可以运用思维导图这一可视化的图解工具,结构性地、图文并茂地展现,

① 李海龙.阅读教学论[M].成都:西南交通大学出版社,2011:34.
② 温儒敏.统编高中语文教材的特色与使用建议——在统编高中语文教材国家级培训班的讲话[J].课程·教材·教法,2019(10):4-9,18.

还能有效突出重点。备课的时候,教师可以利用思维导图将整个教学中会涉及的板块和知识要点都细化成可视性图表,并依照其层次清晰地展示各个板块的层级关系,从而合理安排教学计划。这一方面可以拉开知识网络,对所有知识点一网打尽;另一方面有助于教师根据各板块的占比合理安排课时,科学备课。通过思维导图的发散性和层级性,教师能够发现知识簇之间的关联,将整个教学体系都纳入思维导图中,从而形成知识体系。

(二)立足问题,构建互联、多维度的阅读课堂生态

建构主义推崇问题式学习,主张让学生在对问题的探索中主动融入情境,实现知识与情境的勾连,创生知识。阅读课堂应当是以学生为主、引导学生积极思考的课堂,课堂提问是引导学生思考的重要策略。

新课改背景下,很多教师已经意识到提问的重要性,在课堂上也增加了与学生互动的频率,然而课堂提问的要义在于质而不在于量,过多的提问只会让课堂变得杂乱无章,从"满堂灌"变成"满堂问"。因此,教师要围绕教学目标精心设计问题,注意问题之间的逻辑关系,让教学能够围绕本节课核心问题有序地展开。在这一过程中,教师可以用思维导图串联本节课的小问题,形成问题链,从而厘清问题之间的逻辑关系。

1. 聚焦文本突破点,确定阅读主问题

"主问题"这一概念,是针对目前语文课堂提问的随意、简单、零碎的情况而提出的,它要求教师能够从教学的整体内容和学生的整体参与度出发,引导学生思考,促进学生的理解,激发学生的探究欲。围绕"主问题"来开展教学,能实现"牵一发而动全身"的效果,使得整个教学有序有效。主问题的设计体现了教师对于文本整体的把握以及课堂教学的把握能力,对于教师的学识和修养也有较高的要求,主问题的设计应当突出知识点、能力点、重难点、思维激活点、情感升华点。教师可以从文章的结构方面入手。

例如,《项脊轩志》记叙的是"项脊轩"的变化,它是全文谋篇布局的一根明线,而作者对项脊轩生活的怀念,特别是对自己亲人的怀念之情,像一根伏线贯穿全篇。基于此,教师可以围绕"项脊轩之变"来串联文本。以"项脊轩作为百年老屋,经过几次变化"作为自己的教学主问题,再分别从项脊轩外部和内部的变化展开讨论,内部的变化隐含着家族衰败的悲哀,外部的两次变化体现的是作者对抗人生苦难的举措。此外,教师还可以从这篇文章的情感入手。如围绕"然余居于此,多可喜亦多可悲"来设计主问题——"多可喜"体现在何处?"多可悲"又体现在何处?教师可以让学生根据关键词深入文本当中与文本对话,此处的喜主要是读书之乐,而悲则有太多,包括"今夕盛衰之悲""子欲养而亲不待之悲""读书人命运之悲""痛失爱侣之悲""生命衰败的悲哀"。最后再聚焦情感升华点,并再次提问:为什么文末写到枇杷树"庭有枇杷树,吾妻死之年所

手植也,今已亭亭如盖矣"? 以此点出枇杷树的深沉内涵。其情感力量来自亡人之痛和断壁残垣的项脊轩,而张力则来自我想要留在过去的时光中而时不我待的矛盾。作者感慨人在生命的逝去和时间的流逝面前显得无奈与脆弱。物是人非是人类共有的无奈,而对抗这种无奈又是人类的本性。在妻子死的那一年作者最为悲痛,但并没有就此意志消沉,反而在庭中种下了一棵象征美好团圆的枇杷树,这是作者对抗生命痛苦的举措。枇杷树所显示的生命力表明,人不能被生活的痛苦打败。在通篇描述今昔盛衰之悲、物在人亡之悲后,作者用"亭亭如盖"这样一个充满生机与希望的词作为收尾,使得整篇文章显得哀而不伤,在淡淡的悲伤中透露出不屈向上的力量,这也是传统文化的魅力所在。

2. 发散设计问题链,促进学生多维思考

教师在备课时,要在整合的基础上确定本节课的核心问题,并围绕核心问题设计子问题。教师可以用思维导图设计问题、串联全文,围绕一个主题层层深入,从而从整体上把控课堂教学,确保提问的渐进性和连续性,促进学生从多个维度展开发散性思考。

教师可以先聚焦于单元文本,对文章进行深入解读,对教学框架进行整体设计,而后引导学生在既定框架下,逐个层级地展开理解,这一方式充分发挥了学生的自主性和主体性,体现了课堂的开放性,使教师成为学生的引领者、促进者、监督者、帮助者。以思维导图为抓手,教师能够有效建构以核心问题为导向的问题链,通过系列性、结构化的问题串联起整个教学内容,让学生成为课堂的主体,从而促进学生的阅读能力提升。

例如,在小说《阿Q正传》中,精神胜利法是阿Q的精神内核,是解读阿Q人物形象的一把重要的钥匙,也是具有时代和民族意义的一个精神符号。教师在讲解《阿Q正传》时,可以设计如下发散性的问题链。

其一,阿Q是谁,鲁迅为什么为他作传? 请你尝试绘制阿Q人物档案思维导图。

其二,阿Q精神是什么? 请你绘制阿Q精神概念图,在思维导图分支处写上理论支撑点。

其三,你是从哪些细节看出阿Q精神的? 这引发了你什么样的联想?

其四,你是否意识到自己身上也有阿Q精神? 你自己身上的阿Q精神体现在哪里?

其五,阿Q精神只有坏的一面吗?

其六,结合现实情况讲一讲应如何正确运用阿Q精神。

第一个问题从姓名入手,指出"阿Q"甚至不是一个正式的姓名,这一方面说明"阿Q"身份地位之卑微,另一方面字母具有很强的群体指代性,因此鲁迅不是为他作传,而是为他身上所体现出来的精神和特质以及具有这种特质的群体作传。

第二个问题是围绕"阿Q"身上的精神进行释疑。传统教学当中,教师通常将"阿Q精神"直接拿出来分析。而深度学习则要求学生自主参与,积极思考,在问题链的推动下自然而然地聚焦文本,从而引导学生在细节中思考"精神胜利法",提升他们的文本概括能力,例如,从阿Q对待假洋鬼子和小尼姑的态度上可以看出,阿Q欺软怕硬;从"先前阔"和"我是虫子"中可以看出阿Q在自我认识上的矛盾性:自尊自大和自轻自贱。

第三个问题从具体的文本内容出发,随后又进行了发散和拓展,引导学生思考阿Q精神的普遍性,实现初步的知识迁移。

第四个问题引导学生在阅读中发现"自我"与"文本"的关系。

第五个问题则旨在引导学生进行批判性思考。

第六个问题将文本与现实结合,赋予文本时代意义。

可见,在问题链的设计当中,借助思维导图模型能够帮助我们围绕核心问题进行思考,将问题链条化,激发学生从多维展开思考,打造多维开放课堂教学。在教师引导下,学生可以在问题探究当中走向深度学习。

(三)立足活动,形成动态、多边的阅读对话关系

"活动与体验"是深度学习的核心特征[①],指学生的学习要通过自己的感悟去体会知识而不是接受老师的知识灌输。王荣、李海林教授也认为"搞活动"是语文课的基本教学形态,认为"体验"是学生学习的重要环节[②],阅读教学中需要给学生自主体验的空间,让学生拥有与文本对话的机会,用自己的"经验"去贴近作者的"体验",进而与文本形成对话关系。思维导图能够将形象思想和抽象思想的交汇点形象地展示出来,在绘制思维导图的过程中,教师能够整合先前的教学经验和文本的解读经验。通过多主体的绘图构建与文本的多边对话关系。

1. 教师精心备图:开展多方对话

倪文锦先生认为,高质量的备课思维导图能为教学指明方向,他指出,教学思维导图与课文思维导图的区别在于,教学思维导图能够清晰反映教学的过程和思路,课文思维导图反映的是课文的行文思路。二者的不同之处在于教学要体现教师对于这节课的思考路径。[③] 运用思维导图来辅助备课,一方面有助于展现课堂的整体性、层次性、连续性,另一方面有助于教师对于这堂课的理解把握。在备图的时候,教师需要对学情和文本进行深入解读,确定本节课的主问题,这就需要教师能够深入文本与之展开对话。教师在备课的时候需要充分挖掘文本要义,不仅要读懂还要读通、读透,通过构建思维

① 郭华.深度学习及其意义[J].课程·教材·教法,2016(11):25-32.
② 王荣,李海林."搞活动"是语文课堂的基本教学形态[J].中学语文教学,2009(5):18-24.
③ 倪文锦.备课创新:构建教学思维导图——基于焦点阅读的设计思路[J].语文建设,2022(8):10-15.

导图的各个节点,反复推敲本节课的教学思路,在层层深入的探索中驱动自己对文本进行深度解读,在思维的发散过程中进行联想和迁移。教师通过解码和释义将文本读懂、读透,通过对学情的研究确保自己活动的设置不超出学生的"最近发展区",完成课堂教学的第一层对话——教师与教材和文本的对话。教师要以学定教、因材施教,创设与文本契合的情境,给学生提供切身体验的机会。将学生置身于问题情境之后,教师还要为其设立问题"脚手架",以问题引领、用活动贯穿,实现课堂教学的第二层对话——教师与学生的对话。

2. 学生独立绘图:开展学生与文本对话

《课程标准》指出:"保护学生的好奇心、求知欲,鼓励自主阅读、自由表达。""保证学生独立自主阅读,设计促进学生个性化体验的阅读活动。"[1]《课程标准》反复强调学生的自主性。学生只有通过自主阅读才能与文本深入沟通,而绘图活动能搭建学生与文本交流的平台,使学生能够与文本和作者展开对话,将自己的经验与作者的经验融合,并且保留自己的独特阅读体验,体现出学生在阅读中的主体地位。根据思维导图学生可以深入研读文本,抓住文章的特点,从而实现教学课堂的第三层对话——学生与文本的对话。

教师应聚焦于文本的留白之处,以及标点符号的运用上,标点不仅有助于明确文本的意思,还能精准传达情感。教师可以引导学生在标点符号的运用上,发挥想象力、填补文中的空白。正如《课程标准》中提出的,要"结合自己的生活经验和阅读写作经历,发挥想象加深对作品的理解,力求有自己的发现"[2]。例如,在《百合花》当中,作者写到"我"在小战士牺牲后再一次看到那两个又干又硬的馒头时用了省略号,教师可以引导学生在此处展开自己的讨论,围绕省略号的所指,绘制思维导图,在填补文章空白时加深与文本的对话。

3. 小组合作缮图:开展生生对话

"自主、合作、探究"是《课程标准》所强调的学习理念,学生是课堂中的学生,是集体中的学生,教师既要鼓励学生独立思考又要鼓励学生进行合作。在完成自主绘图过后,学生对文本有了自己的理解,这时,教师可以让他们与小组内其他成员根据自己绘制的思维导图展开交流与合作,学生在观摩倾听他人的导图时也会有新的发现。讨论结束后,小组成员共同完善思维导图,并上台与全班同学分享,使得班级内部成员之间能发

---

① 中华人民共和国教育部.普通高中语文课程标准(2017年版2020年修订)[M].北京:人民教育出版社,2020:42.

② 中华人民共和国教育部.普通高中语文课程标准(2017年版2020年修订)[M].北京:人民教育出版社,2020:17.

生思维与思维的碰撞、智慧与智慧的交锋。

思维导图的可视特性为生生对话提供了平台。教师要在活动当中,主要扮演引导者的角色,负责组织好集体思维的碰撞与交流,及时引导探究活动向更深层次发展,同时,教师还要利用思维导图来总结学生的思考成果,以促进其理解的升华,这是课堂教学的第四层对话——学生与学生之间的对话。

4. 师生互相评图:开展师生对话

《课程标准》指出:"教师应以自己的阅读经验,平等地参与交流讨论,解答学生的疑惑。"[1]阅读课堂不是教师的"一言堂",也不是学生的"独角戏",教师也可以以自己的阅读经验与学生展开交流与讨论,还可以就自己的备课思维导图与学生展开交流,让学生也给自己提意见,在师生互评的融洽氛围当中打造"润泽的教室",在师生的平等对话中进一步深化思想,将阅读课堂推向更深处。教师要以思维导图为抓手来开展课堂的活动,在备图、绘图、缮图、评图等活动当中建立文本、教材、教师、学生之间的多边对话关系,以教师为主导、以学生为主体,引导学生在绘图、缮图、评图当中积极参与,融入文本世界,实现个人体验与文本经验的融合、个体认知与集体思维的碰撞,从而促进知识系统的建构,在多元动态的阅读对话关系中走向深度学习。

三、批注式阅读

批注式阅读法是指在语文课堂中,教师引导学生进行自主阅读,对文章的结构框架、语言特点、写作风格、创作背景等方面展开研究,并用特殊的符号或文字进行标注,而后总结相应的中心主旨。具体来说,就是让学生在阅读课文时,养成批注的良好习惯。在这一过程中,教师要发挥指导作用,为他们提供适当的点拨,及时解答学生心中的困惑,通过针对性辅导,帮助学生深化对文章的理解,同时,为师生互动提供宝贵的机会,拉近彼此间的距离,营造活跃的课堂氛围。需要注意的是,学生在阅读中应避免思维单一化,而应从不同的角度进行分析,从而实现与文本的深层次互动,这不仅有助于提升阅读效率,更能从本质上提高语文教学质量。可见,批注式阅读法比较注重实施策略,要求教师优化教学设计,尊重学生的主体地位,从而取得事半功倍的效果。在批注过程中,学生需要调动自己的双手和大脑,认真思考文章想要传递的思想感情,提高语言应用技能。

(一)批注留白之处,多元解读文本内涵

教材课文是语文阅读教学的主要文本材料,在以往的阅读教学中,教师往往会忽略

---

① 中华人民共和国教育部.普通高中语文课程标准(2017年版2020年修订)[M].北京:人民教育出版社,2020:13.

教材课文中的留白之处,然而,一些作品的留白之处是非常值得揣摩和思考的。教材中的课文大多节选自著名文学家的作品,这些文学家在创作手法上都比较含蓄,这也是我国文人墨客具有的独特文学品质。他们在创作时会有意无意地留下一些反常、中断、隐蔽、残缺的环节,即"留白",读者如果细细品味,就能体会到"言有尽而意无穷"的含蓄之美。这样的留白,蕴藏着作者想表达但却没有直接表达出的内涵,这些恰恰是学生需要解读的重要部分。因此,教师应注意课文的留白之处,引导学生在阅读时进行批注,多元解读文本内涵。

例如,在《故都的秋》中,作者写道"在灰沉沉的天底下,忽而来一阵凉风……天又晴了,太阳又露出脸来了",描述了秋天灰沉沉的景象,又用拟人的手法描述了天晴后的景象,体现了秋天的悲凉感和雨后天晴的凉爽。随后,作者又写道:"着着很厚的青布单衣或夹袄的都市闲人……"前后两个情景之间有明显的转折,留下了语言的空白。在以往的阅读教学中,教师很少对这一留白处进行赏析,学生也没有对此进行思考。教师可以引导学生在阅读时对这一段进行批注,探寻作者心中所想,从多元角度解读文本内涵:作者前半段描述了秋天灰沉沉的景象和天晴后的景象,此时作者是什么心情? 此段的感情基调是不是悲凉? 作者为什么会感到悲凉? 学生可在思考后进行批注,并联系上下文,解读作者内心的情感。通过批注阅读,学生既完成了对课文的解读,又能提升阅读能力。

(二) 批注疑惑之处,加深对文本的理解

中学语文教材中的课文大都节选自文学家的作品,这些作品的背后往往蕴藏着作者想要表达的思想感情及其对社会现象的态度,这些作品也反映了作品创作时期的时代背景。学生在阅读时,只有站在作者的立场和角度才能与作者同频共振,产生共鸣,从而提升感悟能力,促进语文阅读能力的发展。由于学生的阅历尚浅,也不可能回到作者所处的环境中去亲身感受,在阅读过程中通常会产生这样的疑惑:作者为什么要这样写? 这个词放在这里起什么作用? 作者在此想表达什么? 教师要通过恰当的方式引导学生对这些疑问进行探究。批注阅读是引导学生探究文本内容的重要途径,为充分发挥批注阅读在语文教学中的作用,教师可以通过批注阅读引导学生对疑惑之处作进一步分析,加深对文本的理解,使学生能够与作者产生共鸣。

例如,在学习《红烛》时,有的学生会对课文题目会产生疑惑:红烛就是红色的蜡烛吗? 在此具有什么象征意义? 作者想借此歌颂什么? 此时,教师可引导学生在此处作批注,将疑惑写下来,并在接下来的阅读中寻找答案,解开疑惑。阅读课文之前,教师可先提问:"生活中使用的红烛是什么样子的? 它的用途是什么? 它让你感受到了什么? 联想到了什么品质或精神?"学生在思考后给出答案:"红烛是由棉线烛芯和石蜡组成

的,用于照明,它让我感受到光明、温暖、热情和希望,联想到无私奉献、乐于付出的精神和品质。"在阅读课文后,学生找到了课文中对"红烛"特征的描述——"燃烧",主人公在与红烛对话时红烛燃烧、流泪了。在学生读到"红烛啊! 既制了,便烧着! 烧罢! 烧罢!"时,也可能产生疑惑:作者是想歌颂红烛吗? 歌颂其什么品质呢? 学生结合前面所读内容以及对题目的疑惑,便能理解此段是为了歌颂红烛。教师可以为学生介绍作品的写作背景,使学生领悟作者赞颂的是红烛不畏牺牲、解救世人的高贵品质,从而解开对题目和文中句子的疑惑。在阅读过程中批注文本的疑惑之处,能引导学生提出问题并结合上下文和写作背景解决问题,最大限度地与作者感同身受,从而理解文意,提高阅读理解能力。

(三)批注精妙之处,探究文本精髓

阅读教学的目的是使学生通过阅读,丰富语言储备、提高语言技能、提升文化素养、提高审美能力、丰富情感等。教材的课文中有许多精妙之处,是文本的精髓,其中包含了许多有价值的因素,如文化知识、人文情怀、乡土情怀、个人价值、爱国主义等。在阅读过程中对文本的精妙之处进行批注,能帮助学生塑造良好的人格,培养文化意识、爱国意识,树立正确的人生观、价值观。

例如,在教授《芣苢》时,教师要让学生明确,《芣苢》选自《诗经·周南》,是一首欢快的短歌,是对妇女劳动场景的再现与歌颂,展现了《国风》浓郁的生活气息,以及即兴而发的特点。形式上,通篇只改换六字,便将《诗经》重章复沓的特点演绎到极致;风格上,明丽轻快,洋溢着平和、自然之美。学生在阅读过程中能感受到其独特的风格。教师可以引导学生对其中的精妙之处进行批注,深入体会《诗经》的精深与美妙,感受古代文化的灿烂,进而体会劳动之美,激发学生对劳动的热爱和赞美之情。有的学生批注道:从动词中,我读出了芣苢从少到多的变化,这是一种收获的快乐。有的学生对"采采芣苢,薄言掇之。采采芣苢,薄言捋之"做了批注:"掇"和"捋"两个简单的字不仅写出了芣苢的不同长势,而且还使人联想到人们采摘时娴熟的技巧和忙碌的场景。还有的学生对"采采芣苢,薄言袺之。采采芣苢,薄言襭之"进行批注:这里描写的是妇女用裙襟兜取芣苢的动作,"袺"和"襭"两个字写出了人们采摘动作的灵敏。教师对生词进行讲解后,学生就可以在了解其意思的前提下,对精妙之处进行批注阅读,从而感受古代灿烂的文化,感受文字之美,从诗歌中体会劳动的快乐,激发对生活的热爱之情。

(四)开展批注交流活动,强化批注效果

批注式阅读在中学阅读教学中的有效运用,不仅贯穿于教学过程中,还应延伸到课后交流中。批注式阅读是一种创新的阅读方式,能弥补传统教学模式的不足。对于已经习惯了传统教学模式的学生而言,在教师的引导下进行批注阅读或进行自主批注阅

读时,往往会因为方法不当、批注不到位,导致该批注的地方没有批注,忽略掉重要的细节,如留白之处、疑惑之处、精妙之处等,从而影响了批注阅读的效果。教师应合理利用实践开展批注交流活动,增强学生间的互动交流,这有利于他们相互学习和借鉴经验,分享各自的批注成果,取长补短,强化批注效果。

例如,在教授《登高》时,教师可以引导学生对诗歌的语言特点进行批注。有的学生批注为:语言凝练丰富,意味深远;有的学生批注为:情景交融、气势宏伟。通过交流,学生可以互相学习、借鉴,综合体会诗歌的语言特点。

再如,对"艰难苦恨繁霜鬓"的古今不同的释义,某位学生批注:古义是指自己生活得很艰难,今义是指困难重重。通过学生间的交流,该同学了解到,有的学生还将古义升华到国家层面,深化了对语句的理解,同时扩展了思维。通过批注交流,学生之间可以相互学习,共同探讨批注的方法与内容,实现共同进步。

四、分层分级阅读

随着新课程改革的深入,语言建构与运用、思维发展与提升、审美鉴赏与创造、文化理解与传承等核心素养的发展成为语文教学的目标。在阅读教学中,教师要从整体感知、细节分析、任务驱动、文学评价、阅读拓展五个层面开展阶梯式阅读教学,在情境构建与任务驱动中落实语文核心素养。

(一)整体感知,夯实阅读基础

引导学生整体感知文本内容是阅读教学的第一步。中学生已具备了一定的阅读能力,无论是古诗文还是现代文,都能够自主阅读,感知文章大意与作者的情感表达。因此,在阅读教学的初始环节,教师要引导学生养成自主阅读、探究、归纳的阅读习惯。自主阅读并非无目的地读,而是要带着阅读任务去读,如标出文章的关键词句、概括文章的内容、梳理文脉、体会作者的人生感悟等。教师要在预习环节明确阅读任务清单,根据学生的阅读能力制订具有针对性的教学计划。

例如,教杜甫的《登高》一诗时,教师不仅要引导学生整体感知诗歌"登高望远"的内容,还要让学生从"知人论世"角度了解作者的生平经历与创作背景,理解诗人的情感意蕴与人生感悟。教归有光的《项脊轩志》时,教师要引导学生从时间维度了解文章的创作思路,感受作者的"喜"与"悲",体会作者平淡笔墨下的人文意蕴。教苏轼的《江城子·乙卯正月二十日记梦》一词时,教师要提醒学生,不仅要了解词作"悼亡"之意,还要整体感知苏轼质朴语言中蕴含的绵绵真情。教鲁迅的小说《祝福》时,教师不仅要带领学生整体梳理文脉,还要引导其领会鲁迅对封建礼教的批判。较之现代文,古诗词阅读相对复杂,学生既要了解古诗词的简洁性,也要根据注释反复诵读,整体感知诗词内容。

（二）通读全文,厘清文章主要脉络

学生可以通过朗读、默读、速读等方式对文章进行通读,并圈点勾画出文章的重点内容。阅读小说类文章,需要学生能够概述文章主要内容,了解文章写作背景、文中主要人物、主要事件等;阅读诗词类文章,需要学生能够理解诗词大意;阅读戏剧类文章,需要学生能够概述主要故事情节、人物,了解戏剧的冲突点等;阅读古文类文章,需要学生能够准确翻译并知晓主要内容;阅读科普类文章,需要学生掌握相关基本知识;阅读政治哲学类文章,需要学生做到通读全文。

例如,教师可以推荐学生阅读《语文常谈》,让学生学习诗歌写作,诗歌不似作文可以通过很长的一句话来表达一个意思,它对字、音、义都有较高的要求,《语文常谈》中的第二、三、五章讲到了汉字的语音、音韵,并对语句的结构以及词义、句义进行了系统、详细的讲解。这本书对于学生学习写作诗歌有一定的帮助,学生对于《语文常谈》做到能理解即可。作者在这本书中对内容写作的讲解是非常详尽的,中学生都具备一定的理解能力,所以也不需要教师的过多引导。书中的第七章和第八章讲到了中国的几大方言及普通话推广、汉字改革、汉语拼音推广,这些内容对于学生学习诗歌写作的帮助不是很大。教师可以酌情帮学生选择重点阅读章节进行研读,对于非重点的部分学生可以根据自己的意愿选择性阅读。

（三）细节分析,提高情感体验

教师要引导学生通过对细节的反复揣摩,体会作者的语言特点、艺术风格、创作手法以及情感表达。更重要的是,学生要借此与作者产生情感共鸣,进而加深情感体验。一方面,对"小"细节的分析有助于学生感知蕴藏其中的"大"情感;另一方面,对阅读"小"问题的解决,有助于学生与文本对话、与作者互动。

例如,在分析杜甫《登高》诗中的细节时,可聚焦诗中的典型意象,如"风、天、猿、鸟、落木、长江"等,由此可感知作者对不同空间意象的层次化叙事风格。在此基础上,再抓住关键词"悲秋",分析景物描摹与情感抒发的内在逻辑,最终理解诗人孤寂、凄凉、悲惨的人生境遇。分析《项脊轩志》一文的细节时,同样要抓住其中的关键词句,如项脊轩的"凡四遭火,得不焚"与"室坏不修",这样既能理解作者平淡的语言风格,也能理解作者内蕴其中的情感。分析鲁迅小说《祝福》的细节时,可聚焦祥林嫂的语言、神情、动作,尤其是祥林嫂在封建礼教毒害下走向死亡的过程;也可以围绕"鲁四老爷"与四婶对祥林嫂的态度变化进行分析,体会《祝福》隐含的批判之意。

（四）精读片段,品味、评析、鉴赏文章

精读片段侧重考查学生在语文素养方面的能力,使学生能对文章的语言艺术、风格、情感色彩等做出自己的评价与判断。在对诗歌作品进行解读的过程中,学生需要着

重把握诗歌运用意象抒发情感这一手法,并熟练掌握古诗词鉴赏的基本方法,分析古诗词的当代价值,在诵读诗词的过程中运用想象感受诗词意境,欣赏诗词独特的艺术魅力,感受作者创作时的精神世界,深入理解作者对当时社会的思考和对人生的感悟。阅读小说时,要求学生能够梳理小说主要情节,厘清人物关系,理解故事中的人物形象,探究书中人物的精神世界,品味小说在人物形象塑造、故事情节安排和语言风格等方面的独特魅力,整体把握小说的思想内容和艺术特点,欣赏不同小说的不同风格类型,总结阅读长篇小说的方法和经验。阅读戏剧时,要求学生能够通过阅读鉴赏或编排演出等方式了解戏剧作品的特别之处,把握其悲或喜的意蕴,激发内心的悲悯情怀。在深入阅读的过程中,要求学生了解传统戏曲和现代戏曲的基本特征;欣赏戏剧作家设计冲突、安排情节、塑造人物的艺术手法,体会戏剧语言的动作性和个性化;还要理解悲剧作品或其他作品的风格特征,欣赏作者的独特艺术风格。自然科学类作品的阅读需要学生关注科学性文章的严谨用词,掌握知识性读物的阅读方法,从而发展科学思维,培养科学精神。学生在阅读时要把握关键概念和术语,厘清文章思路;学会分析作者阐释说明、逻辑推理的方法,体会文章语言严谨、准确的特点。

以《哦,香雪》这一小说集的阅读为例,学生在上课过程中学习了《哦,香雪》,对铁凝的写作风格有了一定的了解。《哦,香雪》全集中除了《没有纽扣的红衬衫》属于中篇小说外,其他的选篇都是短篇小说,所以学生读起来非常快。铁凝的作品风格明亮轻快,饱含了对美好生活的向往之情。中学生正处于一个充满朝气的年纪,在阅读此书时,教师可以通过引导学生关注文中主人公身上的积极向上的理想主义气质和不向贫瘠生活妥协的精神,激发学生的阅读兴趣。同时,铁凝善于捕捉人物的细微心理活动,并以精妙的语言表达敏锐而细腻的艺术感觉。语文教师可以让学生找出文章中对人物的心理活动的描写片段,并进行评析,从而更好地理解人物形象。针对此书,教师可以在阅读课上让学生来分享自己认为铁凝描写人物心理活动最好的片段并附上自己的赏析、感想等。学生有了分享了解的平台,会更加积极地参与阅读活动,同时学生在交流的过程中也能得到一些收获。

五、鉴赏性阅读

鉴赏性阅读是一种高层次的、深度的阅读活动,是阅读者在了解文本主要内容的基础上,通过解读文本的语言风格、表达技巧和艺术特色等,深入理解文本蕴含的思想情感和人生哲理的一种阅读方式。在鉴赏性阅读中,学生对美的感知能力、主动创造美的意识都能得以增强。

新课标背景下,部编版高中语文教材精选了大量文质兼美的文本,其典型性和鉴赏价值都十分突出,是进行鉴赏性阅读活动的有效载体。《荷塘月色》是朱自清的散文代表作,也是借景抒情的典范文本。文章通过对自然事物的描写,反映了作者的精神世界和心灵寄托,其审美价值和教育意义深厚,是鉴赏性阅读的优秀素材。在该文的鉴赏性阅读教学中,教师要以引导者的身份,帮助学生寻找鉴赏角度、优化鉴赏方法、拓展鉴赏深度。

(一) 巧搭支架,探寻鉴赏角度

文本鉴赏离不开对文本的解读,教师要巧妙地搭建支架,让学生自然而然地进入文本语境之中,探索多元化的鉴赏角度。《荷塘月色》的用语颇为讲究,体现了朱自清在选词炼句方面的造诣。在初步阅读时,教师要为学生创造独立阅读的空间,让他们从文本中提炼一些具有代表性的词语和句子,并尝试解析这些字句,从词性、感情色彩等多个角度进行鉴赏和分析,初步获得审美体验。朱自清散文常展现秀丽隽永、清雅脱俗的特色,他擅长运用精练的语句,巧妙地描绘自然的奇妙景观,并借优美的景色抒发其个人情感,直击读者灵魂深处,激发读者的情感共鸣。学生阅读《荷塘月色》时,能够透过娟丽秀美的语言,理解作者文本中寄寓的情感。在鉴赏时,教师要以文本中某一种或一类具有典型性的语言现象为主,为学生搭建鉴赏支架,帮助学生找到合适的鉴赏角度。如,教师可以以文中"重叠词"作为学生的鉴赏支架,启发学生思考:"《荷塘月色》中有大量的'日日''亭亭'等类型的重叠词,这些重叠词仿佛带着温度一般,让我们感受到作者强烈的情感,你认为它们体现了怎样的情感呢?"由此入手,将学生的关注点聚焦于文本中的重叠词。在此基础上,教师还可以对提出的问题进行提示,如"作者在夜晚的荷塘边散步,并不是单纯地观赏荷花,其感情十分复杂且难以言说,在解读和鉴赏语言现象时,要注重探究作者的情感态度和变化"。借助鉴赏支架,学生随即便可展开细读,提炼文本中的重叠词"日日""渐渐""迷迷糊糊""田田""淡淡""亭亭""远远近近""高高低低"等,联系作者当时的心境,感受作者对眼前之景的喜爱之情,感受文字中的温度,获得温馨、宁静的情感体验。教师还可以用同样的方法,引导学生鉴赏修辞表达方式,如拟人、比喻等,让学生从写作手法等不同的视角,由浅入深地解读散文的语言风格和艺术特征等。

(二) 融情入境,优化鉴赏方法

在阅读时,教师要引导学生带入自身的主观情感,从而与作者产生共鸣,如此才能深入感悟文学作品中的情思美。基于此,融情入境便成了鉴赏性阅读中的重要一环,在特定的阅读情境中,学生往往能够激发自身的情感共鸣,通过优化鉴赏阅读的技巧,获得更为丰富的阅读体验和情感收获。

《荷塘月色》第三段以"路上只我一个人,背着手踱着"为始,描绘了作者夜晚独行的画面,承接上文中作者独行观景的内容。下文中风格突转,以"我爱热闹,也爱冷静,爱群居,也爱独居"打破了原本的叙事结构。教师要注意到这一变化,引导学生深入文本语境,从语言文字的变化中感受作者情感的变化,于"热闹"和"冷静"以及"群居"和"独居"的对比中,细致揣摩环境对作者情感产生的影响。作者回顾江南采莲旧俗时,强调了"热闹"和"群居",以人物群像勾勒了一幅热闹非凡的画面,而"冷静"和"独居",则出现在他夜晚独行在荷塘之时。在这一情境中,作者巧妙地将江南热闹的采莲场面与荷塘清幽宁静的夜景进行对比,用一种反向衬托的手法,凸显自己内心的孤寂、愁苦。当学生能感受到作者的真实心境后,教师要以循循善诱的方式,提出类似"作者为何用反衬的手法写出自己的心境"的问题,指导学生从作者本身的性格特征的角度进行推理。通过了解可知,朱自清是一个性格内敛、善于隐藏真实情绪的人,虽然内心愁苦万分,但仍以一种含蓄蕴藉的形式,将汹涌澎湃的情感寄托在景色之中,以此引发读者的共情。学生在对比解析作者创设的情景交融的意境过程中,可以将热闹和冷静的画面进行对比,从而获得更强烈的情感共鸣,这样既能体会到文本的语言美、画面美,还能深入解读作者内心的情感。

(三)思辨讨论,拓展鉴赏深度

鉴赏性教学既要从文章本身的语言、表达手法入手,也要注重展开个性化的鉴赏活动。思辨讨论便是一个有效的方式。教师可以通过设置具有对立性的辩题,引导学生展开辩证性的思考和深度阅读,让学生形成独到的见解,强化他们的个性化体验,拓展鉴赏深度。课堂教学之前,教师可以以"《荷塘月色》之美,美在何处"为引子,引导学生在课前细读文本,从文本中寻找论据。在课堂上,教师要为学生提供辩论的平台,让学生从具体的字词和语句中,找到能够论证观点的论据,形成一套个性化的鉴赏模式。当小组内所有学生都完成自主细读任务后,大家可以将全部成员的观点集中起来,融合为一个观点,并以小组为单位,逐一展示本组的鉴赏结果。在上述环节的基础上,为强化学生的体验感,教师要在环境方面下功夫,借助专门的辩论会,为学生展示本组的鉴赏结果提供平台。围绕"《荷塘月色》之美,美在语言?美在意境?美在情感?"的议题,开展专题化的辩论活动,以"每一个小组依据本组得出的结论,写一篇论据充足的辩论稿"为基本要求,让学生将本组的观点凝练成篇。而后,各组依据所选的观点,如"我们认为《荷塘月色》之美,美在语言,因为……"陈述本组的观点,从课内外相融合的角度,寻找能够支撑本组观点的证据。这种模式能让学生的参与热情得到明显提升,鉴赏教学的有效性会随之增强。思辨讨论以"阅读+讨论+总结"的模式,引导学生在阅读中寻找论据、在辩论中品析文章之美,既能加深学生的审美体验,还能培养学生的辩证性思维和逻辑思考能力。

六、跨媒介阅读

随着时代的发展,信息技术在语文阅读教学中得到了广泛的应用,为我们开展各种阅读教学活动提供了便利。语文教师可以充分利用网络资源和多媒体技术来丰富阅读教学的内容,提高阅读教学的效率。

(一)利用视频媒介展示任务,引导学生初读课文

到了高中阶段,学生已经具备了一定的自学能力。在语文课上,我们更应该鼓励他们自主学习。自主学习的好处在于可以提前感知课文的内容,遇到困难也可以提前思考,为后续的学习活动做准备。在教学的过程中,教师可以借助微课视频来展示预习任务,引导学生略读课文,预习所要学习的内容,做到心中有数。

高中语文教材选择性必修中册第二单元收录的都是以"革命与抗争"为主题的文学作品,如《记念刘和珍君》《为了忘却的记念》《荷花淀》《党费》《包身工》《小二黑结婚(节选)》。教师要引导学生阅读这些课文,让他们学习革命者的大无畏精神,感受底层人民与封建势力斗争的艰难与不易。为了让学生的自主学习过程更加顺利,笔者选用了"革命精神催人奋进　悲惨生活引人深思"的微课视频(视频主要介绍了各篇课文的创作背景),并借助该微课视频展示了以下阅读任务。

其一,阅读《记念刘和珍君》和《为了忘却的记念》,了解作品的创作背景,在阅读中比较两篇文章在写作手法和语言上有何不同。

其二,阅读《包身工》,了解报告文学的特点。

其三,阅读《荷花淀》《党费》《小二黑结婚(节选)》,初步了解小说的内容,尝试梳理其情节,分析其中的人物形象。

在教学实践中,教师可以将学生的阅读成果记录在导学案上,让他们更有成就感。

(二)利用视频媒介呈现资料,帮助学生更好地感知内容

进入高中后,学生的自学能力增强了,阅读理解能力也有了相应的提升。在语文教学中,教师不能滥用资源(如整节课都用微课视频来呈现),而应该积极发挥自己的主导作用,合理地利用微课资源。具体来说,我们可以在恰当的时候借助微课视频呈现相关资料,以帮助学生更好地理解文本的内容。

比如,在讲解《荷花淀》《党费》《小二黑结婚(节选)》时,我们可以利用微课视频介绍一些分析人物形象的方法(如结合典型的环境和情节来分析人物形象和特点等),引导学生从人物的外貌、动作、神态、语言等方面分析人物的性格特点。以这些课文中的"典型人物"为例,在阅读《荷花淀》的过程中,学生发现水生嫂是抗日战争时期非常典型的劳动妇女,具有淳朴善良、勤劳勇敢等特点;在阅读《小二黑结婚(节选)》时,他们发现小芹和小二黑是新型农民的代表,具有思想先进、敢于斗争等特点;在阅读《党费》时,他们发现黄新是革命者的优秀代表,具有机智果敢、做事干练等特点。在教学的过程中,教师可以鼓励学生绘制一个表格,将自己理解的、分析出来的内容填写到表格上。

（三）利用媒介视频开展活动，引导学生合作学习

在教学的过程中，一些教师习惯将重要的知识系统而全面地讲给学生听，但学生往往没有听懂。教学是教师与学生互动的过程，需要学生的参与，而学生也不是一张白纸，可以任凭教师随意涂画。学生是具有独立思想的个体，他们在学习中也会有自己的想法。作为语文教师，我们要尊重学生，在教学中与学生构建良好的师生关系。利用微课视频来开展活动，调动学生的积极性，不失为一种好方法。

以《包身工》的教学为例，对于包身工的悲惨遭遇，学生在阅读课文的过程中有所了解，但没有切身的体会。在教学的过程中，教师可以播放相关微课视频（视频主要介绍了包身工的吃、穿、住、劳动、工资等情况）。在播放完视频后，我们可以组织学生参与"议一议"的活动，引导他们阅读课文，从住、吃、劳动等方面概括包身工的一天，并让学生分小组讨论（讨论的内容可以是多样的）。

又如，在讲解《荷花淀》《党费》《小二黑结婚（节选）》后，教师可以播放微课视频（视频主要介绍了三篇课文的主要内容和主要的人物形象）。随后，教师可以鼓励学生在读懂课文的基础上参与制作微课视频的活动，让小组成员通力合作，致力于制作独具特色微课视频，可以将每个成员觉得重要的内容进行整理并呈现到视频中，将视频展示到班级群里。这样的活动，一方面可以激发学生的学习兴趣，另一方面可以培养他们的协作能力。

（四）借助媒介作品，开发媒介阅读

在互联网时代，教师应意识到，媒介阅读对培养学生语文综合素养具有积极影响。在语文阅读教学中，教师要依托文本内容为学生提供跨媒介学习的机会，将文章与信息技术结合起来，营造良好的阅读氛围，吸引学生主动参与阅读活动，同时通过自由讨论让学生对课文形成更加深刻的认知，从而凸显跨媒介阅读的重要性。也就是说，教师应摒弃传统授课模式中的错误观点，为学生提供丰富的媒介信息，引导他们展开交流与探讨，充分发挥自身的主观能动性，在兴趣的驱使下对文章进行探索，充分发挥跨媒介阅读教学的作用。

以《沁园春·长沙》的教学为例，教师可以为学生提供与课文相关的图片、视频，或新闻报道中的材料，让他们以小组合作的方式展开交流与讨论。在这个过程中，每个人都有机会发表独特的见解，通过组内成员的共同探讨，让每一位学生都能对这首词的背景及蕴含的思想感情有全面的理解，这种方式有利于学生媒介意识的培养。另外，教师还可以组织课本剧表演，让学生将这首词改编成剧本，在表演过程中利用镜头记录整个过程，根据故事情节加以剪辑，从而创作完整版视频。这样的方式能够让学生在亲身体验中进一步感受文章的魅力，促进学生实践能力和创造精神的共同提升。

（五）利用媒介形式，转变教学方式

随着新课程改革的不断深入，传统的阅读教学模式已经不能满足学生的学习需求，这要求教师及时转变授课方式，采用先进的教育理念，打造高质量的语文课堂。为了发挥跨媒介阅读教学的作用，教师应摒弃传统教学中的不足之处，鼓励学生将信息技术与文本内容结合起来。例如，移动电子设备可以为学生提供多元化的学习方式，打破时间和空间的限制，让学生能够利用碎片时间随时随地阅读经典文章。此外，教师可以在备课环节精心研究教材内容，选择与之相关的影视资源、网络文学等融入跨媒介阅读教学中，将学生的注意力集中到大屏幕上，充分调动他们的好奇心理，使其主动参与阅读活动。

以《林教头风雪山神庙》的教学为例，本篇课文节选自中国古典四大名著之一的《水浒传》，课前学生已经对主要内容有了一定的了解，为了激发他们的学习兴趣，教师可以利用多媒体设备播放提前准备的影视片段，引导学生一边观看一边梳理故事情节，并以思维导图的形式呈现；随后，可以进入到阅读环节，教师要引导学生探究课文塑造人物形象的方法，通过深入研究鉴赏文章中的景物描写以及关键伏笔、细节安排，领会其对推动情节、渲染气氛、刻画形象的重要作用。学习完本篇文章后，教师可以要求学生利用课余时间在网上搜索《水浒传》的其他章节进行阅读，有兴趣的同学还可以观看翻拍的电视剧，对经典作品形成更加全面且深刻的认知。通过转变授课方法，可以有效提高跨媒介阅读教学的质量与效率，推动高效语文课堂的构建。

七、跨学科阅读

《课程标准》分别在"中国革命传统作品研习"和"中国革命传统作品专题研讨"两个学习任务群中明确提到了"跨学科"的概念，在"科学与文化论著研习"这一任务群的教学提示中也提到要"引导学生结合所学的其他学科知识，借助工具书、资料，了解文本中的基本概念和观点，理清文本结构脉络、论证逻辑"[①]。部编版高中语文教科书中，屠呦呦的《青蒿素：人类征服疾病的一小步》、加来道雄的《一名物理学家的教育历程》、梁思成的《中国建筑的特征》以及林庚的《说"木叶"》四篇文章，涉及科学发现的成果和过程介绍、建筑学问题探讨以及文学现象分析等方面，单元导语对这四篇文章进行了概括："反映了自然科学和人文社会科学的多个领域中的探索及其发现……展现了不同领域学者们的创新意识、探索精神和科学态度"[②]。教师可以引领学生在阅读中探索发现科

---

① 中华人民共和国教育部.普通高中语文课程标准(2017年版2020年修订)［M］.北京:北京师范大学出版社,2020:26.

② 中华人民共和国教育部.普通高中语文教科书必修下册［M］.北京:人民教育出版社,2020:45.

研工作者的科学精神和知识性读物的语言特点。

（一）从"同中求异"到"异中求同"——探寻学科间的"跨点"

所谓"跨点"，就是学科之间的联结点，"跨点"的寻找与认定基于语文教师对文本的深度解读，以及教师对不同学科的基本认识。因此在跨学科阅读教学中，教师要立足语文这一根本，善于挖掘文本资源，寻找合适的"跨点"，引导学生基于"跨点"对文本进行细读。

1. 梳理语文学科与其他学科的交叉知识点

作为一门兼具工具性和人文性的课程，语文学科为其他学科的学习提供了语言文字基础，而"跨点"作为语文学科与其他学科的联结点，又是不同学科在跨学科阅读教学中实现相互融合的一座"桥梁"。因此教师应当以语文学科知识为基础，梳理具有其他学科特性的知识点或与其他学科知识可能出现交叉的地方，在这一基础上寻找、确定阅读教学的"跨点"。

以《青蒿素：人类征服疾病的一小步》为例，文本内容是屠呦呦在演讲中分享自己与科研团队在探索青蒿素治疗疟疾过程中遇到的困难和得到的灵感启发，其中涉及社会发展、中医药典籍价值、科研技术手段辅助等内容。因此，教师在寻找文本的跨点时，可以从历史、生物、中医学等学科的角度来分析屠呦呦及其团队的科研精神。在了解屠呦呦及其团队的科研过程的基础上，学生可以通过学习中国近代史了解科学家在研究青蒿素的过程中面临的政治与历史挑战，进一步感受中国现代生物医学研究的不易；学生还可以从中医学的角度，结合时事，进一步探讨中医学对现代医学发展的重要贡献。不同于科普类说明文，《说"木叶"》作为一篇文艺评论文章，作者在文章中对大量的诗句进行了考证，兼具浓厚的文学色彩和清晰的说理层次。文学鉴赏需要学生具备发散思维能力，发挥自己的想象，方能感受"言有尽而意无穷"的意境之美。但科普性文章中的关键概念比较多，教师不妨试着探寻文本与其他学科的知识交叉点，从而丰富学生的学习资源。如利用生物学科知识中叶绿素含量与植物生长季节之间的关系，帮助学生更加具体地理解"树叶""木叶""落木"在视觉效果上的区别，从而帮助学生更好地分析以上概念在古典诗歌中所蕴含的独特意义。

2. 发现语文学科与其他学科的矛盾冲突点

语文的学习内容兼具语言要素和人文精神，其中人文精神包括作者的主观理解或主观情感，在某种程度上来说，客观存在与主观创作之间存在着一定的矛盾。如李白《古朗月行》中写月亮是"白玉盘""瑶台镜"，这似乎在告诉世人月亮是光洁平整、完美无瑕的，但事实上月球表面是坑坑洼洼的，可见如何在科学事实与文学审美之间找到平衡，也是跨学科阅读教学应当关注的教学难点。以《中国文化中的"梅花"》为例，教师要引导学生关注梅花在文学中展现的傲雪凌霜不畏严寒的意象,以及在科学视角下,低于－6 ℃就不能存活的客观事实之间的鲜明对比,从文学想象与科学事实之间的矛盾点入手分析"梅"文化的丰富内涵。

在教授《中国建筑的特征》一文时,教师可以通过作者概括出的建筑九大特征、中国古代建筑遗址照片以及古代建筑图纸壁画所呈现的恢宏气势,引导学生发现文章的矛盾点——建筑的艺术美观性与科学实用性是否能够共存?围绕这一矛盾冲突点,学生可以从艺术的角度出发,结合绘画鉴赏和实体建筑造型分析出:绘画作品鉴赏的"词汇"更倾向于整体写意,实体建筑分析的"词汇"则更加具象化,注重实用价值,说明中国传统建筑分析的用词暗含了艺术美和实用美。教师还可以借助物理学科,结合对"鲁班锁"的体验,为学生讲解中国木质建筑中榫卯结构的物理学受力知识,进一步佐证是"文法"连接了中国建筑的艺术观赏性与科学实用性,从而得出结论——中华民族世代传承的中国建筑的基本词汇,遵循着中国建筑的基本"文法",使中国传统建筑兼具艺术观赏性与科学实用性。此外,教师还可以结合梁思成的其他文学作品,关注其对"科学与美学"的相关论述,继而了解梁思成运用其"集科学研究与美学欣赏于一身"的才华,为世人保留并呈现了集科学实用性与艺术美观性于一体的中国传统建筑研究成果。

3. 从多个文本中萃取多学科主题概念

在单篇文本的跨学科阅读教学中,"跨点"往往比较容易寻得,但在当前的语文教学模式中既要注重单篇精读,还要关注群文阅读、单元整体阅读、整本书阅读等,这是当前部编版高中语文教材编写体例的特点,也是学生思维发展与提升的要求。如何从多个文本中寻找相同的概念并提炼成一个共同的主题,这就需要教师在文本分析中,既要"同中求异",又要"异中求同"。

以必修上册第三单元为例,从单元导语和单元学习任务要求看,本单元旨在引导学生通过阅读自然科学和人文科学的相关论著,在拓宽知识面、发展科学思维、培养科学精神的同时综合运用已掌握的其他学科的知识,探究生活中遇到的实际问题。[①] 本单元所选取的内容或是以演讲稿的形式讲述传统中医药学给现代生物医学研究带来的灵感与启发,或是以自传的形式讲述一个物理学家从一池锦鲤走向一个物理世界的故事,或是借助语言学的概念概括总结中国传统建筑的基本特征和文化底蕴,或是运用诗人思维旁征博引,分析诗歌意象特点。从这几篇文章中我们可以看到,科学研究过程中的探索与发现并非都是枯燥无味的,实用文除了讲述科学、严谨的学术原理,也可以呈现一种文学之美。虽然可以通过文中的客观描述来理解科学、严谨的学术原理,但如果学

---

① 中华人民共和国教育部.普通高中语文教科书必修下册[M].北京:人民教育出版社,2020(67).

生能够亲身参与到相关的实验或调研活动中,便能够调动其他学科的知识来理解文中蕴含的文学之美。基于此,教师可以将本单元阅读教学的主题确定为"从科学求证的角度理解不同领域的文学之美"。在这一基础上,教师就可以选取物理、生物、化学、历史等学科知识进行教学内容的整合。

(二)从"跨出去"到"跨回来"——坚守语文学科本位

1. 以语文学科为立足点和出发点,实现多学科知识深度融合

《课程标准》明确提出"跨学科学习"的概念,"跨学科"已成为语文一线教学教研的重点方向之一。然而受学习科目多、学习任务重等因素的影响,在高中阶段开展跨学科阅读教学对教师和对学生来说都是一种挑战——"跨"什么? 怎么"跨"?"跨"到什么程度? 学生在"跨"中能学到什么? 这些都是教师在设计或实施跨学科阅读教学过程中应当重点考虑的问题。

跨学科学习要求在不同学科知识之间、知识与生活之间建立系统的联系,但跨学科学习也并非毫无目的地"盲跨",而是要有一个学科立足点,开展跨学科阅读教学就是要以语文学科为立足点和出发点,以语文学科必备知识的习得与关键能力的掌握作为学生的学习目标,在此基础上与其他学科和真实生活建立联系,引导学生在真实的语言运用情境中进行有效学习,并学会运用语文学科知识与学习思维解决在其他学科及生活中遇到的具体问题。在对《中国建筑的特征》进行教学设计时,教师可以选取"学科嵌入"的方式,将美术的绘画鉴赏知识与建筑榫卯结构的物理力学知识嵌入语文课,学生在课前通过玩"鲁班锁"了解了中国建筑的榫卯结构特点,课堂上通过鉴赏古今中外的建筑绘画作品及摄影作品了解了中国建筑基本构件的演变,为进一步理解文中中国建筑的"词汇""文法"等关键术语概念奠定知识基础。有了美术知识与物理知识的嵌入,学生对中国建筑的特征有了更加具体的认识,就能够在课堂上迅速厘清"词汇"所对应的是中国建筑的基础构建,"文法"则是中国建筑工匠在千百年的劳动中总结出来的建筑营造法式,自然也就更能体会文章语言简明准确的特点。

2. 将语文课程的言语形式和人文要素贯穿于教学全过程

语文是一门学习国家通用语言文字运用的综合性、实践性课程。[①] 跨学科阅读教学的开展以语文学科为出发点和立足点,致力于拓宽学生语文学习和语言运用的空间和形式,因此在语文教学实施过程中就应当遵循语文课程的性质与基本特点,关注文本中语文要素和人文主题两条线索,引领学生在语文学习中通过多样的、有效的言语活动形式体悟人文精神。如在《中国文化中的"梅花"》的教学课堂中,学生在前两节课通过

---

① 中华人民共和国教育部.普通高中语文课程标准(2017年版2020年修订)[M].北京:北京师范大学出版社,2020:1.

大量的阅读丰富了对中国"梅"文化的认知，也有部分同学基于此撰写了小论文。从多个学科角度分析了梅花的多重文化内涵后，课堂教学最终落实到学生的写上，即为美术老师的画作题诗，学生在读与写的过程中逐层深入地理解了中国"梅"文化的内涵。基于这一要求，教师在设计《中国建筑的特征》学习任务时，要关注"重点把握、理解文章关键术语含义"的语文要素和"科学求真与爱国精神"的人文主题，要求学生通过阅读文章和鉴赏建筑绘画作品，以表格形式对中国建筑基本结构和基本特征进行初步总结。针对中国建筑中最重要的榫卯结构，学生可以结合课前的"鲁班锁"体验及相关物理学知识，以小组为单位实物展示"鲁班锁"拆解拼装的过程，辅以实时讲解，具体分析中国古代木质建筑结构的独到之处，进一步体会中国建筑的科学实用性。知人论世方能探究作者创作意图，学生可以通过在课下查阅资料了解梁思成为保护中国建筑所做的贡献，将中国建筑的"可译性"知识迁移到梁思成建筑保护举措的"可译性"上来，了解知识性读物中蕴含的独特的人文性。在学习过程中，学生要始终关注文本本身但又不局限于文本，而是在其他学科知识中提取出能够用于解决语文学习问题的方法，并运用语文知识解决跨学科学习问题。

在《青蒿素：人类征服疾病的一小步》中，屠呦呦提到，自己在研究青蒿素的过程中从中国古代医学典籍中找到了灵感，进而取得了重大进展。在学习本文时，教师首先应关注演讲词区别于其他几篇知识性读物的地方，通过文中的细节把握作者想要表达的情感内涵，如关注文中多次出现的感叹号在情感表达上的作用，感受屠呦呦在发现青蒿素过程中面对每一次来之不易的成果时的激动之情，体会科研过程的艰辛；还可以关注屠呦呦在讲述科研过程和表达感谢时人称的转变——"我"与"我们"，分析屠呦呦在语言运用过程中展现出的科学求真精神和团队合作意识。此外，教师可以通过搜集整理中医药典籍中的中药知识，创设情境学习任务——假如你是医学科学研究人员，你如何探索某中草药在治疗某种疾病中的功效？学生在完成任务过程中可以模仿屠呦呦的研究过程，以文字形式简述自己的思考，在这一过程中，学生既能够在具体的语言运用情境中提升语言文字表达能力，丰富对传统中医药学的了解，也能够在科学求证的实验中开阔视野，培养科学思维。

（三）从"拼盘"到"果汁"——促进学科深度融合

1. 打破学科壁垒，整合资源，构建多学科集成的学习场域

跨学科阅读教学不是语文学科与其他学科之间的简单叠加，也不是在语文课上对其他学科要素的浅尝辄止，而是立足于语文学科，基于恰当的"跨点"，实现学科之间、学科与生活之间的深度融合。语文学科的工具性与人文性能够为其他学科的学习奠定语言文字基础，而其他学科知识又能够辅助理解语文学习，帮助学生理解其中的丰富概念及原理,解决学生在语文学习中遇到的"非语文性"问题。因此教师在设计跨学科阅读教学课程时应勇于打破学科之间的壁垒,整合不同学科课程与真实生活中存在的丰富的语文学习资源,为学生构建一个多学科集成的学习场域,拓展学生语文学习的空间,调动学生的多学科学习思维。

以《草木的秘密》教学实践为例,语文教师不仅要打破学科壁垒,还要打破学生学习空间的壁垒,创造性地开启了户外跨学科学习模式,在具体可感的草木体验基础之上学习语文知识,从多学科知识"拼盘"中萃取适合解决语文学习问题的"果汁"。教师在设计《中国建筑的特征》学习活动时,不要局限于纸上的九大建筑特征,可以去搜集唐代四大名楼的绘画作品、敦煌壁画中的《五台山图》以及梁思成的建筑测绘手稿作为学生鉴赏中国建筑艺术的学习资源,同时也可以给学生布置课前学习任务——以小组为单位完成"鲁班锁"的拆解与拼装,搜集榫卯结构的力学原理以及梁思成的相关背景知识等相关材料,让学生将不同学科的知识进行整合,构建一个语文、美术、物理三学科集成的学习场域,探究中国建筑的艺术观赏性与科学实用性之间的关系,理解文本中"词汇""文法""可译性"等关键概念,体会梁思成保护中国古代建筑过程中流露的爱国情怀。

2. 重构学习内容,创设情境,设置层级分明的综合性学习任务

跨学科阅读教学中的学科深度融合要求学生在语文学习活动中运用多学科思维解决问题,这不仅需要教师勇于打破学科壁垒,打破学科"拼盘"的模式,还要善于将打碎的各部分学科"果肉"进行重新整合、萃取,最终提炼出学科深度融合的"复合型果汁",实现各部分学科知识"1+1>2"的融合。"情境"是《课程标准》中出现频率最高的词语,共有 34 处。"情境"作为一种教学策略和方法已经被广泛应用于语文课程教学实践中,成为课堂教学改革中不可忽视的重要组成部分。所谓"无情境,不教学",指向真实生活的学习情境可以帮助我们更好地理解文本意义并促进知识的正向迁移。而要完成多学科集成学习任务,就必须通过多学科集成的语文实践活动来实现。基于此,教师在选取阅读材料或设置学习任务时,必须重视情境设置,突破学科边界,强调学习的深度与知识的统整,紧扣学生语文学习和生活体验,设置具有层级性、梯度性的多学科集成任务,营造一个深度融合的跨学科学习情境,在情境任务中驱动学生细读文本,内化学科知识,在真实情境中提升语言运用能力,实现深度学习。

以《中国建筑的特征》为例,文本中关于中国传统建筑的九大特征的内容固然不可忽略,但梁思成本人的科研精神与爱国情怀也是学生在学习过程中必须了解的。基于"建筑的科学实用性与艺术美观性是否可以共存"这一"跨点",教师可以在重构物理、美术等学科知识的基础上,创设一个"梁思成'栋梁'主题学术文献展"的学习情境,设置"概括本展出关键词""对比文献描述与历史建筑图纸的区别""了解建筑实用性的原理体现""由建筑到人文"这样几个具有梯度性的学习任务,带领学生在情境中分析中国传统建筑科学实用性与艺术美观性并存的特点,进一步了解梁思成在文物保护方面的贡献和爱国情怀。

八、主题阅读

主题阅读是一种在大单元教育观念的基础上衍生的阅读教学方式,旨在提升学生阅读水平,发展学生的能力素质。在语文阅读教学中,开展主题阅读,能够更有效地构建整体性阅读课堂与系统性阅读教学框架,这不仅有助于推动高校语文阅读课堂建设,而且对学生语文核心素养的提升具有促进作用。

(一)整合教材,凝聚主题

对于主题阅读教学而言,确定主题既是起点也是关键。部编版高中语文教材在单元编排上充分体现了主题的统一:以单元为教学单位,将内容、主题相关的课文进行紧密的联结。这在一定程度上为主题阅读教学的开展与组织提供了支点。语文教师可以以此作为主题阅读教学的切入点,从中提炼明确的阅读主题,引导学生从多个角度、多个层面展开阅读分析与解读,从而有效地发散与活跃学生的阅读思维,促使学生在多元阅读中实现素质与能力的协调发展。部编版高中语文必修上册第七单元主要包含了五篇借物抒情的文章,即朱自清的《荷塘月》、郁达夫的《故都的秋》、史铁生的《我与地坛(节选)》、苏轼的《赤壁赋》、姚鼐的《登泰山记》。五篇文章均采用借景抒情的手法,体现了作者对自然、对环境的热爱之情。语文教师可基于五篇文章的中心思想确定本单元的阅读教学主题,即"自然景物",并由此进行拓展延伸,将语文教材中有关自然景物的文章进行整合,如借描写田园风光表达自己高洁志趣与情怀的古诗《归园田居(其一)》;通过描写赤壁景色传达自身乐观豁达精神的《赤壁赋》;借描写褒禅山景物阐发坚定意志与百折不挠精神的《游褒禅山记》;通过描写蜀道雄奇险峻表达自身怀才不遇、壮志难酬苦闷与激愤之情的《蜀道难》;等等。在此基础上,组织学生展开主题式的深度阅读。这样一来,学生不但能够在开放性阅读与多元性阅读中更好地感知与体会多篇文章"借景抒情"的写作手法,其阅读思维也会在此过程中得到很大程度的发展。

(二)围绕主题,以点带面

在制订明确的阅读主题后,教师要立足于主题这一中心,组织学生展开阅读学习活动。新课改对现代学校教育提出了要以教材为组织教学的主要依据的要求。因此,语文教师在展开主题阅读教学活动时,同样也要谨记这一教学改革要求,以语文教材为主题阅读教学的主要素材,细致地划分精读与略读文章。

在略读文章的教学中,教师要重点引导学生从中体会情感与思想;在精读文章的教学中,则要从中总结正确的阅读方法与技巧,并让学生自主阅读。与此同时,教师在基于主题进行选文时,可以拥有广泛的体裁选择,既可以是散文、说明文、议论文,同时也可以是诗歌、文言文、古诗词。如《咬文嚼字》《说"木叶"》《谈中国诗》这三篇文艺评论文章。《咬文嚼字》一文主要谈的是文学创作,作者论述了文字与思想情感之间的紧密联系,启示读者在文字运用上"必须要有一个字不肯放松的谨严";《说"木叶"》以诗人们钟爱的"木叶"为切入点,展开了精细的美学辨析,使读者能够更为深入地体察古诗词的精妙之处;《谈中国诗》主要议论的是中国诗歌这一文学体裁,作者通过比较中外诗歌,揭示了中国诗的特征,提升了学生对中国诗歌的鉴赏水平。语文教师可从这三篇文章中提炼出"中国诗歌"的阅读教学主题,并以此为中心,穿针引线,将语文教材中的古诗、中国现代诗汇聚起来,引导学生展开主题阅读学习。首先,重点引导学生探究分析三篇文章的内涵与思想,培养学生"咬文嚼字"地读书、写文的学习习惯,让学生从中学会体会语言文字的微妙,养成"一字都不放松"的严谨精神;其次,导入古代诗歌,如《念奴娇·赤壁怀古》《咏怀古迹》《锦瑟》等,引导学生从语言文字品鉴的角度对古诗词进行阅读和赏析,深入学习我国古诗词中艺术的精妙之处,提升学生的文学鉴赏水平;最后,引入中国现代诗歌,如《雨巷》《再别康桥》《大堰河——我的保姆》,鼓励学生从文艺品鉴的视角,分析中国现代诗歌的特征——篇幅短小、暗示性强,锻炼学生的阅读分析与阅读理解能力。

在主题阅读教学中,以主题为中心,由点及面、由零到整地组织学生展开阅读,不但能够有效地改善与优化当前语文阅读教学的零碎、分散问题,提升语文阅读的整体教学质量,学生的阅读水平与思维能力也会在此过程中得到有效的锻炼与增强,进而实现语文核心素养的持续发展。

(三)紧扣主题,拓展延伸

中学生正处于身心快速发展的时期,学生的发展需求呈现出一个螺旋上升的趋势。因此,语文教师在组织与开展主题阅读教学活动时,就要尽可能满足学生与日递增的需求,把教学眼光放长远,不断地丰富与充实学生的阅读学习材料。这就意味着,教师不能局限在课堂与课本之上,还要积极主动地向课堂之外、课本之外进行延伸拓展,从而有效地拓宽学生的阅读视野,丰富学生的知识储备,促使学生在广泛阅读中更好地感知主题阅读的精髓。

例如,在引导学生阅读学习《诗经·氓》后,教师可从中提炼出"爱情"这一主题,并以此为中心向课堂外进行延伸拓展,鼓励学生利用课余时间阅读《雷雨》《傲慢与偏见》等名著全文,深化学生对爱情的认识;引导学生阅读《长恨歌》《锦瑟》等古诗词,深化学生对情思的感悟……让学生从多个层面、多个视角、多个方面展开深度阅读,从而更好地促进学生自主阅读习惯的养成与阅读能力的提升。

九、深度阅读

新课改要求高中语文阅读教学不仅要培养学生对语言文字的分析能力和运用能力，还要培养学生阅读文章的综合能力。在语文教学中，深度阅读是语文阅读教学的重要策略，教师应引导学生提高阅读质量，提高阅读效果。

（一）驾驭全文核心，把握文章内容

不同主题的文章有不同的写作特点，教师要把握好文章的特点，采用正确的教学方法，带领学生多层次、多方位地对文章进行阅读鉴赏，引导学生进行深入阅读，让学生在丰富的情感体验中获得感悟。

首先，文眼选择要准确。深度阅读应从文眼开始，即从最能表达作者创作意图的词语和句子开始。文眼是一扇窥视文章中心思想的窗户，可以帮助学生捋顺全文主线，厘清文章内容与各部分之间的联系。在探索文眼时，学生要仔细推敲，在仔细阅读和选择文眼的过程中，学生能够获得成就感，同时也能从字里行间感受到文章所蕴含的深厚情感。

比如，《项脊轩志》一文的文眼是"然余居于此，多可喜，亦多可悲"，其作用是承接上文，引启下文，使全文的情感由喜转悲。在教学中，教师可以引导学生找出"喜乐"和"悲伤"的具体描述，以及作者是如何用平淡无奇的描述来表达情感与思想的。再如，《过秦论》一文的文眼是"仁义不施而攻守之势异也"，点出了秦朝兴衰的直接原因，总结了秦二世而亡的惨痛教训，劝汉文帝刘恒实施仁政。

其次，抓取段落的中心句。语文课本中的文章是经过编写组精挑细选的佳作，但受到教学计划的限制，课堂上，教师不可能全面讲解文章，只能选取文中的重要句、段开展阅读教学。中心句是文章的骨架，也是作者的核心思想。文章的中心句因位置不同而发挥着不同作用：段落开头的中心句具有阐明中心思想和概括大意的作用；段落中间的中心句多为过渡句，与上下文关系密切；段落结尾的中心句多为概括或总结；开头或结尾的中心句有强调和增强印象的作用。

比如，《说"木叶"》这篇课文，文章的中心句位于每个段落的开头，以"什么是木叶"为中心句，说明"木叶"的由来和古代文人对"木叶"的描述。古代诗人在何种场合下用"木"呢？文章对古代"木"字的用法进行了较为详细的介绍，并通过例证说明"树"和"木"留给人们千差万别的印象，为下文对"树"和"木"的介绍以及对"木"特征的叙述做了铺垫。

（二）揣摩文章细节，领悟作者创作情感

揣摩文章细节是对文章中深层次问题的探究。文章中的很多细节都值得推敲，这

些挑战能够促使学生积极参与学习,在思考细节的同时,不断提高阅读能力。学生可以根据细腻的语言文字或关键点来体会创作者的情感。教师在引导学生进行深度阅读时,应让学生从细节处入手,体会文章的内涵和创作者的情感。

教师要重视对学生体会语句情感能力的培养。被人们传诵的文学作品都极富感染力,其中饱含作者丰富的感情。教师要引导学生对课文进行整体认知,结合作者的写作背景对句子所蕴含的情感进行分析。《装在套子里的人》是契诃夫的著名作品,作者笔下的别里科夫总想将自己装裹在壳中。外界那些和法令相悖、常规不符、规矩不合的事,尽管与他没有任何关系,他也会耿耿于怀,无法开心。这种刻画直接体现了别里科夫的性格特征,这也是对沙皇统治下的人们扭曲性格的写照。作者揭露了在沙皇专制统治下,每个人都无法正常接受新事物的社会问题。在教学中,教师要抓住重点,带领学生不断地细读文章并进行深入的分析,以提高学生的阅读理解能力和文学素养。

比如在《鸿门宴》这一课文的阅读教学中,基于课文篇幅较长且难度较大的情况,以及培养学生文言文学习兴趣这一要求,教师在开展深度阅读教学时要注重方式方法,可以重点从三个方面着手:一是要求学生找出课文中的语言描写和动作描写,理解作者所使用的描写手法的作用和效果;二是对一些重点句子和段落做深层次的分析,并准确翻译一些重点句子;三是对项羽和刘邦两个集团中的各主要物逐一分析,重点分析人物的性格特点。这三个方面的教学任务均涉及深度阅读教学中的"细节"属性,能够促使学生形成自己独特的理解,实现深度阅读的目的。

(三)实施专题深度阅读活动,提升实践运用能力

教师可以为学生创建一个语文学习任务群,以探究阅读为依托,与传统语文教学中的教案设计和活动设计相结合,这样不仅能实现语文课程的内部整合,而且能培养学生的高层次思维能力。在现代教育理论的指导下,教师可以在话题讨论过程中引导学生探讨自己感兴趣的语文话题,让学生利用网络阅读文章、查看材料并解决阅读过程中存在的问题,从而提高学生解决问题的能力。

确定文章的主题风格时,要注重总结、交流与评价,这是进行专题深度阅读的关键。文章主题的选择应兼顾语文教学的特点,教师可以指导学生选择自己喜欢的阅读文章。比如,在教毛泽东的《沁园春·雪》时,教师可以引导学生阅读相关诗词,并以此为基础开展专题深度阅读活动。再如,在教《窦娥冤(节选)》《雷雨(节选)》《哈姆莱特(节选)》这三部戏剧时,教师可以选择"悲剧"这一主题,对戏剧形式进行对比学习,让学生多角度地把握学习内容。教师要根据学生原有的知识体系、认知水平以及将要学习的课文内容,制订详细的教学计划。比如,在学习"戏剧表演的主题和风格"时,教师可以组织学生进行小组合作学习,让学生研究东西方戏剧的相同点和差异性、戏剧表演的主题和

主要特点、悲剧的主要概念和特征等。学生可以选择自己喜欢的主题,进行材料的搜集、整理和分析。

(四)体会文章的立意,理解阅读文本

在语文的深度阅读教学中,教师必须引导学生始终从文本的立意出发,确保学生可以全面理解文本,这是深度阅读的一大要求。立意是文本的核心与灵魂,学生只有抓住文本的立意,才能理解文本,进而精准把握作者所要表达的感情与思想。在挖掘和探究文本的立意时,学生要抓住文本中的关键词句和段落,通常情况下,体现立意的句子不会太长。为了让学生可以准确抓住阅读文本的立意,教师应该让学生对文本进行多次通读。在此基础上,教师可以鼓励学生说出他们认为能够表达文本立意的句子或段落,而后对这些句子或段落进行深度阅读。

比如在《大堰河——我的保姆》这一诗作的阅读教学中,教师可以引导学生从文章的立意出发,感知作者朴实的语言和真挚的感情,与作者一起唱"一支流着母亲血泪的歌"。《大堰河——我的保姆》这一作品的立意可以总结为:作者要表达自己对乳母的依恋、怀念和赞美,同时对旧中国母亲所受的苦难感到愤懑与不平。为确保学生可以对这一立意产生深刻的理解,教师可以先让学生根据作者的情感划分全诗的段落,继而一个段落、一个段落地展开分析和思考。第一段的首尾反复吟咏"大堰河,是我的保姆",第三段的首尾反复写道"大堰河,今天我看到雪使我想起了你",这两句话均很好地反映了这首诗的立意,可以帮助学生感知作者对大堰河真挚的爱,从而与作者产生情感共鸣,实现深度阅读的目的。

(五)深入挖掘教材,启发学生深度阅读

语文教师在教学时应深入挖掘教材内容,引导学生对文本进行深度阅读,并在此基础上对文本的主题、主旨进行把握,让学生能够深刻地理解文本的内涵和主旨,进而促进学生语文学科核心素养的提升。

例如,在教《陋室铭》时,教师可引导学生对"斯是陋室,惟吾德馨"这一句进行深度解读。首先,教师可引导学生对这句话中的"惟吾"进行思考。"惟吾"在文言文中是一个带有肯定语气的词组,可以表示"我认为""我觉得"等含义,表现了作者对自己作品的自信和对自身品德的自信。

(六)组织讨论活动,培养学生深度阅读能力

在语文课堂教学过程中,教师可以通过组织讨论活动来培养学生的深度阅读能力,让学生在讨论活动中结合自身的生活经验和社会认知,对文本内容进行深度解读。语文教师应注重引导学生进行自主阅读,让学生在阅读过程中对文本内容进行深入探究和思考,从而提升自身的阅读能力和阅读素养。教《藤野先生》一课时,教师可以让学生

在课前利用课余时间阅读《藤野先生》这一篇课文。在此基础上,教师可以要求学生思考:藤野先生的形象是怎样的? 教师可以引导学生通过小组合作的方式来讨论这一问题,并以"藤野先生在我心中的形象是怎样的"为主题进行小组讨论和交流,让学生结合自身的生活经验和社会认知对文本内容进行解读和分析。藤野先生和鲁迅先生之间存在怎样的关系? 通过对这些问题的思考,可以让学生在小组合作中对文本内容进行深入解读,从而培养学生的深度阅读能力。此外,教师还可以组织学生开展课外阅读活动。在此基础上,教师还可以引导学生对文本内容进行探究和分析。例如,小说中人物对亲情、友情的不同态度以及对金钱、地位等物质条件不同选择带来不同后果等问题。教师可以通过开展课外阅读活动,让学生对文本内容进行深度解读和分析。

(七)鉴赏文学作品,进行深度阅读

说到"鉴赏",人们通常会想到对音乐作品和美术作品的鉴赏活动。事实上,在阅读教学过程中,"鉴赏阅读"也是能够促进学生审美品位和阅读能力提升的重要方式。教师以鉴赏的方式引导学生进行深入阅读,能够帮助学生感受和体验文学作品的语言、形象和情感之美,使学生在阅读、欣赏和评价的过程中提高审美能力,也能够使其在分析和感知阅读材料的基础上产生丰富的情感体验。

以《荷塘月色》的阅读教学为例,文章多处语言具有细腻、传神的特点,倘若只对阅读材料进行浅层的理解,学生可能无法抓住文章的结构安排、语言特色等。对此,教师要引导学生通过鉴赏的方式开展深入阅读,如第四段中,作者运用了比喻、通感、拟人的修辞手法,从荷花、荷韵、荷香、荷波、荷叶五个方面描绘了一幅荷塘美景图。教师要引导学生以鉴赏的方式领略荷塘月色之美,就必须先引导学生学习作者这些描写手法的特点,从而有效激发学生的想象力。在第五段中,作者用了一些传神的动词描写月光照耀下景物的变化,在鉴赏过程中,教师要引导学生抓住几个描写月光的关键动词,从而让学生在深入阅读中感受朦胧的月色美。通过鉴赏的方式进行深度阅读,不仅能有效提升学生对文本内容的感知力,也能够在一定程度上促进学生掌握和运用写作技巧。

(八)融入作品意境,开展深度阅读

在语文课堂教学实践中,学生的深度阅读往往会有诸多问题。部分学生由于缺乏开阔的阅读视野,也没有足够的阅读知识的储备,在阅读的过程中,往往只能够理解文章的表层意思,缺乏对文章进行深入理解的能力,正因如此,学生的深度阅读必然会有一定的困难。对文学作品意境的品读是从更高层次鉴赏文章的过程,教师要在引导学生进行深入阅读的过程中融入作品的意境,让学生理解作品中的"形"与"神",从文章的文字之中去领悟其意境,随后再从文章的意境出发,去思索文字,这样才能够真正地感悟作者的所思所想,达到深刻理解文章内涵的目标。

例如,教师在指导学生进行《荷塘月色》的深度阅读的过程中,对其意境的感知是其中的关键。作为写景抒情类的经典散文,《荷塘月色》中的"月光如流水"是文章的亮点之一,作者把月光的朦胧和水的温柔相结合,同时将月光与荷塘两个关键要素结合在一起,描绘了一幅月光下的荷塘的美景。学生从字里行间捕捉到作者所描绘的这些要素以后,再回头去看文章,挖掘文字中的深意,就能从作者的视角去看待这片"月光下的荷塘",更能够体会作者营造的这种虚无缥缈的意境。此外,"像笼着轻纱似的梦"这一句,突出了当时美景的梦幻与缥缈,描绘了一幅月光、荷塘、树影以及雾气组成的美丽景象。教师可以通过深度阅读,引领学生去感悟这种形神兼备的意境,有助于学生更好地融入作品,更好地理解作者的情感。

(九) 直观演示,激发学生阅读兴趣

教育数字化战略实施背景下,"互联网＋教育"理念深入人心。目前,通过信息技术直观演示教学内容,以调动学生的学习积极性,已经成为教师常用的教学方式。实践表明,这种教学方式使教育教学质量得到了有效提升。在进行语文深层阅读教学活动时,教师可基于学生的认知水平,将深层阅读教学内容与信息技术有机结合,把学生要阅读的内容进行直观演示,通过形象画面激发学生深层阅读的兴趣,让学生体会到阅读是一项充满乐趣的活动,令学生对作者所表达的情感有更加深刻的感悟,达到提升学生阅读能力的教学目的。

比如,在《短歌行》这首诗的深层阅读教学活动中,教师应先对教学内容与学生学情进行综合分析。这首诗的政治性很强,诗中用典和比兴的手法,既体现了诗人的政治抱负,也抒发了诗人的情感。对学生而言,想要提高阅读能力,必须对诗中重点字、词、句的含义有深刻理解,通过了解比兴、用典的手法,体会诗歌意境以及诗人情感,进而充分感受诗歌雄健、深沉的建安风骨,学习曹操积极进取的精神。三国故事多次被拍摄成影视作品,在课堂中教师可利用直观演示的方式,展开深层阅读教学。在教学初始环节,教师可以先利用信息技术播放 1994 年版电视连续剧《三国演义》中的赤壁之战,其中有曹操吟诵《短歌行》的片段,然后让学生尝试表述这首诗的创作背景,再安排时间,让学生互相讨论曹操这一历史人物的性格。接着,教师可以根据学生讨论的结果,适当补充有关曹操的历史知识,帮助学生了解曹操性格的多面性。然后,教师可将《诗经》中的《郑风·子衿》与这首诗进行对比,引导学生深入思考诗人情感,帮助学生了解诗人是在借女子思慕恋人之情,表达对贤才的渴望。之后,教师可以对学生提出问题:"我们已经找到了诗中运用的比兴手法,那么哪里运用了典故呢?"学生给出正确的回答后,教师可利用信息技术播放周文王求贤若渴的视频片段,使学生充分理解曹操追求统一天下的理想与抱负,以及慷慨激昂的英雄气概。

最后,教师可利用板书绘制思维导图,深化学生对这首诗歌内涵的理解。教师在"互联网＋教育"理念支持之下,运用信息技术对阅读教学内容做直观演示,指导学生进行深层阅读,能够减轻学生深层阅读的负担,激发学生深层阅读的兴趣,使学生的阅读能力在已有的认知水平上得到充分发展,培养学生的文化传承与理解核心素养,在教育数字化战略背景下优化高中语文深层阅读教学效果。

十、思辨性阅读教学方法

"思辨性阅读与表达"是《课程标准》里必修课程 7 个任务群之一。该任务群旨在"引导学生学习思辨性阅读和表达,发展实证、推理、批判与发现的能力,增强思维的逻辑性和深刻性,认清事物的本质,辨别是非、善恶、美丑,提高理性思维水平"[①]。在思辨性阅读中,教师要引导学生对"一望而知"的内容做出权衡与判断,从中发现问题,再立足文本进行分析论证,寻求更合理的结论,从而解决问题,获取真知。

(一) 创设学习情境,提高思辨能力

语文学科具有工具性,教师在教学过程中常常就文讲文,脱离了生活的实际,因而缺少生活气息。《课程标准》主张要还语文于生活,将生活情境融入阅读,拉近语文与学生之间的距离。《课程标准》的理念要求我们将学习情境作为学习项目的构成元素之一。学习项目的构成元素有多个,包括学习情境、学习内容、学习方法和学习资源等。我们在组织语文教学时,要切实以语文核心素养为纲,设置真实场景,引导学生自主学习语文,较好地融合学科知识与文本内容,引导学生在运用语言的过程中提升语文素养。

在教李清照《声声慢》一词时,教师可以将《醉花阴》《声声慢》这两首李清照在不同时期所写的作品,进行有效联系,并为学生提供与之相关的情境性"群文",开展以思辨为核心的语文课堂教学实践。在课前预备阶段,教师可以为学生提供有效的语言文字材料,例如,李清照的作品中最能反映其生平及思想的文言散文《金石录后序》,当代的评传性质的散文《乱世中的美神》,有关《声声慢》各版本的鉴赏文章等。教师在提供基本篇目和与之相关的拓展资源之外,还可以提供注释和详解,指导学生运用《古汉语常用字字典》排除阅读中遇到的文字、古代文化常识的障碍。学生在摆脱单篇经典篇目学习的局限,接触大量纷繁复杂的材料时,阅读能力会面临很大的挑战,但在逐步适应直至臻于佳境的过程中,学生的思辨意识将得到强化。

在分小组合作探究的过程中,学生往往会提出许多有意义的问题,例如"黄花"意

---

① 中华人民共和国教育部.普通高中语文课程标准(2017 年版 2020 年修订)[M].北京:北京师范大学出版社,2020(14).

象,《声声慢》与《醉花阴》有什么异同?《声声慢》中的"雁过"与《一剪梅》中的"雁回"有什么异同? 关于梧桐意象的选取,李清照与其他作者有什么异同? 李清照描写的愁思与其他诗词有什么异同?《声声慢》对李清照有何独特意义? 学生的思考有的涉及学术上有争议的地方,但这些思辨性的积极思考,让古诗词又焕发出青春活力。教师可以组织学生寻找学习材料,并通过课堂展示,分享观点及立论依据,对值得探讨的问题进行深入探究。教师要引导学生在鉴赏与审美的同时,积极提升思维能力,并指导学生积极反思,整理诗词鉴赏的有益方法。

(二)案例教学,引导学生进行思辨性思考

教师可以以名著为阅读素材开展思辨性活动。以《老人与海》为例,其故事非常简单:古巴老渔夫圣地亚哥在连续 84 天没捕到鱼的情况下,终于独自钓上一条大马林鱼,但这鱼实在太大,把他的小帆船在海上拖了 3 天才筋疲力尽。老人将鱼杀死并绑在小船的一边,却不幸在归程中一再遭到鲨鱼的袭击,最后回港时只剩下鱼头鱼尾和一条脊骨。老人与鲨鱼搏斗这一部分内容是整部小说的高潮,也最能体现老人的硬汉特点。在文中,老人的硬汉形象似乎"一望而知":凭着勇气、毅力和智慧在艰苦的环境里顽强抗争,永不屈服。可是,老人这一硬汉形象与作者笔下的其他硬汉形象,乃至与其他作家作品中的硬汉形象有什么区别? 海明威在谈及《老人与海》的创作时说:"我试图描写一个真实的老人……"准确地把握老人的"真实"形象,对于获取真知、理解小说的寓意至关重要。因此,教师可以将本课的核心问题设定为"老人是一个怎样的硬汉",并将问题分解为"如何理解一个真实的老人"和"如何理解一个从容的硬汉",带领学生通过思辨性阅读,深入文本进行分析、论证、反思、判断。海明威在这篇小说中并没有以全能上帝的视角介入,他只描写了老人各种感官直接感受到的东西,他的任务就是通过有效的语言,把这些感受原原本本地传达给读者。这种高度的客观与真实,对读者能否抓住文中每一个细节而进行深入思考构成了挑战。教师在这个环节中要启发学生质疑、反思,尽量往深处想,去触碰作品的灵魂。除了细读作品中描写的老人与鲨鱼五个回合的搏斗场景,还要阅读整本书,有许多问题需要通读全文之后才能找到答案。因此,课堂上适度地留白,可以激发学生思辨性阅读和思考的兴趣。

(三)多篇比较,培养辩证思维

多篇比较也是培养思辨性思维的一种方法,通过多篇比较我们可以发现文本背后的信息。现在所提倡的群文阅读、单元教学或者整本书阅读,其优点在于提供了一个或多个新的视角与立场、新的知识背景与思维方式、新的题材与结构、新的风格与语言。多篇比较旨在帮助学生建立知识体系,明晰知识的主干脉络。建立文本之间的联系,能够使孤立的知识点相互关联且具有拓展性,便于知识点的提取。同时,这种多篇比较、

联合阅读的教学方式也对语文老师提出了更高的要求。教师要有较高的语文素养,对同主题的、相关联的作品保持敏感度,能够将多篇课文有机联合、融会贯通。

部编版高中教材的选编依据人文主题和语文要素两条线索展开,并对每个单元的主题都进行了归纳,如高中教材必修上册第一单元以"青春"为主题,在单元学习任务中也提到让学生就"青春的价值"这一话题展开讨论。必修上册第六单元对应"思辨性阅读与表达"学习任务群,本单元的主题是"学习",其中《劝学》《师说》是两篇谈论"学习之道"的古代论说文,论说文讲究论证逻辑和道理,具有鲜明的针对性,需要运用思辨性思维去解读。教师在对两篇论说文进行文本细读讲解的基础上,可以引导学生进行联合阅读、多篇比较。在之前的学习中,学生已经了解了《劝学》和《师说》的主要观点,《劝学》提到,学习是不可以停止的,文中运用了大量的比喻论证对此观点进行解释说明。而《师说》主要讲不耻相师的道理,文中采用的是对比论证的方法,在第二段连用三组对比痛斥世人"耻学于师"而"愚益愚"的现状,从而论证了从师的必要性。此外,从写作背景来看,《劝学》是写于百家争鸣的战国时期,而且荀子是秉持"性恶论"的观点的,他认为人生下来是罪恶的,只有通过后天不断的学习才能积善成德。《师说》是韩愈针对士大夫阶层耻于师的境况创作的,倡导师道回归。对两篇文章进行辩证的分析以后,教师可以让学生结合当今的学习情况和社会环境,谈一谈荀子和韩愈的观点有何可借鉴之处或者改进之处,以进一步总结升华、提升认知,让学生由古人联想到自身,辩证地看待古人的学习观,借古鉴今。

多篇比较建立在文本细读之上,目的是提高学生辩证看待问题的能力,不被某一观点固化思想,要能站在大背景、大环境中思考问题、看待人物。比如《祝福》中的女主人公祥林嫂是鲁迅塑造的一个旧社会的悲剧女性形象,一方面她勤劳能干,面对不公时敢于抗争,另一方面她又是迂腐麻木的人。这就要把祥林嫂置身于当时的整个大环境来看,在封建社会的背景下,广大农民,尤其是农村妇女仍然深受封建思想观念和封建礼教的迫害而不能脱身,祥林嫂就是其中的一个典型,夫权、神权、族权致使她最终走向了死亡。在对比中进行多元分析,有助于学生锻炼辩证思维,拓宽思维的宽度和广度。

对于一些篇幅长、内容深的文本,学生可能会出现畏难的心理,这时候如果教师能够带领学生进行对比阅读,可能会收到事半功倍的效果。以苏洵的《六国论》为例,这是一篇较为复杂的古代论说文,为了能让学生更好地理解,教师在讲解时可以把它与贾谊的《过秦论》结合起来,《六国论》主要阐发了六国破灭的原因——弊在赂秦,《过秦论》则论述了秦朝仁义不施而导致自身的灭亡,教师可以补充讲解两篇文章的创作年代的政治局势,并进行对比,帮助学生理解作者的意图——警示当权者千万不要步六国的后尘。除此之外,教师也可以引导学生对比分析两篇文章的论证方法,深入文本,学习古人高超的表达技巧和严密的说理艺术。除了文本间的比较,教师也可以把影视资源引入语文阅读教学中,通过展示影视片段激发学生的兴趣,让学生对比影视与文本有何不同之处,在对比中发展学生的思维能力和推理能力。例如在戏剧《雷雨》的教学中,在深入探究人物形象和故事情节时,教师可以播放电影片段帮助学生厘清人物关系,然后通过对比来体会人物的性格和命运,加深阅读感受。

(四)逆向思维,巧设矛盾点

要想让学生在阅读过程中积极主动地发现问题、提出问题,教师可以巧设问题,从矛盾点出发或者激发学生的探索好奇心来引导学生进行思辨。如苏洵的《六国论》的中心论点是"六国破灭,弊在赂秦",苏洵认为六国破灭的原因在于向秦国割地求和。教师可以引导学生思考六国破灭的原因真的在于六国向秦国赠送财物、割让土地吗?然后在回答这个问题的基础上引导学生继续分析,除了苏洵外,苏辙、李桢二人也写了《六国论》,苏辙在《六国论》中的中心论点是:"咎其当时之士,虑患之疏,而见利之浅,且不知天下之势。"而李桢则认为二苏的观点都失之偏颇,没有辩证地看待六国灭亡的原因,他的观点是:六国破灭,弊在自暴。即六国不仅力量弱小,还想和秦国一样为所欲为,最后导致了灭亡。接着,教师可以让学生进行思考:六国的灭亡到底是哪些原因导致的?六国灭亡的原因有很多,而秦国灭亡的原因也有很多,文本中的观点在进行有理有据的分析后,也不一定完全合理,所以说质疑是思辨性思维的起点。

十一、创设情境阅读

(一)创设文字情境,满足阅读教学需求

在教授古诗词时,教师可以整合相关文字资料为学生创设文字情境,引导学生高效学习。如在教授宋代词人李清照的《声声慢》时,高中生读几遍后大概就能掌握词的关键情绪——"愁"。但高中生的社会阅历少,虽能读出词中的"愁",却未必能深刻理解词人的忧伤愁苦,更难以理解一位女子何以整日悲春伤秋。若学生无法理解与领会这一点,就不能真正理解词人的心境,也难进入词的境界,对词的理解就只能停在浅层。这样的学习不利于学生文学素养的积累与提升,也不利于学生正确学习态度与人生态度的养成。因此,在教授这首词时,教师要巧妙运用各种手段创设教学情境,让学生在情境中感受作者的情绪,进而深刻领会词的内涵与作者的思想感情。在给学生创设该首词的情境时,教师可将音乐、文字、话语等要素有机结合,为学生创设一个情感浓厚、情绪饱满、具有感染力与活力的教学情境。

创设情境时,教师可以先收集整理词人的生平经历与词的创作背景资料,了解词人

的遭遇,从而理解词人的创作动机与作词时的情绪。将所收集的资料整理成文,并选择合适的音乐制作成有声课件,创设融文、音、声等于一体的生动情境,运用情境引导学生走近词人,读懂《声声慢》。笔者文案可供参考。北宋王朝气数将尽,朝廷内部猜忌横生,深陷相互倾轧的泥沼之中,事端迭起。李清照的父亲、公公等先后陷入事端,遭受朝廷的打击。李清照与丈夫赵明诚遭遇多重变故后回到故乡青州居住。在故乡居住了十几载后,丈夫病重去世。更不幸的是,赵明诚病故后,有谣言诬蔑赵明诚与金国有沟通,临死前将一把玉壶托人献给了金国。面对丈夫的离世与汹涌的谣言,李清照决定带上夫妻俩多年来收藏的全部古董文物,跟随被金兵追赶的宋高宗一起逃难。在历经逃难的辛苦后,李清照又遇到了奸商张汝舟。再嫁张汝舟后,她所剩无几的古董、钱财被张汝舟欺骗走,更受到张汝舟的拳脚相加、百般虐待。走投无路的李清照决定起诉离婚,虽然如愿离婚,但李清照也因此蒙受了牢狱之灾。女词人就这样进入了晚年。在这种文字情境的引导与帮助下,高中生就能真正读懂《声声慢》了。

(二)创设实践活动情境,激发学生阅读兴趣

阅读教学中,教师需要根据学生的兴趣爱好、个性特征等灵活变换教学方法,科学创设学习情境,让阅读课堂充满趣味,让学生获得美好的阅读体验。

教师可根据文本内容为学生创设真实的实践活动情境,让学生能通过亲身体验了解文章思想内涵,感悟文章思想情感。如在教《边城》这篇课文时,教师要避免给学生讲授太多客观的语文知识,可以活用多媒体资源为学生创设真实的实践活动情境,让学生在情境中感受古镇的风土人情与人物的形象之美、性格之美。教师可通过多媒体为学生展示一组与古镇相关的图片,让学生通过照片领略古镇的风貌,对课文内容产生兴趣。之后,教师可用一组优美、舒缓、充满诗情画意的语句将翠翠的经历呈现在学生面前,让学生初步了解翠翠并对翠翠的生活产生兴趣。之后,教师可以为学生布置阅读任务,让学生深入阅读课文,结合课文谈谈翠翠美在哪里。教师还可以鼓励学生在自主阅读与独立思考的基础上,与小组成员共同交流探讨,最后得出观点。

阅读与讨论结束后,教师要与学生一起再次回归教材,共同探讨翠翠之美。例如,有学生说,他从文章中读到了翠翠的纯真之美:文章中写到,翠翠在月光下听祖父讲父亲母亲的浪漫故事,她联想到自己与傩送,还梦到自己到山崖上摘了一把虎耳草。阅读这些语句,既让人体会到翠翠的纯真与浪漫,又让人觉得翠翠"傻傻的"。学生做出这样精彩的回答后,教师首先要对学生的阅读与理解做出肯定,然后再进一步指导学生深入理解少女怀春的纯真情愫。教师可引用《少年维特之烦恼》《黛玉葬花》等文章来辅助说明翠翠的纯真,让学生有更深刻的阅读感受。

(三)角色扮演,增强审美鉴赏能力与创造能力

在阅读教学过程中引领学生进行角色扮演,能够让学生从多角度欣赏文本,通过阅

读将文本中的内容转化成剧本的形式,然后进行表演,使学生能够积极主动地参与课堂,不仅能够全面丰富学生的审美鉴赏能力,帮助学生建立良好的审美观念,还能让学生在角色扮演中表现和创造富有个性特点的形象,提高其审美创新意识,全面增强其核心素养,帮助学生真正实现认识美、发现美和创造美。

例如,在阅读《玩偶之家》的课本内容时,教师可以先引导学生进行自主阅读,分析阅读材料的语言,揣摩阅读材料中的每一位人物的形象与特点,鼓励学生以小组合作的方式开展角色扮演,帮学生分配好角色。有的小组表演的是第 1 封信出现后的场景:海尔茂一改先前甜蜜的笑脸,变得暴跳如雷,大骂娜拉是骗子,是下贱女人,而娜拉则看清了海尔茂丑恶的嘴脸,开始觉醒。扮演海尔茂这个人物时,学生需要通过文本去阅读能够反映海尔茂性格特点的语句,从而认识到海尔茂就像是一条变色龙,遇到事情时自私虚伪的面目就会展露无遗。扮演娜拉时,学生能够通过阅读了解到娜拉是一个美丽、真诚且善良的女性,看到海尔茂遇到事情时所出现的变化感到非常失望。学生仅凭借阅读无法完全理解阅读材料的精彩之处,还需要通过角色扮演深入理解人物性格特点。在表演过程中,学生要注重模仿人物的动作以及表情,如有的学生在表演的时候抓住了文本中所体现的海尔茂的形象细节:在家中将娜拉看成自己的私有财产和玩偶,常常满嘴的甜言蜜语;一旦发现娜拉的行动危害到他的名誉地位时,立刻暴跳如雷;当危险解除时又换回了原来的面孔;当发现娜拉无法回心转意时,甚至威胁娜拉,是一个以个人利益为前提的自私自利的人。高中阶段的学生渴望表达自我,也渴望展示自我,在语文阅读教学过程中教师要给予学生更多自我展示的时间与舞台,让学生成为课堂的主角,充分锻炼学生的审美能力,避免出现教师说得多、学生说得少的情况。在条件允许的情况下还可以在班级中开展读书交流会,主题可以是"遨游书海,点亮未来""读经典,品世界"等,让学生在主题活动的指引下充分表达自己的观点与看法,在活动的指引中走入书海,锻炼学生对阅读材料的审美与鉴赏能力。在课内阅读的基础上,教师还可以为学生推荐更多的课外阅读材料,为学生制订相应的阅读计划,计划的制订从每天、每周、每月、每学期等入手,推动学生的阅读进程。教师要结合实际情况对学生的阅读进行科学化管理,为学生设置阅读任务单,减少学生阅读过程中的被动性以及盲目性,使学生有目的、有计划地阅读,养成良好的阅读习惯,在阅读中感受文字带来的美好体验,提高学生的审美、鉴赏与创造能力。

(四)以生活展现情境,贴近学生生活

阅读教学作为语文教学的重要组成部分,与生活有着密切的联系,教师要在生活化背景下进行阅读教学,为学生创设贴近真实体验的情境,打破阅读课堂与学生实际生活之间的壁垒,激发学生的阅读兴趣。因此,教师在阅读教学中应充分结合学生的学习经

验背景以及真实的生活状态，展现生活情境，让学生在丰富多彩的生活情境中欣赏文本、感悟文本。

对于学生来说，他们的生活主要包括以下几个方面。首先是围绕家庭展开的生活。学生在没有接受集体教育阶段，他们的生活都是以家庭为中心进行的，家庭对他们的思维及情感的发展起着至关重要的作用。其次是围绕学校展开的生活。学生步入学校之后，每天在学校的时间比在家庭中的时间长，且学生在学校中会遇到形形色色的人和事物，这也会给他们带来不一样的生活体验。最后，是围绕社会展开的生活。每个学生既是家庭的一分子，又是社会的一分子，他们在社会生活中也扮演着重要的角色，有一定的社会生活经历，同时也有多样的情感体验。因此，对于教师来说，在阅读教学中充分结合学生的生活经历和体验，有助于唤起学生的情感共鸣，增进其对课文情感的理解。

例如，在《我与地坛（节选）》的教学过程中，教师可以设置这样的教学环节：通过对文本进行整体感知，学生掌握了文章的大致内容，但由于学生没有体验过作者的经历，对于作者的悲伤心情很难有深入的理解。对此，教师可以让学生回想：你们的腿以前受过伤吗？腿受伤对你的生活造成了哪些不便？你当时的心情又是怎样的？之后，教师可以让学生进行想象：自己平时轻松靠着双腿能完成的活动（例如走路、上下楼梯等）如果没有双腿作为支撑，那你将怎么完成呢？这样的教学设计，让学生可以联系到自己的生活经历，进而体会作者失去双腿之后的悲痛心情，便于增强学生的情感体验。

（五）以图片再现情境，充分展开想象

随着现代科技不断发展进步，在教学中运用图片来进行讲解变得越来越普遍，且受到学生的欢迎。借助图片来进行阅读教学有助于调动学生的视觉感官，提高学生的注意力，给学生带来美的感受，从而取得良好的阅读教学效果。

例如，《故都的秋》是写景抒情的散文，文章从"庭院秋景""秋槐落蕊""秋蝉残鸣""秋雨话凉""秋日盛果"五个画面入手，呈现了故都之秋的"清、静、悲凉"的特点。如果仅仅依靠语言，学生很难想象当时的场景，因此教师可以将五个画面的场景通过图片的形式生动形象地展示出来，给学生带来直观体验和感受，从而帮助其领会故都的秋的特点。教师在带领学生感受故都的秋的"清、静、悲凉"的特点时，可以先引导学生逐一识别这五幅图所对应的段落中的景物，然后按照顺序依次出示图片，再现课文情境，并引导、启发学生说出对图片的印象是什么，从而更直观地感受作者笔下故都的秋的特点和意境。这样的方式既能将体现美的教学内容直观地展示出来，又有助于学生在阅读学习中充分发挥想象力，借助图片情境感受秋日都城的特点。

第四节　阅读教学评价策略

一、多元评价，完善评价体系

"双新"课改提出要全面推进高考综合改革，完善考试评价制度，更好地发挥立德树人的导向作用。《课程标准》中也提到，课程评价是激励学生学习与发展的动力，而不是一种选拔人才的方法。所以评价目的要由提高学生考试成绩转变为发展学生的语文核心素养。例如，教师在进行"思辨性阅读与表达"学习任务群教学时，要引导学生将作者的论述内容和思路通过思维导图的方式呈现出来，积极质疑并反思所学内容。同时教师在对学生进行评价时，需要从封闭转向开放，从重结果转向重过程，不能局限于学生对于单篇选文中的概念知识和表现方法的理解掌握程度，还要把目光聚焦于学生掌握和运用知识、理解事实和评价事物的能力，高度重视学生"思维发展与提升"核心素养的培养，观察学生在学习过程中的思考、阅读和讨论的表现，培养其多元思辨和创新能力，不把测试结果作为评价的唯一标准。

教学评价是阅读教学的重要环节，教师可以通过评价及时了解学生的学习进展并进行相应的教学调整，学生也能够利用评价及时进行自我反思。教师应坚持评价方式多元化，从实际情况出发，将形成性评价、诊断性评价、终结性评价和其他评价方式有机地结合起来，考查学生的语文核心素养的发展状况。每种类型的评价方式都有其优点和不足之处，教师要根据评价目的以及实际情况来选择，可采用纸笔测试、现场观察、对话交流、小组分享、自我反思等多种评价方式，提高评价效率，增强评价的科学性和可靠性。坚持评价主体多元化，不同评价主体的侧重点、角度是不同的。《课程标准》中提出："鼓励学生、家长、教师、教学管理人员等参与课程评价。"[①]学生在进行自我评价的同时，也要与其他同学进行相互评价，这种评价能让学生更容易发现自身的问题，有利于学生进行自我反思、精准定位和评价自己，促进其思辨能力的提高。同时家长也可以参与对学生的监督和评价，从而确保学校和家庭教育的有效结合。

二、精准点评，实施过程性评价

教师的点评能为学生学习语文指明方向，帮助他们迅速成长。在教学的过程中，我们要进行过程性评价，做到全程指导、全程跟踪、全程伴读，并让学生组建阅读小组，互

---

①　中华人民共和国教育部.普通高中语文课程标准(2017年版2020年修订)[M].北京：北京师范大学出版社,2020:34.

相提醒,互相督促。过程性评价的内容主要包括阅读兴趣、阅读习惯(时间、地点、姿势、方式)、课上的表现(参与度、成果质量)等。在点评的过程中,教师要指出学生的优点与缺点,并为他们提供相应的改善建议,让他们发扬长处,弥补不足,在感受学习的快乐的同时不断进步与成长。点评不仅能提高学生的学习效率,还能增强教师的个人魅力,可谓一举两得。

三、科学化评价,不断优化阅读教学

阅读教学模式并非一成不变,随着教学理念的转变,教学改革的推进,语文阅读教学在不断创新进步。语文教师应该以发展的眼光来看待阅读教学模式,通过日常工作总结与反思,找到当下阅读教学模式的不足,不断优化阅读教学模式和教学方案。教师应该充分运用科学化评价,了解学生当下阅读学习现状,了解整体学情,同时也要对当下阅读教学模式有整体了解,及时发现不足,从而进行合理改善,最终实现阅读教学模式不断优化。在当前的阅读教学中,阅读评价活动较少,主要表现为书面评价,且以阅读理解类考试为主,这样的评价方式过于片面,无法掌握学生阅读课堂表现,无法了解学生阅读积累情况。因此,教师应该构建科学化评价体系,并定期进行分析总结,从而找到优化阅读教学模式的方案。

一是评价内容多元化,不仅要进行书面评价,还需要对学生阅读课堂表现、阅读习惯、阅读兴趣等进行综合评价,了解学生各方面阅读水平,对存在的不足,可以及时调整改善。二是需要考虑评价模式多元化,除了教师对学生的评价,还可以结合学生自评、互评,以及家长的评价。由此,学生可以了解自身在阅读活动中存在的不足,发现他人优点,自主提升和改善,家长也能够掌握学生阅读学习现状,实现家校合作教学。三是评价结果有效利用。在开展多元化的评价后,教师应该及时回收数据、分析结果,对于评价结果中的低分项要思考其原因,找到根本问题并探索最终改善措施。教师可以依据考评结果来进行分层教学,从而发现阶段性阅读教学中隐藏的问题,明确下阶段教学目标以及改善方向。通过多方面、科学化评价,教师能够总结当下阅读教学模式是否适用于学生,如果不适用,应该积极寻找根本原因,并优化教学模式,从而全面提升学生的阅读水平。

语文阅读教学需要结合时代发展不断创新,教师在教学活动中,不仅要探究多元化的教学方式,还要通过评价等措施找到当前教学中存在的不足,从而不断改善、优化,最终形成符合学生需求、满足教学目标、高效且科学的语文阅读教学方式。师生应该加强交流沟通,多方努力,共同创建良好的阅读教学课堂。

四、重视学生的评价主体地位,提高学生思辨能力

评价是教学中必不可少的环节,在教学中起到指导和调节学生学习的作用。《课程

标准》倡导评价主体的多元化。首先，语文课程评价应面向全体学生，尊重学生的主体地位，考虑学生的个体差异，满足不同学生的发展需求。同时也要鼓励教师、家长等参与课程评价。这就要求教师完善阅读评价机制，让每个学生都能够参与语文阅读学习。其次，评价不能仅仅依据考试分数，还要注重过程性评价，如学生的学习态度、学习习惯、学习兴趣等。

（一）学生自评、互评，突破思维定式

"终结式"的评价方式，即以教师为主体的评价，忽视了学生自我认识的发展。科学合理的评价体系须有学生的参与，对于学习活动或学习结果进行评价时，可以采用学生先自评、再互评的方式。自评是一种自我反馈的反思活动，是培养学生自主学习的有效途径。自评的内容包括：我学会了什么？我还有哪些地方存在问题？我掌握了什么？等等，学生在每次学习后都能够进行自我评价、自我反思，其实也是一种思辨能力。同学之间互相评价，就形成了"生生评价"。"生生评价"可以采用小组合作的方式。在阅读学习中，如果有学生就某一问题提出了不同的见解，教师可以组织同学们以小组为单位评价、探讨现有观点的合理性或对现有答案进行补充，调动学生学习的积极性、主动性。学生互评的形式既凸显了学生的主体地位，又兼顾了学生的阅读感受，加强了学生之间的联系，提高了学生的合作能力，通过交流想法将其思维引向纵深，这对学生的思辨性思维的培养是大有裨益的。

（二）教师评点，深化思维认知

很多时候，教师在语文课堂上会对学生的回答做出相应评价，只要学生说得贴近教师眼中的答案，评价就大都是"很好，不错""你很棒"等表扬性的评价语言。但是对于学生的回答，教师不能简单地评价观点的对错，这样起不到思辨的作用。学习评价并非只是鼓励，并非只要求学生"踩到点"，还需要起到过程指导、思路引领甚至是纠正学习方法的作用。所以教师对学生回答进行点评时，除了要对学生进行积极的肯定之外，也要给予反馈和指导建议，让教师评价成为一种深化学生思维认知的有效方式。

五、评价反思，养成良好阅读习惯

通常情况下，阅读教学完成后，大多数学生难以在短时间内将知识内化，甚至会觉得阅读学习颇具挑战性，从而产生消极的学习心理。对此，语文教师要基于学生认知水平，在完成阅读教学后，对学生的学习效果做出评价，为学生的阅读学习提供明确的方向，并对学生强调阅读完成后进行自我反思的重要性，从而培养学生良好的阅读习惯，强化学生的阅读能力，助力学生语文核心素养的发展，让学生形成良好的人文品质，实现增强高中语文课堂教学活动效果的目标。

比如,在《雷雨(节选)》这篇课文的阅读教学活动中,教师要先对教学内容与学生学情进行综合分析。这篇课文是话剧,可以培养学生鉴赏话剧语言、理解话剧作品的能力,使学生形成正确的价值判断和审美取向,懂得从历史、社会和人生的角度思考问题,提高文学素养。但是话剧一般具有时代意义,对学生而言,理解上还有一定难度。因此,在进行阅读教学时,教师可立足于剧本,引导学生对话剧语言进行深层鉴赏,使学生学会走近人物体会情感,理解作品的时代意义。

首先,教师可播放电影《雷雨》中的精彩片段,并与课文中的精彩语句进行对应,结合信息技术与教学内容引导学生走近人物,展开阅读,让学生判断周朴园、鲁侍萍的内心情感,从而更好地体会戏剧冲突,降低阅读的难度。其次,教师可结合学生对人物内心情感的理解,基于话剧的文学常识,对学生的阅读效果做出评价,指导学生阅读话剧语言。在学生对戏剧冲突有了充分把握的基础上,教师可组织学生表演课文中的部分重点内容,让学生通过亲身参与理解戏剧中个性化的语言和人物性格。再次,教师可结合课文内容,对学生的表演做出评价,引导学生分析课文内容,帮助学生归纳话剧的要素和语言特色,丰富学生的知识储备,培养学生阅读话剧的能力,让学生领会话剧的魅力。最后,教师可结合当时的时代背景,引导学生分析这篇课文的内涵,要求学生对自身的阅读效果进行评价,强调完成阅读后,及时自我评价、反思的重要意义。

六、强化教学反思,创新评价方式

在阅读学习的过程中,学生需要不断反思自己的学习情况,教师也要掌握科学的教学方法,进行教学反思。教师要积极引导学生反思,增强学生的反思意识,并向学生传授反思的方法,引导学生进行多样化反思,如独立反思、同学间协作反思等。教师的教学反思也是促进学生深度学习的主要方法,强化教师的教学反思可以从三方面入手。

第一,采用丰富多样的反思方法,如撰写教学日志、教学案例评价、教研组对话交流、微格教学等。

第二,将教学反思纳入考核,提高教师反思教学的积极性。

第三,增强问题意识,围绕高质量的问题展开教学,教师要积极回顾自己的教学过程,发现问题、分析问题、解决问题,为学生营造深度学习的良好氛围。多元化的评价方式有助于增强反馈的效果,如教师对学生的评价、学生之间的评价、学生对自己的评价和组内评价等。教师要将教学评价贯穿于深度学习全过程,实施持续性评价,让学生不断调整自己的学习计划和方法,提升语文学习能力。

七、精准分析教学辅导,加强智能化评价

随着信息技术的飞速发展,教学评价的方式也越来越智能化。在语文教育中,提高

学生的阅读素养是非常重要的,而教学评价在此过程中发挥着至关重要的作用。这种新型的教学评价方式利用信息技术提高了评价效率和准确性,能够针对学生的具体情况进行个性化的教育和指导,从而达到提高学生阅读素养的目的。其一,智能化教学评价要依托信息技术。比如,学生可以通过在线阅读系统进行阅读练习,系统可以记录他们的阅读速度、理解程度等数据,学生可以据此评价自己的阅读水平。系统还可以针对不同学生的阅读水平,给出精准的辅导和建议。通过数据分析技术,系统可以快速准确地对学生的成绩进行反馈,避免了传统评价过程中存在的主观性和人为偏见。其二,教师要认识到智能化教学评价的作用在于精准分析、教学辅导。通过智能化教学评价系统,教师可以了解每个学生的具体阅读情况和对知识的掌握程度,针对每个学生不同的问题进行个性化的教育辅导,从而提高教育效果。此外,智能化教学评价系统可以提供大量的学习资源,包括课程讲义、知识点解析、优秀范文等,从而帮助学生更好地掌握语文知识和阅读技能。其三,智能化教学评价可以有效提升高中生的语文阅读素养。通过智能化教学评价系统,学生可以根据自己的具体情况进行个性化的学习和练习,从而更快地提高阅读水平。同时,大量的学习资源也能帮助学生拓展语文知识面,提高阅读理解能力和文章表达能力。

第五节　阅读教学资源整合策略

一、依据教学内容,整合优化阅读选文

(一)以部编版教材为本,联结课堂内外

不论设计哪种类型的阅读项目,课外阅读材料和学生的言语实践活动都不能完全脱离语文教材。部编版高中语文教材依据人文主题和语文要素两条线索来组织单元,为项目化阅读教学的设计提供了有益参考,教师可依托教材单元导语提示、学习提示以及单元学习任务提炼核心概念,围绕人文主题设计阅读项目,挑选与项目主题相关的课外阅读材料。教师既要让学生研读教材、品读经典文本,又要将阅读延伸到课外,如新闻、信件、报告、计划、会议通知、宣传册子、说明书以及电影、电视、动画等资源。在生活化阅读情境中锻炼学生的阅读能力。教师要让学生学会根据不同文本特点、不同阅读情境、不同任务需求来选择不同的阅读方法,学会提炼和加工信息,学会阅读与表达,从而提高阅读素养。

(二)以核心概念为轴,整合阅读选文

语文核心概念是联结阅读文本的纽带,阅读选文要紧扣语文核心概念,科学组合选

文,既要求同也要存异,在寻找共性与对比归纳的过程中深化阅读。教师可以从"同"出发,组合选文。部编版高中语文必修上册中的很多诗歌都选取了特定的意象表达诗人情感。如毛泽东的《沁园春·长沙》、杜甫的《登高》、李清照的《声声慢》等,为了让学生理解"作都选取特定的意象来营造情境,抒发情感"这一核心概念,教师可以将这些同类型的文章组合起来,让学生联读,体会不同诗人笔下所选取的意象的特点。教师还要从"异"出发,组合选文,《孔雀东南飞》《复活(节选)》《雷雨》,这三篇作品看似毫不相关,但是都体现了"某些叙事作品通过对话推动情节发展"的语文学科核心概念,将这些看起来毫不相关的文章组合起来,采用异中求同的方式进行讲解,有助于加深学生对文章核心概念的理解。

二、以学生兴趣为靶,选择阅读资源

兴趣是最好的老师,在项目化阅读教学中,学生可以根据自己的兴趣灵活选择阅读资源。学生在初中和高中都学过苏轼的作品,但是这些作品分散在不同的学段和单元,学生对于苏轼没能形成一个完整且深入的认识。在项目化阅读教学中,放手让学生按照自己的兴趣选择阅读资源,有助于激发学生的阅读热情。教师可以将苏轼作品的项目化阅读教学分成几个专题,如苏轼美食菜单,苏轼人生轨迹,苏轼达观心理等,让学生根据自己的兴趣爱好,自主选择感兴趣的阅读资料,创作项目作品。

三、实践课后拓展,提高学生阅读能力

在以往的高中语文阅读教学中,教师往往特别重视教材中的文章,甚至只根据教材中的文章实践阅读教学。在这样的教学中,学生的阅读需求无法得到满足,学生的知识的积累、视野的拓宽、能力的提升也会受到影响。基于此,教师需要丰富学生的阅读资源,满足学生的阅读需求。教师可以与学生共同探究阅读资源,实践课后拓展,同时激励学生在课后进行阅读、分析、总结、应用。教师加强实践课后拓展活动,可以在满足学生阅读需求的同时,助力学生获得阅读的成就感,提升学生的阅读欲望,提高学生的语文水平。

例如,教师在教史铁生的《我与地坛(节选)》时,可以根据学生的兴趣实践课后拓展活动,调动学生参与课后拓展活动的积极性。教师可以运用多媒体展示文章的精彩段落,激励学生自主阅读,提高学生阅读整本书的兴趣。教师也可以设计问题,如史铁生还创作过哪些作品、你喜欢史铁生创作的哪一篇文章,从而助力学生梳理史铁生的作品。随后,教师可以提出让学生在课后进行拓展阅读,激励学生自由选择史铁生的作品进行阅读。这样的课后拓展活动具有一定的开放性,能减轻学生的学习压力,且提升学生的阅读兴趣。教师可以要求学生在课后拓展阅读的过程中,摘抄好词、好句、好段,积

累写作素材,提高其拓展阅读的质量。接着,教师可以激励学生根据史铁生的作品进行写作,可以是改写,可以是缩写,也可以是续写,还可以是读后感。教师可激励学生在写作中融入平时积累的写作素材,同时组织作文评讲活动。助力学生养成课后拓展学习的习惯,提升学生的语文阅读能力。

四、利用图片与音视频资源,创设生动的教学情境

在语文阅读教学活动中,学生仅根据教材的静态文字可能无法很好地理解文章的审美内涵,因此教师应积极收集各种图片资源和音视频资源,将其融入阅读课堂,创设情境,让学生可以更好地走进文本的世界中,获得丰富的学习体验。

例如,在《沁园春·长沙》的教学过程中,教师可以先让学生聆听这首词的同名歌曲,吸引学生的注意力,让学生沉浸在音乐氛围中,从而对课堂内容产生兴趣,成功导入新课。接着,教师可以在审美鉴赏环节放映相关图片,如款款北去的湘江、经霜打变红的层层树林等风景图;或者在适当的时机给学生播放动态视频,让学生看到船只在江上穿梭、鹰在广阔的天空中自由飞翔、鱼儿在清澈的水中畅游等场景。创设这样的情境能够引导学生走进作者所描绘的壮阔天地中,从而加深学生对课文内容的理解,让学生体会到诗词的画面美和意境美。在此基础上,教师可以让学生对诗词展开进一步鉴赏,分析诗词语言呈现的画面美和作者想要表达的思想感情。教师在学生对整首诗词进行充分的鉴赏之后,还可以让学生尝试利用类似的意象来创作诗词,提高学生的写作能力。

五、利用案例材料,引导学生理解与传承文化

教师想要在阅读教学的过程中引导学生理解与传承文化,可以以传统文化为载体,通过多媒体设备展示丰富而具体的案例材料,引导学生理解中国优秀传统文化内涵。这些案例材料要源于现实生活,能够让学生看到现实生活中人们是如何传承中国优秀传统文化的,从而增强学生的传统文化传承意识。教师也可以让学生在课前通过网络收集相关的案例材料,在课堂上进行分享。

例如,在《红烛》这篇课文的教学过程中,为了让学生对课文中"红烛"这个意象所承载的精神有深刻的理解,体会诗人甘愿为祖国牺牲的爱国主义精神,教师可以在课前要求学生上网搜索"红烛先锋"事迹,在课堂上通过多媒体设备进行展示,依据具体的案例材料概括"红烛先锋"特有的精神品质。在课堂最后,教师可以让学生畅谈自己的学习感受,引导学生主动传承与发扬"红烛精神",并在生活中进行实践,从而提升学生的道德素养。

六、设计作业,拓宽学生阅读范围

对高中语文的深层阅读教学而言,布置作业是帮助学生巩固知识的有效途径,也是

提高学生阅读理解能力的重要手段。但是在新的教育理念支持下,高中语文教师在设计作业时,要关注学生的认知水平,了解学生承担的学习压力,反复思考深层阅读教学活动中学生的具体行为表现,从而设计能够提高学生阅读理解能力、开阔学生阅读视野的作业,让学生通过阅读与本课阅读主题相似的文本,获得进一步成长,从而进一步提高高中语文深层阅读教学质量。

比如,在《林教头风雪山神庙》这篇课文的深层阅读教学活动中,首先,教师应对教学内容与学生学情进行综合分析。本篇课文选自我国古典四大名著之一《水浒传》,而林冲的故事又是其中浓墨重彩的一笔。《林教头风雪山神庙》这篇课文的解读要点是林冲性格的变化,以及环境描写对故事情节发展所起到的作用。为让学生对课文内涵有深刻的理解,教师可设计深层阅读作业,使学生进一步了解造成林冲悲剧命运的原因,对林冲的性格进行评价,通过拓展阅读,熟悉更多有关林冲的故事。课堂之上,教师可以先给学生播放电视剧《水浒传》中"火烧草料场"的精彩片段,吸引学生的注意力,构建充满活力的课堂学习环境。再将影视片段与课文中的环境描写进行对应,引导学生深层阅读,并分析环境描写的作用。课堂最后,教师可以给学生布置作业:"为什么火烧草料场发生在一个风雪大作的晚上?"并给予提示:"根据林冲的经历做出分析。"旨在提示学生注意林冲正在被三个人陷害,他的心是冷的,而这场大火使得他的心更冷了。其次,教师要根据学生作业的完成度,引导学生深入分析林冲由忍到反的变化,使学生懂得林冲的世界是一个无神庇佑的世界,他在山神庙借宿,山神却不给他提供保护。最后,教师可设计逼上梁山、火并王伦等与林冲有关的阅读作业,使学生能够进一步理解林冲的性格特点,以及这种的性格形成的具体原因。教师要基于学生认知水平,融合教学目标,合理设计深层阅读作业,并帮助学生拓宽阅读的范围,开拓学生的阅读视野,帮助学生在减负增效的基础上提高深层阅读能力,培养学生的文学阅读素养,提高学生对我国名著进行深层阅读的兴趣,培养学生的人文精神,从而进一步提升高中语文深层阅读教学质量。

七、建立学习资料库,发挥教师引导作用

教材内容是建立学习资料库的基础。教师的主要任务是在备课时总结教材中的重点文章,整合多元媒介信息,包括作者的生平简介、课文的创作背景、相关的影视资料等,从而建立完整的学习资料库,并以课件的形式发送到班级群中,学生可以随时随地查看。这样不仅打破了传统阅读模式的限制,还在多元媒介的辅助下开拓了学生的视野,帮助他们加深对文本的理解。但是考虑到涉及的信息较为繁杂,需要耗费大量的时间和精力,教师可以培养学生的自主探究意识,引导他们利用课余时间自行搜索相关资料,完成从被动接受到主动学习的转变,充分发挥教师的引导作用,借助多元媒介增强

学生的自主学习能力。

以《大卫科·波菲尔(节选)》为例,文章的作者是狄更斯,上课前,教师可以先布置预习任务,要求学生自主收集作品背景、作者生平、写作风格以及作者的其他优秀代表作等资料,使学生对课文形成初步了解,并将搜索到的信息上传至学习资源库,在师生的共同努力下构建丰富的阅读素材库。需要注意的是,个人能力是有限的,学生在资源库中分享的信息会存在一些不足,此时便凸显了教师的引导作用。教师可以利用多元媒介优化学习资料库,完善其中的主要内容,使阅读素材更加科学、合理。同时教师要学会综合运用肖像、动作、心理、语言等描写塑造人物的方法,有效提高学生的认知能力,并使其对阅读对象产生深层次的理解。

八、推进混合式学习,合理把控阅读时效

混合式学习是指在信息技术的辅助下,打破传统教学模式的束缚,将线上和线下学习结合起来,让学生对课文内容形成深层次的了解,引导学生利用智能终端进一步参与到阅读过程中,有效提高他们的学习效率。因此,教师应与时俱进,在阅读教学中推进混合式学习,不仅要积极开展线下实践活动,还要具备开发线上阅读资源的能力。教师要通过线上与线下相结合的教学方法为学生营造良好的学习环境,丰富他们的阅读体验,让学生在真实场景中展开学习,充分提高学生阅读的积极性。其中,线下阅读以课堂上组织的实践活动为主,教师带领学生深入分析文本,掌握相应的阅读技巧和表达方式。线上阅读则是以学生的自主学习、合作探究为主,由教师布置相应的任务,学生自行选择阅读对象和思路,针对文本提出不同的建议等。

以《记念刘和珍君》为例,在线下教学中,教师要带领学生共同阅读课文,提出对应的思考问题,引导学生以合作的方式进行讨论,对课文内容形成初步的了解。线上学习环节没有过多的要求与限制,学生可以自行选择阅读的整体思路,在互联网中搜索相关资料,通过自己的努力总结作者想要传递的思想感情。同时,教师作为教学活动的组织者和引领者,必须控制学生线上阅读的时间,并提高线下实践活动的质量,以此保证混合式学习的质量与效率。

九、融入影视资源,丰富课堂教学内容

在语文阅读教学中,借助信息技术,融入影视资源,可以丰富教学内容,使学生更清晰地理解和领悟文学作品的内涵和艺术价值。信息技术的应用将促进高中语文阅读教学的改革和发展,教师可以结合影视资源深入展示文学作品所表现的内容,让学生更好地领悟作品的内涵。同时,融入影视资源也更能够调动学生的学习兴趣和阅读热情,在提高学生语文素养和阅读能力的同时,推动高中语文阅读教学体系深入发展。

以《荆轲刺秦王》文言文的教学为例,首先,影视资源可以为教师提供更多的教学手段。在传统的阅读课堂中,教师需要通过音频、图片、手绘等方式让学生形象化地了解文学作品内容。而利用影视资源可以更好地满足学生视觉化、听觉化的学习需求,通过传统影视作品、动画和漫画等形式重现故事情节和人物形象。教师可以让学生观看《荆轲刺秦王》的相关影视片段。比如,李雪健主演的《荆轲刺秦王》堪称经典,教师可以根据影视片段的呈现方式,指导学生深化对文学作品的理解。其次,学生通过观看影视资源不仅能够更好地理解故事情节和人物形象,还能获得审美体验。学生在欣赏高质量的影视作品时,可更直观地感受作品所表达的情感、氛围和艺术价值,提高语文阅读教学的成效。最后,通过借助影视资源,教师可以更有针对性地进行全方位的语文阅读教育。针对《荆轲刺秦王》一文,教师可以根据学生阅读的难度和需求,选择合适的影视资源,以帮助学生更好地感受和理解文言文内涵,在学生积极参与的情况下增强课堂互动和教学效果,提高语文阅读教学的可及性。

十、依托电子白板,提高课堂教学交互性

电子白板作为一种交互式教具,在高中语文阅读课堂教学中具有很大的应用潜力。教师可以借助电子白板的优良特性,从图像展示、文字呈现、互动交流等方面,更全面地提升教学质量和学生阅读素养。

以《动物游戏之谜》一文为例,电了白板可以为阅读教学提供丰富的图像展示,教师可以运用电子白板展示插图,让学生更好地理解动物的形象和活泼生动的场景描述。同时,在文字展现方面,电子白板也可以提供更加直观有效的呈现方式,比如利用高亮关键词、配合图片等。而在互动交流方面,电子白板也可以促进学生和教师的实时互动交流,从而提升学生阅读理解能力和阅读素养。周立明的《动物游戏之谜》是有趣、有启示意义的科普阅读文章,使用电子白板可以更好地展现其魅力,让学生更好地理解文本,同时也可以在互动交流中提升学生的阅读素养和思辨能力。通过电子白板的辅助,学生可以直观地感受文学作品的意境和美感,同时也可以提升语文阅读的能力和素养。此外,电子白板还可以更加清晰地展现文字内容。在传统的阅读课堂中,教学内容的呈现形式往往以纸质资料、黑板等为主,很容易造成学生的注意力分散和理解能力下降。而电子白板可以在屏幕上同时展示主要文本、注释、扩展资料等多层内容,使学生更加清晰地把握文本的关键词和句子。电子白板还可以展示具有条理性的思维导图,帮学生厘清整篇文章的结构和脉络,促进学生更高效地理解和把握知识。

教师还可以借助电子白板打造多种互动交流方式,开展投票、锦标赛、比赛等活动。在《动物游戏之谜》一文的教学过程中,首先,教师可以通过电子白板设置选择题、填空题、判断题等多种形式的互动问答环节,让学生在阅读中学习,不知不觉地加深对文本

的理解和记忆。其次,学生互动交流的讨论和分享结果也可以在电子白板上直接展现,从而顺应学生的阅读思考规律,促进学生阅读素养的提升。借助电子白板的优势,教师可以更好地展现作品中的细节和意境,通过丰富的图像、清晰的文字呈现方式,提升学生的阅读体验,同时利用电子白板的互动交流功能,提高学生的阅读素养。

十一、运用网络资源,延展课堂教学内容

互联网是延展高中语文阅读课堂教学内容的重要工具,它可以为学生提供更丰富、更多样化的阅读素材,同时拓宽学生的阅读视野。在教学中,教师应充分利用网络资源,为学生提供更多的阅读素材和文化背景资料,同时也要引导学生深入探讨文本的主题、风格、文学意义等方面内容,提高学生的文学鉴赏能力,培养学生的批判性思维。

以《林教头风雪山神庙》一文为例,教师可以通过互联网为学生提供更多关于小说作者、文化背景等方面的资料。例如,教师可以为学生介绍作者施耐庵的生平经历、文学成就、思想特点等,让学生更清晰地理解小说的文化背景和作者的艺术追求。同时,教师还可以推荐林冲的其他相关内容,如"棒打洪教头""取投名状大战杨志""忘恩义火并王伦"等。此外,教师可以为学生推荐相关的电影、电视剧等资源,让学生对小说情节和人物形象的理解更加深入。例如,1998年央视版电视剧《水浒传》中就有风雪山神庙的片段,教师可以在课堂上播放相关片段,并引导学生交流讨论,比较小说和电视剧之间的异同点,进一步加深学生对小说的理解。另外,通过网络资源,教师还可以为学生提供更多的文学评论和研究资料,帮助学生深入探讨小说的艺术价值和文学意义。

检 测 与 思 辨

1. 用比较阅读的方法分析初中语文课文《沁园春·雪》和高中语文课文《沁园春·长沙》两首词的语言美、意境美及作者的思想感情。

2. 阅读李白的诗歌《望庐山瀑布》《将进酒》《梦游天姥吟留别》《蜀道难》,以"夸张"为主题,找一找中学语文课文中同样运用了夸张手法的作品还有哪些? 他们的异同点是什么?

3. 用思维导图的阅读方法列出《红楼梦》《水浒传》中的人物关系图谱。

4. 收集有关古诗文的媒介视频,并将其作为中学语文阅读教学的辅助案例,帮助学生鉴赏古诗文。

5. 用跨学科阅读方法阅读梁思成的《中国建筑的特征》,结合本文"词汇""文法""可译性"三个核心概念,尝试归纳教材中同一单元的另外三篇文章:屠呦呦的《青蒿素:人类征服疾病的一小步》、加来道雄的《一名物理学家的教育历程》,以及林庚的《说"木

叶"》的跨学科阅读教学内容：

（1）屠呦呦在研究青蒿素过程中，如何实现海量资料的"可译性"？

（2）加来道雄在探索物理世界的过程中，运用了哪些"文法"？

（3）林庚认为中国古典诗歌最重要的"词汇"是什么？有什么作用？

中学语文阅读教学模式

第一节　群文阅读

一、群文阅读的概念

群文阅读从广义上讲,就是读者通过多种不同的方式进行资源获取,实现自我建构和社会建构。从狭义概念上讲,是指把数篇具有相同特征的文章进行搭配,引导学生广泛阅读这些文章,并阐述对作品的认知与理解,获取其中的专业知识,从而培养学生的学科核心素养。[①]

群文阅读是相对单篇阅读、碎片阅读、课堂阅读而言的,它更强调对关联作品的持续性阅读,更注重对作品本身的深入理解以及延伸思考。群文阅读教学贯穿于课堂内外,展现在语文教学实践活动中。教师在语文教学实践活动中,要根据学生学情和课堂实际情况,提出有意义的议题,选择符合教学需求的阅读材料,引导学生开展自主学习、合作与探究。学生可以通过阅读和思考多个文本来讨论群文构建的情况。群文阅读教学是语文课堂中的重要教学模式,是根据一个或多个议题,以学生学习情况为基础,选取与本课教学内容有关联的文本,在课堂上通过集体讨论的方式在规定的时间内达成针对文本内容的共识,解决文本所提出的问题,以实现多文本阅读的教学过程。简而言之,群文阅读是通过文本比较、文本阅读和文本讨论来解决问题的任务驱动过程。

二、群文阅读的核心

群文阅读有两大核心理念——集体建构和寻求共识。集体建构是在个人的基础上,不事先确定议题和答案,师生一同在课堂上进行研讨,在思维共享的过程中逐步构

---

① 李雅琴.“三新”背景下高中语文群文阅读教学策略与研究[J].学周刊,2023(17):58-60.

建文本的意义,在师生共同审视文本的过程中达成共识。集体建构基于学生在参与过程中对文本理解和表达的差异,通过倾听他人观点和看法,接纳不同的思想,最终达成知识学习的共识。群文阅读旨在培养学生的深化阅读能力。群文阅读可以使用多种阅读形式,其中广泛阅读是最基本的形式,因为群文阅读对阅读者的阅读能力要求较高,小组阅读中的广泛阅读旨在深度阅读能力。群文阅读基于明确的阅读任务,以问题探究为导向,不仅需要书面语言阅读能力,还要具备非语言文本思维。群文阅读的主题根据焦点的变化而变化,相应的文本可以以多种方式进行阅读。除了根据主题进行选择,还可以根据文本之间的焦点进行选择。焦点可以是一个问题、一个话题、一个现象、一个概念、一个观点、一个命题,或某种语言知识、能力、思维方式。只要所选文本有值得关注或讨论的点,就可以相互联系,从而将阅读单元聚合在一起。

群文阅读的核心是根据文本之间的联系来阐释文本的本质特征,通过语言中的思维表达、历史精神的传承来提高学生的思考能力和自我意识。所以,群文阅读的目的是发展学生阅读能力、阅读水平、思维鉴赏和审美能力,提高学生的人文知识素养,满足其自身精神成长需求。

三、群文阅读教学发展历程

群文阅读教学的发展历程共分为"一篇带多篇""单元整组""海量阅读""主题阅读"四个发展阶段。

"一篇带多篇"的教学方式,一般做法是先精讲一篇文章或者一个段落,掌握其中的规律和方法,然后选择与精讲类似的文章。教师可以在教材中选择相似的文章,也可以选择课外文章;可以是写法类似的文章,也可以是体裁类似或者内容类似的文章。需要特别注意的是,所选文章与精讲课文要相似度高、关联性强,教师要善于找到这些文章的相似之处,并对学生进行点拨,让学生灵活运用掌握的阅读技能。

"单元整组"的教学方式,是一种基于单元主题,整合课文内容的教学方式。和"一篇带多篇"不同的是,它取材范围局限于教材之内,是一种主题式教学,能够使课内文章的教学更加系统化。教师可以从单元导读入手,确定单元主题,选择精读文章和略读文章,最后进行总结。

"海量阅读"的教学方式,是在集中的时间内完成教材的教学内容,让学生在剩下的时间里大量阅读课外读物,最好全班学生同时读同一本书。阅读方式可以多样化,比如自由读、小组讨论、听录音等方式,这符合"群文"的阅读需求,对于识字、扩大阅读量等方面有极大的好处,但是这种方式不利于培养学生的逻辑思维、信息整合能力。这种教学方式比较适合低年级的学生进行语文知识积累,但不利于高年级学生语文能力的全面发展。

　　"主题阅读"的教学方式,是将听、说、读、写的训练和语文的人文性知识相结合的一种学习方式。主题阅读是在明确的主题的基础上,结合课内外文本,拓展学生的语文学习视野,深入其日常生活。它不仅注重学生语文能力和人文情怀的培养,还致力于学生思维品质与情感精神的提升,对群文阅读的发展成熟起到至关重要的作用。"主题阅读"与"群文阅读"有相似之处,但是"主题阅读"是围绕一个主题展开的多篇阅读,且这个主题多为人文主题,比如自然、亲情、友情等。群文阅读是针对一个议题展开阅读与讨论,文章组合的依据更加多元化,更注重阅读策略、表达方式等方面的学习。随着教育理念的转变,群文阅读在吸收主题阅读的经验的基础上应运而生,并逐渐发展成熟。

四、群文阅读教学与单篇阅读教学的区别

　　单篇阅读教学主要以范文为主,教师在进行课堂教学时往往更注重文本的意义,注重让学生在学习的过程中掌握作者所要表达的观点及思想感情。大部分情况下,单篇阅读是通过对文本中节选内容的阅读来把握作者内心情感的。而群文阅读教学所选择的文本是相对完整的,教师在选择文本时比较注重保留作者个人的风格特色,在教学过程中会鼓励学生采取探究的态度进行阅读,重视学生个人对文本的理解以及文本与人之间的联系。单篇阅读教学是以教师为主导的,学生跟着教师学,同时教师会制订相应的学习目标及学生应该完成的学习任务。而群文阅读则以学生为主导,以学生为课堂的主体,同时教师会鼓励学生进行讨论与提问,目的是发展学生的自学能力,让学生的思维得到发散与锻炼。在教学评价方面,单篇阅读教学要求学生掌握相关知识技能,群文阅读教学则重视学生的批判思维与反思意识的发展。

五、群文阅读的意义

(一)有助于提高学生的阅读量

　　阅读是语文教与学的关键,是学生整个语文知识大厦构建的基础。高考新课标对高中生的阅读量提出了很高的要求,要求学生要多读书、读好书,在阅读中实现学科综合素质的提高。然而以往学生的阅读范围被局限在教材和试卷范围内,一方面让学生难以有机会阅读自己感兴趣的作品,另一方面阅读对象被限定,导致学生的阅读量难以提高。但是在群文阅读模式下,学生不仅要阅读教材中的作品,还要阅读与教材作品有关的文章,这样学生的阅读量就会逐步提高。同时,学生还可以在课后自主选择自己喜欢的文学作品展开群文阅读,逐步拓宽阅读范围,实现阅读量的大幅提高。

(二)有助于培养学生的核心素养

　　根据新课改的要求,教师要立足于培养学生的学科核心素养,包括语言构建与运用、思维发展与品质、文化传承与理解、审美鉴赏与创造等素养。培养学生的这些素养

都可以通过阅读来实现,尤其是群文阅读,学生可以在阅读大量的、自己感兴趣的作品过程中掌握各类题材的语言运用技巧,可以在广泛阅读中领悟作者思维的闪光点,可以在深入阅读中发现文化、传承文化,并且实现审美素养和鉴赏能力的提高。

（三）有助于实现新课标的阅读与鉴赏目标要求

据统计,新教材中群文阅读的篇章数量增多了,在教材中的占比进一步提高,各单元的文章也不再是简单地以作者或体裁来组织,变得更加复杂。《课程标准》指出,普通高中语文课程由必修、选择性必修、选修三类课程构成,将语文核心素养正式纳入培养要求中,并将其作为指导思想。《课程标准》以学生的语文实践为主线,设计了18个"语文学习任务群",这标志着群文阅读正逐渐深入人心,对推动语文教育改革起着重要作用。《课程标准》强调,设置学习任务群可以给语文课堂注入新血液,带来新面貌、新成效,而群文阅读则可以改变"满堂灌"的教学模式,以学习任务为导向,调动学生的积极性。

（四）有助于适应语文高考改革的要求

语文本身就具有文学性,所以高考的命题若材料太偏向于文学方面,也会限制学生的阅读思维,导致学生视野受限,局限于琐碎的分析,这对于新时代人才的综合素养是不利的。因此,高考命题的取材范围逐渐扩大。高考的题型中,作文题每年都是颇受关注的部分,题型不断创新,对于学生逻辑思辨能力的综合性考查要求也更严格。比如2022年全国新高考Ⅰ卷中,作文题目要求考生阐释本手、妙手、俗手之间的关系,具有哲理意味。在写作过程中,学生要解读材料并展现自己的思辨过程,这也是近年高考作文考查的重点。

六、群文阅读教学的组元策略

群文阅读教学的基础在于文本的集合,即群文。群文的选择在群文阅读理论中被称为组元,成功的组元是群文阅读教学成功的前提。在长期的教学实践与理论探索中,关于群文组元的问题,学界已基本达成共识:文本选择必须遵循目的性、兴趣性、可行性三大原则。在群文阅读教学中,教师作为阅读主导者,其主导性首先表现在选文组元这一行为上。选文组元必须在把握学生理解水平的基础上进行,从学生的年龄阶段和理解层次出发,充分考虑学生的兴趣点,旨在通过精心选择的文本材料,激发学生阅读热情和思考的兴趣。群文阅读给高中语文教学提供了更加广阔的发挥空间,教师可以从不同的组元角度出发,通过选择的群文培养学生的语文学科核心素养,从而落实好新课改精神。

（一）依据文体选择群文组元

按照文体选择群文组元,有利于学生深入了解具体文体,进而提高文体意识。不同的文体有不同的特征,其对应的阅读方法也大不相同。通过群文阅读引导学生厘清不同文体的差异、掌握相关文体的阅读方法和写作方法,能有效提高他们的读写能力。部编版高中语文教材的主要特点是设计了"语文学习任务群",且围绕主题中心进行选文。如部编版高中语文必修上册第一单元围绕"青春的价值"这一主题,选择了《沁园春·长沙》《立在地球边上放号》《红烛》《峨日朵雪峰之侧》《致云雀》《百合花》《哦,香雪》等课文。

(二)依据艺术手法选择群文组元

文学作品中,作者往往会借助各种艺术手法来状物抒情,表情达意,传达自己独特的生活体验。读者也是借助这些艺术手法去理解并走进作者的心灵世界的。艺术手法包括修辞手法、表现手法、结构手法等,具有多样性、复杂性的特点。依照艺术手法去选择群文,进行组元,可以让学生对同一写作手法有更全面、更深入的理解。以诗歌中的情景关系为例,教师可选柳永的《雨霖铃(寒蝉凄切)》、杜甫的《月夜》、刘禹锡的《金陵五题·乌衣巷》进行组元,这些诗词运用了借景抒情、情景交融、景中寓情三种类型的表现手法,能让学生掌握情景关系中三种具体类型的区别——情感的显隐程度。以虚实结合为例,教师可以选《沁园春·长沙》《梦游天姥吟留别》《雨霖铃(寒蝉凄切)》进行组元,这些诗词运用了虚实结合中虚写的三种情况:回忆过去、设想未来、书写梦境。有恰当的文本,才便于比较,通过比较,才能加深学生对这些艺术手法的理解。

(三)依据作家选择群文组元

文学的长河是人类的心灵史,记录者是那些伟大的作家,作家的伟大,源于他们非凡的人格魅力。他们站在时代的风口浪尖,用文字记录个体生命在时代中的悲欢。不管是屈原的《离骚》、司马迁的《史记》,还是陶渊明的田园诗,都是伟大的人格凝成的伟大作品。李白笑傲王侯、举杯邀月的豪放,杜甫忧国忧民、忠君爱国的赤子之心,苏轼超然物外、还酹江月的洒脱……他们身上闪耀着璀璨的光辉。学习他们的作品,就是让学生仰望伟大的人格,学习高贵的品质。

《课程标准》的一个中心目标,就是要落实立德树人的根本任务。《课程标准》明确指出,"坚持立德树人,增强文化自信,充分发挥语文课程的育人功能"[①]。依据作家选择文本,有利于培养学生的思想品德,同时还有利于学生更直观地理解"知人论世"的文学批评原则。以杜甫为例,教师可以选取他在安史之乱前后不同时期的作品,让学生通过阅读作品了解诗人的生命历程,从而真切感受诗人高贵的思想品质。

---

① 中华人民共和国教育部.普通高中语文课程标准(2017年版 2020年修订)[M].北京:北京师范大学出版社,2020:1.

（四）依据阅读方法、技巧选择群文组元

阅读讲究方法和技巧，如朗读、默读、精读、略读、速读、跳读等。不同的文体和不同的阅读目的对应着不同的阅读方法。阅读的方法与技巧的习得，一方面来自长期阅读实践中的积累，另一方面来自阅读者的主动学习。让学生掌握一定的阅读方法与技巧，是提高他们阅读能力的关键。群文阅读通过"群文"——多文本的形式，给予了学生积累阅读经验、掌握阅读方法的便利。群文阅读的组织者应该从阅读引导者的身份出发，通过文本选择的方式引导学生学习、掌握一定的阅读方法与技巧。

阅读的方法与技巧丰富而多元，例如，怎样分析小说的情节、怎样把握小说的结构、怎样把握小说中的人物形象、怎样分析小说中的细节描写等。文学作品的中心是人，不同文体在塑造人物形象时使用的手法不同，但目的一致，都是为了刻画生动的人物形象。我们可以围绕"怎样分析人物形象"这一技巧，选择诗歌、小说、叙事散文、戏剧等不同文体的不同文本，让学生在比较阅读中积累阅读经验，掌握阅读方法和技巧。

（五）依据作品产生的时代选择群文组元

不管是从作品的文体、语言上看，还是从作品反映的主题思想上看，文学作品都具有典型的时代特征。依据作品创作的时代选择群文组元，既有利于学生加深对一种文体的理解，也有利于学生透过相同文体的文本了解与感知一个时代的文化。作品产生于作家所处的时代，又反映着这个时代的特征，每个时代都拥有符合自己时代特征的文学主题。相同的社会背景、文化传统，相似的人生经历，让同一时代的作家不由自主地将目光聚集于同一个点上。汉代大赋流行，是对天下一统、国家和平稳定的回应；魏晋时期战乱频繁，因而崇尚清谈，文人墨客们关注人生，并展开了对生命意义的讨论；唐代初期，社会安定，边塞诗盛行；唐代中期，国家由盛转衰，人们展开了对安史之乱的思考；南宋由于受到少数民族政权的威胁，产生了大量的爱国主义作家和爱国主义作品。总之，创作于特定的时代背景下的作品一定会打上时代的印记。依据作品产生的时代选择群文组元，恰恰是要我们既要"知人"，更要"论世"，要把握作品产生的时代的特征，进而理解作品。这就要求我们既要引导学生从微观层面理解作家个体，又要引导他们将作品放置于时代的大背景中去探讨。在很多情况下，时代背景是理解作品深意的关键。例如李清照的"至今思项羽，不肯过江东"，只有把作品置于南渡的时代背景中，结合作者的人生变迁，我们才能理解该诗不仅仅是对英雄的赞美，更是对统治者的讥讽。

七、群文阅读教学方法

（一）合理拟定议题，科学确定群文整合点

《课程标准》提出的学习任务群概念是编写语文新教材的参考。语文教师在进行群

文阅读教学时,需要深入解读教材知识的排列规律,并将其与语文学习任务群准确对接,挖掘明确的群文议题,指引学生自主对教材中的相关知识进行汇总梳理,将分散在各个单元、各篇文章中的零散知识点有序归纳到对应的学习任务群中,帮助学生建立系统化的知识框架。

例如,在教《故都的秋》一文时,教师可以"同一座城、不同的景、不同的情"作为组文议题,选取《荷塘月色》《我与地坛》两篇散文组建群文进行阅读教学;也可以"不同的秋天、不同的况味"为议题,选取《秋天的况味》让学生进行联读。根据不同的议题、从不同的角度分析文章,可以在开阔学生视野的同时,提升学生的阅读鉴赏水平。

以部编版高中语文必修上册第二单元为例,本单元教学内容中呈现了以《"探界者"钟扬》为代表的四篇现代文作品和两篇描写古代劳动情境的诗歌作品,内容虽然都与劳动有关,但并不仅限于对劳动进行歌颂赞美,而是进一步拓展至对于职业价值、无私奉献及个人责任等方面的思考。单元教学目的是帮助学生建立崇尚劳动、尊重劳动的价值观,同时引导学生结合时代特征发掘劳动的深层价值与内涵,从而对自身的未来规划有更加明确和深入的思考。教师在确定本单元群文议题时,可将其与《课程标准》的学习任务群中的当代文化相结合,将劳动的内涵进一步提升至人生规划这一层面,引导学生通过对本单元六篇作品的阅读,思考新时代的劳动者需要具备怎样的精神与品质、应该怎样努力奋斗来实现自身的理想。通过群文议题的设定、学习、思考,帮助学生把握时代文化特质,建立正确的劳动观、世界观、人生观与价值观,从而落实立德树人的根本任务。将人生规划这一议题有效渗透至单元群文阅读教学,能够给予学生明确的学习指引。

又如,在教《哈姆莱特(节选)》一文时,教师应收集与之相关的文本资料,并推荐给学生。《哈姆莱特(节选)》讲述的是丹麦王子为父报仇的故事,文本主线是报仇,并详细描写了整个报仇的过程。在完成该篇课文的教学后,为了让学生准确把握莎士比亚的创作背景和作品风格,教师可为学生推荐莎士比亚的其他作品,如《麦克白》《李尔王》《奥赛罗》等。以上四本著作被称为莎士比亚的"四大悲剧",其中《李尔王》讲述的是一个专制独裁的国王,因其刚愎自用最终导致悲剧发生的故事;《麦克白》讲述的是主角在妻子怂恿、自身野心的驱使下,刺杀国王但反被国王儿子杀死的故事;《奥赛罗》讲述的是奥赛罗因听信谗言杀死妻子并自杀的故事。以上作品都以悲剧结尾,反映了多种类型的社会黑暗现象。

围绕同一主题选择相应的文本,既可让学生从更多角度准确把握莎士比亚的作品风格,也能更好地理解《哈姆莱特(节选)》的内涵,其学习效果也会得到显著提高。

(二)创设真实情境,打造学习活动任务群

新教材收录的文章力求贴近学生的生活实际与认知水平。教师在开展群文阅读教

学时,需要紧扣学生发展目标为其创建具有综合实践性的学习情境,以便充分凸显学生的学习主体地位,使其能够根据学习情境展开交流互动、合作探索,促使学生通过群文阅读提高解决现实问题的核心素养能力。教师在确定群文议题后,需要根据教材中呈现的文本特点,为学生创设真实的学习情境,让学生能够根据现实情境进行语言表达,进行得体规范的交际对话。

例如,在部编版高中语文必修上册第二单元的群文阅读教学中,教师可采用与社区合作的方式为学生设置学习情境,让学生挖掘社会生活中具有代表性的劳动人物的故事,如退伍创业的老兵、从事社会服务的大学毕业生、参与乡村振兴工作的基层干部……鼓励学生对不同群体进行人物专访,学生在深入了解人物事迹后,重新回顾文章内容。教师通过这种方法可以在引导学生深入剖析文本的同时,让学生适当地从文本中抽离出来,回到社会生活中,思考文本中的语言、文化及传达的思想信息。教师可以要求学生将读写结合起来,让学生在深入体会本单元的人物通讯、新闻评论、诗词三种文体的语言特色后,结合具体的应用情境展开写作练习,同时,要求学生通过自身的思考,进一步探索劳动的意义,对群文议题的现实性进行思考。

再如,在教《静女》时,教师就可将议题确定为“诗经”,并整合与议题相关的文本,如《采薇》《氓》《蒹葭》等,开展群文阅读活动。上课时,教师要先激活学生的学习热情,借助多媒体设备播放诗歌的朗读音频,使学生在聆听过程中准确把握句子结构与字词。之后,教师就可创设教学情境,借助多媒体设备展示与《诗经》相关的图片,介绍其内容。《诗经》是我国第一部诗歌总集,其中收纳了 305 篇诗歌,呈现了从西周初年到春秋中期的社会风貌,包含丰富多彩的内容。此外,教师还可为学生播放《诗经》的相关视频,让学生了解多种不同的主题内容,如压迫反抗、劳动爱情、风俗婚姻、战争徭役等,加深学生对课文内容的理解。完成情境构建、前期铺垫后,学生就能对文本内容产生充足的兴趣,阅读效率自然也会得到显著提升。

(三) 多样组合文本,促进学生个性化发展

在整合教材文本的基础上,教师需要根据文本特色采用不同的组合方式,以便能够在拓展群文素材的同时,有效深化学生的认知。在这一过程中,教师需要重点关注两个方面,一是阅读内容与教材之间的衔接,二是文章主题与学习任务群之间的衔接。如此才能够避免随意引入课外文章材料而导致群文阅读杂乱无序的情况。教师可以通过以下两种方式进行不同文本的组合。

一是并列法。用并列法组合文本,就是教师所选择的文章内容与教材文本之间没有直接联系,不会彼此干扰,但是能够紧扣群文议题,使学生能更加深入地掌握群文思想。

例如,在部编版高中语文必修上册第二单元的群文阅读中,教师可引入《匠人》《新时代的敬业精神》《瓦猫》等作品的节选片段,引导学生对当前社会中的劳动者的品质进行解读。在选择性必修中册第二单元《荷花淀》《党费》的群文教学中,教师可引入《百合花》《蜡烛》等作品,引导学生领悟战争年代女性的光辉形象。

二是对比法。对比阅读的目的是加深学生对文本语言风格、思想主旨的感悟,使其能够基于不同情境、不同需求及不同人群思考语言的表达风格与技巧,从而全面提升语言表达能力、理解鉴赏能力,以及文学素养。同时,这一方法对学生树立正确的人生观、价值观也具有积极的意义。

例如,在部编版高中语文必修上册第三单元的实用类群文阅读中,教师可以新闻、演讲词为主题,为学生引入社会新闻、人文传记、演讲等应用于不同情境的文章,使学生能够对比不同文章的语言差异,进一步提高自身在社会活动中运用语言文字的技能。教师还可以在《过秦论》《五代史伶官传序》的阅读教学中,引导学生对比作者说理的不同方法、不同角度及作者总结的不同历史教训,鉴古而知今,彰往而察来,增强学生的历史使命感和时代责任感。

(四)鼓励合作学习与讨论,促进群文阅读交流

在群文阅读活动中,教师要鼓励学生合作学习和互相讨论,分享不同的观点和解释。教师可以组织小组讨论、辩论或合作活动,让学生一起探讨群文作品,从而提高他们的理解和分析能力。

例如,在教《滕王阁序》《逍遥游》《陈情表》等文章时,教师可以组织小组讨论、辩论或合作活动,让学生一起探讨群文作品。如王勃的《滕王阁序》描写了滕王阁的壮丽景致,通过华丽的文字和深刻的思考,引发读者对历史和人生的思考。庄子的《逍遥游》引导我们思考人生的价值观和生活的本质,文章提出了"逍遥"之道,引发了我们深刻的哲学思考。李密的《陈情表》则充满激情,感情浓郁深厚、凄恻婉转、真切自然,表达了自己矛盾复杂的思想感情,富有感染力。教师将这些文学作品结合起来,组织群文阅读活动,让学生分享对历史、哲学和情感的理解。学生可以分成小组,每个小组负责分析其中一篇文章,然后进行讨论,分享他们的观点和感受。这有助于他们从不同的角度来理解这些文学作品,拓宽他们的思维边界。在群文阅读活动中,教师可以充当引导者的角色,鼓励学生提出问题、发表见解,并引导他们探讨文章背后的深层意义。通过互相讨论和合作,学生不仅可以更好地理解这些文学作品,还可以提高团队合作的能力和批判性思维能力。

(五)对比文章内容,突出阅读特点

在进行群文阅读时,教师应采用对比教学法,引导学生在阅读时分析不同文章之间

的区别,可从作者背景、文章结构、写作方法、文章内涵等角度入手,逐步提高学生的阅读能力。

例如,在教《荷花淀》时,教师就可从课文内容出发开展群文阅读活动,并挑选《小二黑结婚》《党费》等文章。在具体的教学过程中,教师可提出多个学习任务:一是为《小二黑结婚》《荷花淀》《党费》设置群文阅读议题;二是寻找以上三篇文章的相同点和不同点;三是在组内交流与互动、达成共识后填写表格内容。在讨论和交流后,学生可能会达成这样的共识:《荷花淀》塑造了一群勇敢、勤劳的农村妇女形象,她们热爱祖国,始终保持着积极乐观的心态;《小二黑结婚》则塑造了老一代的农民形象,他们愚昧、落后,但在新思想的影响下,他们的思想观念也在逐渐发生变化;《党费》塑造了一群热爱国家、对党忠诚的革命者,并赞扬了其敢于牺牲、顽强拼搏的革命品质。以上三篇文章拥有相同点,即通过对女性的描写,表现新生与苦难的主题。在小组交流、独立思考过程中,学生不仅能充分表达自己的想法和观点,也能了解更加多元化的见解,其文章鉴赏能力也会得到显著提高。

(六)设置疑问导读,激活思维能力

在正式教学前,教师应从文本内容出发提炼多个问题,利用问题活跃学生思维,使其能在解决问题的过程中掌握文章内涵,积累更多的语文知识。

例如,在教《梦游天姥吟留别》时,教师可将群文阅读的议题确定为"解读文化",选取的文章包括《短歌行》《念奴娇》《归园田居》等。在第一课时中,教师可先提出一些开放性较强的问题:"如果你现在生活在古代,那么你想成为谁的邻居,为什么呢?"这个问题具有较强的开放性,每个学生都可表达自己独特的观点;同时还可将历史情境与语文知识、课堂教学氛围结合起来。学生阐述自己的观点后,教师可为学生介绍陶渊明、李白、曹操、苏轼的个人经历,及这些人在人生道路上遇到的困难和解决这些困难的方法等,并再次提出问题:"在这种困顿的人生之中,这些古人是否活出了独特的精彩?是否呈现生命的诗意?"在反复阅读和思考过程中,学生能逐渐把握其中的"诗意",能领会李白的诗意就是寄情山水的浪漫,曹操的诗意就是要招纳更多的贤才……在该节课中,恰到好处的提问能活跃学生的思维,使其深入了解不同诗人在面对理想与现实时,所做的各种选择与思考,从而更加细致、深入地解读诗人的精神世界。在这个过程中,学生的个人文化素养也会得到同步提高。

(七)问题引思,进行群文阅读思考

在群文阅读教学中,教师要采用问题驱动教学的方法帮助学生明确自主阅读思路,引导学生深度解读文本,领会文本的核心思想。在设计群文阅读的问题时,教师要抓住单元中不同文本的共同点设计具有梯度性、探究性、开放性的问题,将学生划分为若干学习小组,让小组成员共同讨论并解决问题,深入剖析文章的人文主题和艺术特色。

比如,《祝福》《林教头风雪山神庙》《装在套子里的人》《促织》《变形记》这五篇文章,均属于小说体裁,其情节都是作者结合社会经验虚构的,都是通过对典型人物的刻画反映当时的社会形态。为突出群文的阅读价值和育人意义,教师可以将群文阅读议题设为"辨析人物,体会人情世态",以小组合作的方式在阅读后解答一系列问题,帮助学生抽丝剥茧,深度分析文本。具体问题可设置为:五篇小说在描写人物时分别采用了什么手法?在人物描写上有哪些共同特征?五篇小说中的人物形象在故事情节发展中发生了哪些变化?故事情节的演进以及人物形象的变化,对呈现文本主旨产生了哪些影响?上述问题具有层层递进的关系,能够引导学生深入解读小说中的故事情节和人物形象,进而自主探究群文阅读议题,了解特殊时期的社会形态。

(八)语言切入,品味群文意蕴

语言建构与运用是语文学科核心素养之一。在群文阅读教学中,教师要重视学生语言建构与运用能力的培养,帮助学生积累更多的语言知识,让学生感受名著名篇之中的语言美,体会语言背后的深义,夯实学生群文阅读理解的基础,提高学生组织语言的思维能力。

比如,《窦娥冤(节选)》《雷雨(节选)》《哈姆莱特(节选)》三篇文章,均属于戏剧体裁。在该单元的群文阅读教学中,教师要确立提高学生语言建构与运用能力的阅读目标,引导学生关注文本的语言运用形式,让学生更加深入地理解语言运用意图,通过品位文本语言,理解文本语言背后深层次的内容。教师可以抓住群文阅读的语言关键点,并将其作为阅读主线,帮助学生理清文本情节脉络。在《窦娥冤》的阅读中,教师可以窦娥的三个"怨"为阅读切入点,让学生体会人物思想情感的变化;在《雷雨》的阅读中,教师可以周朴园的七个"好"为阅读切入点,引导学生鉴赏人物形象;在《哈姆莱特》的阅读中,教师可以哈姆莱特的五句"出家去吧"为阅读切入点,让学生感悟语言意蕴。群文阅读教学要重视对群文语言特点的解析,帮助学生理解文本语言运用的目的,使学生掌握更多的语言运用方法。通过分析和对比不同文本的语言风格,教师可以带领学生深入探究文本的内涵,对比不同诗歌的韵律、散文的叙述方式、小说的语言特点等,让学生领会不同文本的独特之处,理解不同语言风格所传达的情感和思想。教师可以提出一些问题,引导学生分析文本中使用的修辞手法、表现手法,如比喻和象征等,提高学生的语言理解能力和表达能力。教师可以将《声声慢·寻寻觅觅》《永遇乐·京口北固亭怀古》《念奴娇·赤壁怀古》这几首词放在一起开展群文阅读,让学生分析这几首词的语言风格。《声声慢·寻寻觅觅》以柔婉细腻的语言描绘了思念之情,作者通过运用叠词、排比和对仗等修辞手法,增强了词的韵律美和节奏感。《永遇乐·京口北固亭怀古》语言风格豪壮悲凉,文中多用典故。《念奴娇·赤壁怀古》的语言风格豪放磅礴、壮丽奔放,运用了夸张的修辞手法和富有节奏感的词句,增强了词的气势和感染力。

(九)通过人物形象,开展群文阅读

教师可以将人物形象作为切入点,组织学生开展群文阅读活动。通过关注文本中的人物形象,引导学生深入了解人物的性格及其与故事情节的关系,培养学生的观察力和思辨能力。教师应选择一系列具有鲜明特色的人物形象的文本材料,如小说、剧本、传记等,这些文本中的人物形象丰富多样,个性鲜明,生动形象。教师要引导学生讨论和分析文本中的人物形象,分析人物的外表特征、言谈举止、内心感受等,带领学生深入思考人物与故事情节之间的关系。学生可以通过分析人物的性格、动机和行为,推测人物在故事中的作用,进而理解故事的情节和主题。教师可以将《祝福》和《雷雨》这两部作品放在一起组织群文阅读。《祝福》中的祥林嫂是一个受封建礼教压迫的劳动妇女,其遭遇体现了旧中国劳动妇女的命运,揭露了封建礼教吃人的本质。《雷雨》中的周朴园是一个冷酷、专制和伪善的资本家,依仗其权势和财富凌驾于众人之上。相比之下,鲁妈是一个心地善良的人,但备受欺辱和压迫。作品通过这些人物的形象展示了封建社会中地主阶级的专横和冷酷,以及被压迫者的软弱和无助。学生通过阅读这两部作品,可以发现祥林嫂和鲁妈都是受到封建社会压迫和不公正待遇的代表。这些形象的塑造揭示了社会中不同阶级和个体之间的矛盾与冲突,能够引发学生对社会不公的深刻思考。通过分析这些人物形象,学生可以更深入地理解作品所揭示的社会问题和人性的复杂,使学生对社会现实有更加深刻的认识。

(十)延伸阅读拓展,促进自主探索群文世界

在群文阅读中,延伸阅读不仅能拓展学生的文学世界,还能提高其思维能力。在实际教学中,教师可以引导学生进行延伸阅读,挖掘与文本相关的其他作品,进一步拓展他们的阅读范围。教师要鼓励学生自主选择阅读材料,通过引导学生了解作品创作的时代背景、思想观念等,帮助学生更好地理解文本内涵,进而提出独到的见解。

例如,在讲解《林黛玉进贾府》《祝福》《老人与海》等文章时,教师可以从历史角度入手。在讲解《林黛玉进贾府》时,教师可以引导学生了解清朝统治下的封建社会的特点,如官场斗争、权谋算计等,以及女性在这个时代的地位和命运。同时,也可以将鲁迅《祝福》中的祥林嫂与林黛玉进行对比,让学生思考不同历史背景下女性的遭遇。同时,教师可以引入哲学思考,在解读《老人与海》时,和学生一起探讨主人公圣地亚哥的坚韧和顽强精神,并将其与中国古代哲学中的"坚韧不拔"思想相联系。通过比较不同文化背景下的坚韧精神,学生可以更深刻地理解作品的主题。此外,社会议题也是一个重要的切入点。教师可以与学生一起分析《祝福》中的社会不公和贫富差距,与《林黛玉进贾

府》中贾府的富贵场景相对照,引导学生思考社会阶层和人性的问题。通过这种综合性的阅读方式,学生不仅可以深入理解文学作品的内涵,还能够拓宽他们的阅读视野,培养其独立思考的能力和批判性思维能力,有助于学生应对新高考中的综合阅读考题。

(十一)融合跨文化元素,拓宽群文阅读视野

教师应深化学生对不同文学流派、风格的理解,引导学生阅读一些批评性的文章和研究成果等,培养他们的独立思考和研究能力。

例如,在讲解《哈姆莱特(节选)》《雷雨(节选)》《窦娥冤(节选)》等文章时,教师可以引导学生深入探究这些作品共有的主题,从而拓展他们的群文阅读范围。这三篇文学作品的创作时代、地域和题材虽然不同,但他们的深层内涵都涉及人性的复杂性、命运的无常以及对道德与正义的探讨。其中《哈姆莱特(节选)》中的人物命运多舛,主人公的矛盾心理和对命运的抗争,与《雷雨(节选)》中人物之间的命运纠葛有异曲同工之妙。而《窦娥冤(节选)》则通过讲述窦娥的故事,探讨了社会不公与个人命运。这些作品共同展现了人在不同环境下所面临的抉择和挑战,引发了人们对人性、道德、命运等问题的思考。延伸阅读是对这些主题的进一步探究,例如,阅读莎士比亚的其他悲剧作品,比较不同作品中人物的命运和心路历程。通过延伸阅读,学生可以加深对于人性、命运、社会等问题的理解,提高跨文化的思维能力。学生可以了解不同学者对于这些作品的解读和观点,进一步提高独立思考和批判性思维能力。通过自主探索不同作品、不同观点,学生可以提高其批判性思维能力、跨文化交流能力以及独立研究能力,从而更加全面地理解和把握群文阅读的精髓。

第二节　整本书阅读

在新课改背景下,整本书阅读成为高中语文阅读教学活动的重要组织形式之一,旨在引导学生通过读好书、读整本书,开阔语文视野,储备丰富的语文知识,积累阅读经验,从而培养学生语文学科核心素养。"整本书阅读与研讨"任务群是《课程标准》中提到的第一个任务群,也是为数不多的贯穿必修、选择性必修和选修三个阶段的任务群,可见其重要性。当前,中学生的阅读仍停留在零散的、浅层次的阶段,教师的阅读指导更侧重于单篇文章,而整本书阅读是将语文课外阅读转化为集中且深入的阅读模式,以学生为主体,以教师为指导,旨在拓宽学生的阅读视野,帮助他们积累阅读整本书的经验,从而推动学生更加深入地学习与思考。

一、整本书阅读教学的内涵与特点

（一）整本书阅读教学的内涵

整本书阅读是新课改背景下语文学科领域提出的全新教学概念,旨在培养学生正确解读整本书结构,利用整本书的要素高效提炼和归纳阅读重点,从整本书阅读中获益的能力。整本书指的是蕴含创作者深刻思想、具有连贯创作手法、内容首尾契合的著作。整本书相对于片段、节选来说,整体性更高,也更有助于学生从头到尾掌握文本的主要内容以及核心思想。从狭义层面来看,整本书包括封面、序言、导读、章节、出版情况以及尾页等,要求学生能够通读整本书的内容,掌握整本书的结构。整本书阅读是指完整地、系统地、多角度地了解一本书的主要信息,深入地、全面地解读一本书的主要思想,把握创作者的核心观点。整本书阅读是与短文阅读相对应的概念。整本书阅读教学是指以学生为主体、以学习为中心,学生在教师指导与同伴帮助下借助自身经验参与阅读活动,在获取信息的同时对信息进行个性化解读、分析与理解,实现多维度互动并获得深度的情感、审美体验,实现核心素养、阅读能力、思维水平、文化品格综合提升的阅读教学活动。[①] 整本书阅读旨在提高学生的阅读思维能力和语言运用能力,关注对学生的语文综合素养的培养。整本书阅读教学的目标是提升学生综合能力,采取有效教学路径促进学生语文能力全面发展。

（二）整本书阅读教学的特点

1. 整本书阅读教学具有整体性

整本书阅读教学的整体性一方面指阅读的书籍的完整性,即要通读书籍的全部内容,要求学生在阅读书籍过程中能够遵循其写作逻辑,按照书籍的章节或前后顺序,系统地进行阅读。另一方面,整体性强调学生在阅读一本书的过程中,既要能够保持对书籍的系统了解,也要能够根据创作者的写作背景和时代环境,剖析作品背后的意义,能够从多个角度了解和把握书籍的核心思想和精神内涵。

2. 整本书阅读教学具有引导性

整本书阅读教学要求教师以学生为本,走在学生前面,先行了解整本书的科学阅读方法,从而给学生教授正确的阅读方式。不仅如此,整本书阅读教学所具有的引导性,要求教师既要引导学生树立正确的阅读意识,又要引导学生在广阔的书籍海洋里,吸收书籍蕴含的深刻思想,从而形成对文本的深刻认知。

3. 整本书阅读教学具有体验性

书籍是创作者情感与智慧的结晶,蕴含着丰富的精神力量和情感元素。学生展开

---

① 莫斌.《乡土中国》整本书阅读项目式学习专题研读课探究[J].教育科学论坛,2022(20):63-65.

整本书阅读的过程,是一个从不了解到了解再到理解的阅读行为过程,更是一种加强情感体验与思想交流的过程。整本书阅读教学通过引导学生完整系统地阅读一本书,让学生感悟阅读书籍带来的审美体验,深刻感知书籍的思想体系。

4. 重视过程

整本书阅读的阅读量较大,因此,在阅读指导课上教师要重点教授学生阅读的方法、技巧,而对语言风格的把握、文本脉络的梳理、宏观语篇分析等则需要学生自主完成,但教师需要以指导者、监督者、引导者等身份参与学生的整本书阅读过程,及时帮助学生解决问题、采集学生反馈信息,并为学生提供指导。

5. 课内外一体化

整本书阅读教学是课内教学与课外实践相结合的弹性教学,突破了教学空间对阅读活动的限制。课内教学的关键在于激发学生阅读兴趣、帮助学生初步感知整本书的内容;课外实践的核心在于促进学生养成良好的阅读习惯,帮助学生进行个性化理解。

二、整本书阅读教学的意义

(一)增强阅读认知能力,提升综合阅读能力

整本书阅读教学旨在让学生能够全身心地投入书籍阅读当中,从而提高其语文综合阅读能力。整本书阅读教学对增进学生的语言表达能力与文字运用能力具有不可替代的作用,而这些能力背后的认知能力,则是学生进行语言表达的重要基础。一些经典著作所蕴含的对世界以及社会的深刻认知,会对学生的认知产生潜移默化的影响,能够开拓学生的阅读视野,引导学生自主参与整本书阅读活动。

以经典著作《平凡的世界》为例,这部经典小说讲述的是 1975 年到 1985 年中国陕西黄土高原上的城市和农村的人们与命运搏击的故事,具有强烈鲜明的时代痕迹。教师可以引领学生深入阅读《平凡的世界》,从中学习作者遣词造句的方式,还可以了解那个时代的青年关于世界以及自我的认知。

阅读《平凡的世界》之前,教师可以根据学生的阅读情况设置以下几问题:主人公孙少平与田晓霞、孙少安与田润叶、孙少安与贺秀莲等人之间的人物关系是怎样的? 如何看待孙少平与孙少安的成长经历? 孙少平与孙少安的命运反映了怎样的时代缩影? 在教师的主导下,通过师生共读、学生自我研读以及小组共同阅读的方式,学生能够通过对主人公成长背景的剖析了解孙少平与孙少安两位青年人通过努力奋斗改变自身生存环境、改变自身命运的故事。对该著作的阅读能够激发学生关于人生以及未来的思考,进一步深化学生关于在新时代如何塑造自我本领、加强自我奋斗的思考,强化学生对世界、社会、自我的认知。

（二）掌握整体视野，培养独立思维

整体性是经典著作整本书阅读教学的重要特征。在贯彻落实整本书阅读教学策略的过程中，整体性表现在阅读和教学两个方面。在经典著作整本书阅读教学过程中融入整体性，有助于开拓学生的阅读视野，培养学生的自主阅读能力和独立思考能力。首先，在整本书阅读教学过程中，学生要依据教师的引导认真阅读选定的书籍，从书籍的封面到尾页一字不落地完成阅读，在此过程中，教师应当鼓励学生自主利用课余时间和课堂时间，认真分析书籍的来龙去脉，了解书中的精神内涵。其次，在整本书阅读教学过程中，教师要发挥引领性和前瞻性的作用，要在规定的时间范围内引导学生独立完成一本书的阅读，也要让学生在阅读书籍的过程中深刻把握书籍的历史背景以及思想内核，从表面阅读向深度阅读递进，透过书本的文字，深入理解文字背后的深刻含义，从而提升独立思考能力。

以经典著作《乡土中国》为例，这本书以中国基层的乡土社会为研究对象，重点描绘了由文化传承、道德理念、家族关系以及权力结构等多重因素综合而成的乡村生活景象。在研读这本著作的过程中，教师应当以"作为中国基层社会的乡土社会究竟是个什么样的社会"为切入点，激发学生的阅读兴趣，让学生带着这个问题展开深度阅读。教师与学生共同阅读的过程中，要试图引导学生观察乡土社会的风土人情以及传统习俗，使得学产生代入感和亲近感。不仅如此，教师也要引导学生在了解乡土社会的过程中，看到渗透在《乡土中国》这本经典著作背后的浓厚的乡土情结及其蕴含的中国传统文化。基于此，教师可以引导学生透过生活景象的外在描述深入理解中国乡土社会，让学生的视野不再局限于某一领域，而是通过阅读书籍建立整体视野，增强对中国社会传统文化的认知，深化对乡土社会、中国社会以及未来社会的思考。

（三）关注经典著作，提升内在文化底蕴

经典著作是一个时代的文化精髓，是一个民族的思想积淀，也是创作者思想理念和文化气质的体现。通过阅读经典著作，读者能够与优秀的学者进行思想上的对话和交流。经典著作整本书阅读是学生在语文课程的学习中，运用个性化的阅读方法、围绕整部经典作品展开的，是与作者、文本、教师、同伴对话的过程。教师要引领学生开展经典著作整本书阅读活动，让学生在信息爆炸的时代拥有一个与优秀作者对话的机会，让学生在纷繁复杂的信息时代关注经典著作，在提升自身文化素养的同时，传承与发展经典文化。以《红楼梦》为例，《红楼梦》蕴含深厚的传统文化，具有无可取代的文化研究价值。《红楼梦》是典型的古典章回体小说，其精致严谨的叙事风格和"草蛇灰线"的写作方法可以非常好地帮助学生积累整本书阅读经验，弥补和修正碎片化阅读造成的片面、粗糙的阅读习惯。教师要引导学生梳理《红楼梦》人物的关系，尤其要引导学生明确伏

线、诗词等写作方法,并在此基础上分析不同人物的性格特征以及命运;要引导学生独立思考《红楼梦》的深刻内涵,厘清复杂的人物关系,理解这部文学经典的本质要义。让学生了解《红楼梦》"大旨谈情",以及作者行文构思的技巧与遣词造句的方式,从而提升语言运用能力。学生还可以通过阅读《红楼梦》中的诗词,提高传统文化素养,深化对传统文化的认知。

(四)弥补教材节选文的不足,提供完整的阅读世界

《课程标准》明确指出:"普通高中语文课程,应使全体学生在义务教育的基础上,进一步提升语文素养,形成良好的思想道德修养和科学人文修养,为终身学习奠定基础。"[1]所以教师要围绕"整本书阅读"设计语文实践活动,注重培养学生的语文核心素养,运用新媒体打破时空界限,让学生的语文学习和生活相融合,运用优质范本激发学生的学习兴趣和动力。每一个时代对人才的基本要求都不同,但心灵美好、胸襟博大、志向高远都是基本要求,这些可贵的精髓都能在经典的著作中找到。整本书阅读是学生与书本交流情感、碰撞思想,触摸另一个熟悉或陌生世界的过程。阅读是一种思想活动,当学生全身心地投入文学作品时,他必然会将自己的生活体会代入,把他的个体情感经验和内心的思考与书本内容进行联系,在文学作品中找到自己内心隐藏的声音,从而被文学打动,最终建构起能与作者、他人沟通的完整的阅读世界。当学生将自己的生活和书中的世界联系起来时,学生就可以在书中找到自己的影子,从而进一步加深对生活的理解。

当前的高中语文教材所选的文本大多是篇幅较短的小说,或是节选名著中的片段内容作为课文,以"选文"的形式进行编订,学生只能读到原著中的部分情节,前后内容没有连贯性,这样的编订并不能体现整本小说的魅力,也无法将一个完整、丰富的故事展现给学生。因此在学习之余,教师还应该引导学生阅读整本名著。教材中选文是编写者立足于课标选取的,旨在利用有限的课时提高学生的语文素养,同时可以更高效地完成教学目标,但这种选文的方式必然会产生诸多问题。一方面,它割裂了作品内容之间的关联,使学生难以感受整部小说的艺术魅力,也不能有效地解决当前学生阅读浅层化、零碎化的问题。另一方面,在教授"节选"于某一小说的单篇课文时,教师为追赶教学进度,常会把"节选"课文当成整本书阅读的缩影分析范例,而忽略了原著中其他章节的内容。这种做法往往会导致整本书阅读课堂变得单调且缺乏灵活性。

---

① 中华人民共和国教育部.普通高中语文课程标准(2017年版2020年修订版)[M].北京:人民教育出版社,2020:3.

三、整本书阅读教学的优势

（一）长短融通，培养学生对多元文本的处理能力

整本书阅读能有效融合并发挥长篇幅阅读内容与短篇幅阅读文本的教学优势，使学生通过差异化文本学习，深入理解长篇幅阅读内容与短篇幅阅读文本在阅读理解、信息提取方面的差异。学生能通过对比自主总结长、短篇幅阅读的方式方法，提高对多元文本的处理能力。

（二）观点互促，培养学生的多元阅读思维品质

整本书阅读能进一步拓宽学生的阅读视域，为学生提供文学观点的交流的平台，使学生的多元化阅读思维品质得到同步发展。整本书阅读教学过程中的互动讨论、合作阅读等活动，能缩减学生阅读中的思维层次差异，提升学生阅读境界，促使学生从整本书阅读中获得更深层次的学习收获。

（三）带领学生领会语言中所蕴含的幽默与讽刺意味

整本书尤其是小说都有丰富的人物活动和心理描写，能够体现作者深厚的语言功底。比如老舍《四世同堂》的叙述语言颇具韵味。老舍先生是土生土长的北京人，所以他的写作语言中夹杂着一股独特的"京味儿"，他运用了大量的方言口语词汇，这种独特的语言风格使他的文章具有幽默感，独具一格。老舍在刻画人物形象和描写人物心理活动时，也运用了很多幽默的比喻手法，虽是比喻，但却是充满讽刺意味的比喻，这也是《四世同堂》的语言特点：讽刺性。文中写道，"大赤包近来更发了福，连脸上的雀斑都一个个发亮，好像抹上了英国府来的黄油似的。她手上的戒指被肉包起来，因而手指好像刚灌好的腊肠"。大赤包作为老舍笔下的女性汉奸代表，老舍对她的外貌描写中夹杂着对其丑陋内心的无情讽刺。学生应仔细品味《四世同堂》中的语言风格与艺术特色，感受老舍笔下人物语言的幽默辛辣之美。

（四）提升学生的形象逻辑思维能力

整本书尤其是长篇小说中一般有复杂的人际关系和故事情节，体现了作者缜密的逻辑思维。《四世同堂》这部小说的整体思维逻辑十分严谨，老舍先生以点带面，以小羊圈胡同祁家为主线，叙述了胡同里的爱恨情仇与复杂的矛盾关系，整篇小说运用以点带面的写作手法，主次分明，阅读这本书可以提升学生的阅读思维与辩证能力。该小说中的人物虽多，但人物之间的关系却不难懂，线索十分清晰。在叙述时间上，老舍选取重要的时间节点，突出人物形象与事件过程，以点带面地展开；在叙述空间上，整个文本的逻辑层次也清晰分明。其中最令人印象深刻的线索支点是在小说开始时祁老太爷庆祝八十大寿，以及在小说结尾处，抗战胜利之后祁瑞宣对祁老太爷说："等您庆九十大寿

时,比这还热闹呢。"厘清故事情节,对于培养学生缜密的思维能力十分有益,有利于打开学生的阅读思维,同时也对学生的思辨与写作能力很有帮助。逻辑思维是一条准绳,学生的思维能力培养不是一朝一夕就能够完成的,需要教师潜移默化地影响,使学生的思维得到释放,能力不断提升。

(五)提高学生的审美发现与鉴赏能力

整本书需要反复阅读和品味,才能发现其中的奥妙。比如,《四世同堂》中的独特审美价值就值得学生反复品味与思考。老舍先生的语言十分细致,他对环境的刻画极具吸引力,虽是书写抗战时期的文学作品,但他为我们描绘了一幅北平的壮丽画卷。老舍在书中写道:"北平的夏天是可爱的",但这个本应该是"生动可爱且美丽的"北平,遭到了日本的侵略破坏。作者在这里看似是在写北平的美,实则是在暗示中国人要觉醒。整篇小说从头到尾都充满着理性的审视,能够引发学生对民族问题的深刻思考,可以说这就是老舍写下这篇小说的目的。作家为读者展示的是更深层次的理性内容,学生可以对此进行审美鉴赏,从而提高自身审美鉴赏能力。

(六)掌握整本书的内容,提高学生的阅读效率

《课程标准》要求学生具备丰富的阅读经验。整本书阅读是中学生进行阅读积累的有效途径,不仅能够让学生积累丰富的语言知识,还能拓宽学生的眼界,提升学生的文学素养。但是,整本书阅读的阅读量相对较大,学生日常学习任务繁重,能够用于课外阅读的时间相对较少,且学生自身的阅读能力有限,在进行整本书阅读时,他们的阅读效率相对较低,通常一本书需要连续阅读几个月,这种时间跨度较大的阅读并不利于学生理解与感悟整本书的内容及蕴含的思想情感。在语文教学中有效开展整本书阅读教学活动,对提升学生的阅读效率有很大帮助,比如教师在课堂中可以针对某一本学生比较感兴趣的文学作品,对学生进行有效指导,使学生能够明确这本书中的关键内容,明确阅读的方向和目标,并在阅读中灵活运用泛读和精读。这样既能够有效调整学生的阅读速度,同时又可以确保学生能够深度理解与掌握整本书的内容,从而提升学生的阅读效率。

四、整本书阅读教学策略

整本书阅读教学的目标在于让学生掌握系统高效的阅读方法,树立积极主动的阅读意识,养成持之以恒的阅读习惯。整本书阅读策略有如下几个方面。

(一)确立阅读目标,进行整体把握

1. 确定总目标,认识人性善恶

整本书阅读的总目标是提升学生的语文核心素养,提高其听说读写能力和对思想、

情感的体悟、表达能力,进而促进学生深刻认知人性善恶。

例如,学生阅读《红楼梦》的时候,教师首先设置了学习总目标:"找出作品中展现人物形象的细节描写,体会作者如何深入刻画人物,并结合时代特点,辩证分析人性的善恶。"有学生以王熙凤这个人物为分析对象,首先找出描写她外表、言语、行动的句子,发现她貌似为人热情,也精通待人接物的方式方法,但对不同的人态度却不一样。在此基础上,教师让学生结合时代背景,分析王熙凤的行为是否具有社会合理性。学生在思考后认为,在封建时代,人与人的社会地位相差悬殊,所以王熙凤对上巧言令色,对下百般刁难,这种区别对待实际上有一定的社会普遍性。最后,教师让学生辩证分析人物形象,从正反两方面论述,说说她是善是恶。学生综合探究后认为,小说中的王熙凤是个多面性人物,她对贾母、王夫人等贾府上层人物百般奉承,笼络讨好,但对下层人士则十分刻薄狠辣,飞扬跋扈。同时,她精明强干,善于见风使舵,擅长掌管贾府事务,体现了不凡的掌控能力。因此,不能片面地认识这一人物,而应在具体的场景中认识到其性格的复杂性,并洞察其性格生成的深层原因。在设置整本书阅读教学的总目标时,教师应引导学生结合作品中的人物形象分辨人性善恶,辨析是非曲直,从而引导其树立正确的世界观、人生观和价值观。

2. 设置分目标,审视人物社会

在总目标的基础上,教师还可以设置若干个分目标,让学生从不同的角度入手,探究社会和人性。分目标的设计要围绕总目标展开,比如,可以让学生从分析各个人物的外表和内心的差异入手,对比人物的善恶美丑。此外,还可以对比不同的人物形象,找到美丑差异,分析他们不同的人性特点和社会因素之间的关系。

例如,在阅读《红楼梦》整本书时,教师设定的教学总目标是:结合人物形象,感受人性善恶,而分目标则是引导学生从不同角度入手,逐步深入,提升阅读的有效性。在此基础上,教师设定了如下任务。

其一,引导学生分析林黛玉等主要人物的外貌和内心差异,试着找出描写林黛玉外貌的段落,然后结合情节发展,分析人物的性格特点。

其二,引导学生对比不同人物的善恶美丑,如让学生对比分析林黛玉、薛宝钗、袭人等贾宝玉身边的女子,分析她们对贾宝玉怀有怎样的情感,她们的性格有什么不同。

其三,要求学生结合社会背景,分析人物行为的合理性。说说林黛玉、袭人的社会地位,并探索当时社会对女性的态度。

(二)创设阅读情境,梳理整本书内容,消除学生对整本书的陌生感

在传统教学模式下,教师往往只关注是否完成教学任务,并没有引导学生进行拓展阅读或者进行知识的延伸,导致学生能够掌握的语文知识比较片面,久而久之,学生就会在学习过程中失去动力。为了改变学生的传统思想,提高学生的学习积极性,教师在讲解不同的内容时就要融入新鲜的知识和创新的思维。教师可以在科学技术的助力下,打造信息化教学情境,将整本书阅读模式融入其中,梳理整本书的故事脉络,激发学生阅读不同的名著作品的渴望,并引发他们对其中的不同情节的好奇心。教师可以运用信息技术教学模式,增强学生自主阅读整本书的意识,从而在课堂上更加专注、更加高效地进行互动阅读。

比如,教师可以先利用广为人知的"四大名著"进行整本书内容梳理。以《三国演义》为例,教师可以以魏、蜀、吴三国政权建立的时间为起点,构建思维导图,清晰标注重要政权变革的时间点和情节内容。比如"三顾茅庐",标志着蜀国政权开始初步建立,"白帝城托孤"标志着蜀国政权开始逐步走向衰败。同理,教师可结合吴国、魏国政权发展脉络进行有效梳理,以此有效提升学生的阅读效率。弄清楚整本书的内容发展脉络,可有效帮助学生发展阅读思维,拓宽阅读格局,从而强化整本书阅读的理解能力。

又如,在学生阅读《平凡的世界》前,教师可以先为学生介绍书中的重要人物孙少平和孙少安,然后再鼓励学生自主阅读。学生在阅读不同章节的时候,教师可以引导学生逐步解读孙少安和孙少平两个人物的形象特点,以及这些人物形象映射出了社会中的哪些群体。最后结合故事的结尾,帮助学生总结阅读技巧。比如,在阅读不同内容时,教师可以提醒学生哪些部分可以略读,哪些部分需要仔细精读。这样,学生可以在积累阅读技巧的过程中逐步形成自己的阅读风格,提高阅读效率,从而深化对整本书阅读内容的有效理解。

(三)引入思维导图,帮助学生厘清整本书的脉络

在整本书阅读教学实践中,部分学生难以把握整本书阅读的要点、缺乏整本书阅读活动参与性的主要原因,在于学生不能理解整本书的内在逻辑,在阅读整本书时难以领会章节之间环环相扣的紧密联系,反映出学生的逻辑思维不够缜密。针对此种情况,教师要积极引入思维导图以展现整本书脉络、关键内容等,并引导学生围绕思维导图开展自主阅读活动,帮助学生抓住、理解核心概念。

在《乡土中国》整本书阅读教学中,教师可以将此部学术著作的论题——"村落"作为思维导图的中心词汇,下设"空间关系""社会秩序""权力结构""文化事实"四大分支,引导学生在深入阅读的过程中逐步完善各个分支内的细节内容。这种方法可以在发展学生逻辑思维的同时提高学生阅读效率。对于整本书阅读中理解难度较大的内容,教师可以从章节间的内在逻辑关系入手绘制思维导图,如将《差序格局》与《维系着私人的道德》组合为"人际关系与道德"板块,下设道德观念、道德要素两大分支,帮助学生理解

不同社会结构下的道德体系。引入思维导图可以为学生提供行之有效的思维方式,降低学生阅读整本书的难度,消除学生的无力感,进而帮助学生建立阅读整本书的自信心。

整本书阅读中的长篇小说,人物众多,情节复杂,这些都是学生阅读的障碍。思维导图作为可视化的认知工具,能引导学生进行思考,吸引他们的注意力。思维导图、表格等图表支架的搭建可以将思维过程可视化,将人物关系清晰化,将情节发展明了化,以点带面,化繁为简,有助于学生整体理解文本。在《平凡的世界》中,教师可以设计以下活动。

其一,用思维导图的形式绘制小说主要人物关系图。

其二,以金家人物关系图为示例,让学生绘制孙家与田家人物关系图。

通过上面两个活动梳理全书的人物关系,着重分析主要人物孙少平和孙少安的人生经历,聚焦关键情节,培养学生的梳理整合能力。在整本书阅读中,教师要有"整"的意识,指导学生从宏观上把握作品,可以利用思维导图等形式梳理人物关系,厘清情节发展脉络。

(四)制订阅读计划,提高阅读效率

在阅读过程中学生要细致规划读书计划,从而提高自身的阅读效率。《四世同堂》这样的整本小说,章节、字数较多,教师要注意引导学生制订符合自身阅读水平的阅读计划,这样才会使整本书阅读合理有序地进行下去。《课程标准》给出了阅读计划相关建议,教师可引导学生在两学期内完成整本书的阅读,注意把学生的课内外阅读时间兼顾起来,做到合理分配。在具体的阅读计划中,教师可以写一个阅读计划书,合理安排学生每学期、每月、每周、每天的阅读量,强调粗读与细读的区别,对于重点章节、片段可以让学生反复阅读品味,从而提升学生阅读的效率。阅读教学要让学生们在产生阅读兴趣的同时提升自身的文化素养,而不是被动式的机械化阅读。制订阅读计划是提供动力,不是施加压力。想要培养学生阅读的主动性、积极性,切不可急于求成,要求提高阅读质量,而不是一味地追求数量,不要使学生养成被迫读书的习惯。

中学生自我约束力差,容易受到外部诱惑,而整本书阅读教学所需时间较长,难以在课堂时间内完成,所以需要教师加强课外指导,制订相应的整本书阅读计划。教师可以与学生共同制订计划,阅读计划不仅包括阅读时间安排,还应涉及学生阅读过程中的侧重点及阅读任务,预设的阅读目标等,加深学生对整本书文本的理解。学生在阅读过程中,教师可以提示学生从整本书的人物描写、优美词句等方面入手,针对文本的内容主旨进行圈点和批注,还可以让学生以录音的方式把批注圈点的内容分享到班级群。

比如阅读《家》时，教师可引导学生圈点小说中表现高觉慧苦恼的细节，比如语言、动作、神态等细节描写，通过这种方式学生更容易理解高觉慧的反抗与无奈。

（五）组织阅读思辨活动，激发学生阅读兴趣

兴趣是学生进行阅读活动的重要推手。整本书阅读量较大，篇幅较长，需要学生对阅读抱有兴趣和耐心。积极的阅读态度能有效提升学生阅读效率，产生事半功倍的效果。思辨性活动是强化学生自主阅读的动机、激发学生阅读兴趣的有效方式。教师可以为学生组织创意阅读思辨活动，并结合学生情感反馈将受欢迎的活动常态化，以培养学生积极的阅读情感。比较适合中学阶段的常规性、周期性阅读思辨活动包括读书分享会、推荐会、辩论比赛、整本书阅读报告会等，这些活动可以为学生提供充分的准备时间和主题，营造富有诗意的阅读交流氛围。在分享观点、高频辩论的过程中，学生能够获得成就感和阅读自信心，进而在课后全身心地投入阅读，挖掘个性化观点。以活动增强学生阅读动机，能有效提升阅读教学的有效性。

例如，在阅读《乡土中国》时，教师可以通过组织思辨性活动鼓励学生深度阅读，培养学生阅读的兴趣。教师可以设计以下几种阅读活动。

（1）读书分享会。

播放舒缓优美的音乐，请学生围坐一圈，轮流分享《乡土中国》中最喜欢、最有感触的一段，并向他人详细说明分享的原因。以逻辑清晰、语言具有感召力为佳。

（2）辩论活动。

就《乡土中国》一书中的"礼俗社会""差序格局""无为政治"等概念展开思辨性探讨，分析上述社会秩序形成的原因和本质。在活动的结尾，投票选出最佳思辨选手。

（3）阅读报告会。

按照《乡土中国》的章节数，分组阅读。请每组同学集中围绕一个章节展开深读，查阅资料并制作PPT进行汇报，向班级学生深入阐释本章节所涉及的知识概念和乡村社会风貌，列举生活实例或影视作品加以佐证。

上述思辨性活动需要学生预先准备。在汇报的驱动下，学生能积极参与准备，深度阅读相关章节并尝试挖掘个性化论点。学生能在活动交流与分享过程中培养兴趣，掌握整本书阅读的一般思路，将趣味阅读活动延续下去。

（六）整合阅读教学资源，拓宽阅读广度

1. 搭建课外阅读资源库

《课程标准》要求："要改变因循守旧的语文教学习惯，也要打破唯技术至上的观念，

把握好技术与语文的关系，合理利用语文技术。""要借助信息技术优化整合课堂教学。"[1]高中语文必修阶段整本书阅读单元的学习内容有《乡土中国》和《红楼梦》，选择性必修和选修阶段也有书目推荐但具有限定性，不能满足学生个性化的阅读需求，教师应善于运用数字技术手段，搭建课外阅读资源库，设定贴合学生阅读需求的整本书阅读书目。教师要依据学生的阅读需求收集阅读资源，在收集中根据教材或者阅读活动不断进行补充，在资源整合中逐渐扩大学生的阅读范围。优质的课外阅读资源库能让学生阅读整本书的过程中拥有更大的自主性。

资源库是中学生阅读活动的重要平台，应以学生的发展需求为建设目标，为提高教师整本书阅读教学工作的有效性服务。课外阅读资源库可以设置"导读""阅读任务""专题阅读""练习题"四个板块。导读是助学系统中的一部分，教师可以通过投放PPT、播放视频、展示文摘等手段帮助学生快速了解书中内容，激发学生的阅读兴趣，便于进入整本书的阅读情境。阅读任务是阅读活动的出发点，可以帮助学生达到深而精的阅读层次，避免流于表面的浅阅读。教师可以围绕课堂阅读教学开设专题活动，也可以选择课外的整本书开展阅读专题活动，以增加学生的阅读量，各专题活动所选书目可以不同。练习题也是助学系统的一部分，与阅读任务息息相关，教师应围绕整本书的内容与阅读方法出题，考查学生的阅读成果。在搭建资源库过程中，教师要对里面的资源进行统计，充分了解学生阅读某书的次数，以及哪本书更受大家的喜爱，让资源的收集更具实用性。

2. 借助跨媒介资源，提高学生对原著的阅读兴趣

教师可以通过跨媒介的阅读活动，提高学生对原著的阅读兴趣，促进学生对原著的理解。教师要引导学生在分析质疑和多元解读的基础上提高思辨能力，培养批判精神。整本书阅读中，可以借助"豆瓣阅读"等阅读软件阅读作品或者查看书评；可以借助多媒体平台，整合文字、图片、视频等资源；可以借助网络查阅相关论文，观看电影、电视剧等学习资源；可以让学生小组合作完成任务，并利用PPT展示阅读成果。

如在《平凡的世界》整本书阅读教学过程中，教师可以设计如下3项活动。

其一，观看纪录片《路遥》，查阅关于《平凡的世界》的评论性文字，全面了解作家的生平经历与创作背景。

其二，制作电视剧《平凡的世界》宣传海报，拟写主要人物的海报宣传语。

其三，观看2015版电视剧《平凡的世界》，比较影视作品中的情节和原著有哪些不同，你认为这样改编是否合理？说说你的理由。

---

[1]　中华人民共和国教育部.普通高中语文课程标准(2017年版2020年修订版)[M].北京:人民教育出版社,2020:43.

通过这些活动,可以让学生有兴趣走进原著,思考有关问题,从而提高阅读效率。对于整本书阅读而言,学生是践行者,他们要在阅读过程中探索阅读整本书的路径,研读整本书的内容,形成独特的阅读体验;教师是引导者,他们要引导学生建构整本书阅读的方法,拓宽学生整本书阅读的视野,培养学生整本书阅读的能力。整本书的阅读过程是学生语言建构与运用的过程,是思维发展与提升的过程,是审美鉴赏与创造的过程,更是文化传承与理解的过程,最终指向学生核心素养的提升。

(七)指导阅读方法,培养阅读习惯

整本书阅读的过程也是读者与文本的对话过程,我们开展对话的前提就是学会阅读整本书。整本书阅读的阅读量较大,不同于学生熟悉的单篇阅读,所以需要提前规划阅读时间,掌握阅读方法。

1. 自主阅读

《课程标准》明确要求整本书阅读应以学生利用课外时间自主阅读为主。"自主性"是整本书阅读的核心特征,这种阅读方式要求尊重学生个性化的阅读感受,保护学生真实、鲜活、独特的阅读体验,引发学生独特的阅读思考。

2. 批注阅读

批注阅读要求指导学生对文章的主要观点、精彩语句、感兴趣的部分进行圈点批注,并将阅读中的所思所想所感写下来,可以针对语言、人物、主题、情节、手法等方面进行个性化的解读。

3. 深度阅读

对于书中精彩的部分,可进行局部细读精读,也可进行对比阅读,以《平凡的世界》为例,可以比较孙少平两次做客的区别,分析人物的成长;比较孙少安对田润叶、孙少平对田晓霞的爱情选择,分析两人的爱情观。

4. 读书笔记

在尊重学生的阅读体验的基础上,也要对学生阅读的有效性进行监督。教师可以要求学生每天完成表格的填写,填写的内容包括阅读章节、圈点批注和阅读品鉴三方面,督促学生及时记录阅读感悟。

5. 泛读和精读

中学生已经有一定的学习意识,而且部分学生也具备了自主学习规划的能力。整本书阅读需要消耗的时间较长,在繁重的学习压力下,部分学生经常会出现读了开头,却坚持不了读完结尾的问题,导致学生的整本书阅读有头没尾,学生对优秀的文学作品也是一知半解,这样并不能充分发挥整本书阅读对提升学生语文核心素养的积极作用。因此,语文教师在整本书阅读教学中,对学生进行方法指导时,可以指导学生合理运用

泛读和精读,科学制订阅读进度规划,有计划地开展整本书阅读活动,这对培养学生良好的阅读习惯以及提升学生的整本书阅读效率和阅读质量等都有帮助。

例如,在《围城》这本书的整本书阅读教学中,教师可以根据这本书的内容以及学生的实际情况,指导学生采用泛读的形式对整本书进行浏览,从而对整本书的主要内容有一个大概的了解。然后教师可以指导学生通过精读的方式对这本书中有关方鸿渐到内地教书的一些章节内容进行仔细阅读,这样,学生可以准确了解书中重要人物的性格特点,掌握核心的思想及内容。学生掌握了整本书阅读进度规划的方法,就可以将其应用到日常的整本书自主阅读中,从而确保学生能够阅读完整本书,并理解书中的内容及作者表达的情感思想。

(八)阅读反馈与成果交流,将学生阅读成果可视化

整本书阅读活动持续时间较长,在发挥学生主体作用的同时,教师要积极收集学生反馈信息,掌握学生自主阅读情况,为学生提供精准化的整本书阅读指导。对此,教师可以借助现代社交媒介构建线上沟通交流与成果展示平台,结合整本书阅读任务单,指导学生在完成各阶段任务,并在线上传已经完成的任务单,由学生自主评价、学生互评、教师点评其整本书阅读任务完成情况,指出学生在理解整本书中心思想、核心观点与关键概念上的不足之处。与此同时,教师要依托现代媒介开展集体讨论活动,鼓励学生分享自己的整本书阅读经验、心得与体会,共同探讨阅读过程中出现的问题,教师要给予学生鼓励、支持与指导,让学生在整本书阅读活动中获得成功感、满足感,进一步激发学生的整本书阅读兴趣。

检 测 与 思 辨

1. 深入阅读《喜看稻菽千重浪——记首届国家最高科技奖获得者袁隆平》《心有一团火,温暖众人心》《"探界者"钟扬》这三篇文章,分析人物通讯的语言具有怎样的特色?结合专访对象事迹,尝试创作一篇人物专访报道。

2. 高中语文第一单元的主题是关于"青春的价值"的,课文有《沁园春·长沙》《立在地球边上放号》《红烛》《百合花》《致云雀》《峨日朵雪峰之侧》《哦,香雪》,请运用群文阅读方式,分析总结这7篇文章的共同点和差异。再根据这组群文的议题,寻找群文阅读拓展材料,建立课外群文阅读材料与课内群文阅读的紧密联系。

3.《乡土中国》从社会学角度出发研究并论证了中国基层农村社会经济、文化等多领域问题,阅读其中的"差序格局"这一章,结合微信朋友圈创设问题情境:在微信交往过程中发现,你可以查看部分微信好友全部的朋友圈内容,另一些好友的朋友圈只对你显示三天的内容,还有一部分则无权限查看。你认为这种不同的"朋友圈"权限设定反

映了哪一社会现象？体现了哪种社会结构？

4. 运用整本书阅读方法,阅读《老人与海》整本书,然后回答下列几个问题。

（1）老人与海之间的关系是怎样的？ 老人自身对海的印象、感受是怎样的？

（2）小说中多处体现出老人的孤独,具体表现是什么？ 人们都说老人是"伟大的斗士",从哪里可以看出老人的斗士品格？

（3）作者多次描写老人与鱼斗争的经历,其用意是什么？

中学语文阅读教学实践

第一节　议论文阅读

一、议论文阅读教学的重要性

2022 年全国语文高考试卷中，议论文的文本阅读量显著增加，考点也变得更广泛，无论是论述类文本阅读理解，还是作文文体的规范要求，都深刻体现了对学生语文能力的全面考查。

（一）部编版高中语文教材选文

语文教材选文是教师教学的主要依据，为学生学习提供了重要范例，最能体现高中语文新课改的理念。随着语文教材不断变化，课文的选文类型呈现多样化的特点，部编版高中语文教材中也使用了"议论性文章"这样的说法，所涵盖的文本类型更丰富。议论文就是为了说明某一观点，通过摆事实讲道理的方法来表达作者的见解的文章，包括一般意义上的议论文，还有演讲稿、书信、杂文、社论、学术论文等。与以事感人、以形象取胜的记叙文和具有知识性的说明文不同，议论文最明显的特征就是说理，以理服人。

部编版高中语文教材分为两本必修、三本选择性必修，高一学习必修教材，高二学习选择性必修教材。选择性必修教材理论上是学生在高中学业水平考试之后，按照个人意愿是否升学而设置，但从学校实际情况来看，不参加高考的学生是极少数的，所以必修和选择性必修一样重要。因此，本书在对部编版高中语文教材的议论文选文进行梳理时，涵盖了必修和选择性必修五本教材。部编版高中语文教材议论文选文呈现以下四个特点。

1. 选文占比增加

人教版高中语文教材各个单元是按照文体类别和人文内涵进行编排的，5 本必修教材共 20 个单元,从"阅读鉴赏"部分来看,文学类文体居多,包含 6 个单元的散文、4 个单元的古今诗词、2 个单元的小说和 1 个单元的戏剧,共 13 个单元;而论述类和实用类文本只有 7 个单元,且人教版高中语文必修一中未安排议论文。5 本教材共有 12 个单元、79 篇文章,其中议论文 16 篇,均在"阅读鉴赏"部分,占总数的 20%。

而部编版高中语文教材是按照人文主题和学习任务群组织单元的。部编版高中语文教材每册 8 个单元,共 16 个单元,涵盖课程标准中要求的 7 个任务群,包括"文学阅读与写作"5 个单元,"思辨性阅读与表达"3 个单元,"实用性阅读与交流"3 个单元,"整本书阅读与研讨"2 个单元,还有语文综合实践活动 3 个单元;选择性必修教材每册 4 个单元,共 12 个单元,涵盖《课程标准》要求的 9 个任务群,除了"语言积累、梳理与探究"单元以外,其余都是以阅读与写作为主的单元。5 本教材共有 117 篇文章,其中议论文 27 篇,分散在各个单元,占总数的 23%。

2. 选文兼具经典性和时代性

部编版高中语文教材的 27 篇选文时间跨度大,兼具经典性和时代性。文本涉及中国古代议论文,中国近代文学评论、演讲词以及国外随笔、演讲词和科学论文。部编版高中语文教材在选文方面时,保留了人教版中的一些经典篇目,如《劝学》《师说》《拿来主义》等,体现了部编版高中语文教材对经典性选文的重视。同时,在新时代背景和"立德树人"教育理念的影响下,部编版高中语文教材选编的演讲稿、新闻评论都具有时代性,代表了社会主义先进文化。

3. 体现了议论文阅读教学的重点

部编版高中语文教材中的 27 篇选文,涉及不同的阅读教学要素,主要包括论点的选取、论证的过程、论证的结构以及论证语言的个性化四个方面,且注重议论文与其他表达方式的结合,这些文章在具备说理性和说服力的同时,又兼顾表达的生动性和情境性。如《谏太宗十思疏》和《答司马谏议书》都是对时代政治和经济问题的具体分析,但前者是臣子对皇上的劝谏,语言比较含蓄,多从侧面举例论证,整体相对内敛;后者则针对的是朋友,劝谏的言辞比较强硬,直击主题。

4. 选文与写作相关联,具有结合性

人教版高中语文教材(必修)的阅读与写作内容分别设置在"阅读鉴赏"和"表达交流"两个部分。而部编版高中语文教材的议论文阅读单元与写作任务高度结合,以议论文写作为主,写作主题的设定、写作任务的安排和指导等方面均与教材选文有着十分紧密的联系,这种编排方式将读与写紧密联系起来,以提升学生的综合素养。

(二)培养学生思维品质,提升语文核心素养

议论文逻辑性强,具有思辨性。所以议论文教学重点在于理解作者的观点,明确观点与材料之间的关系,学习作者的议论方法、论证结构和语言特点,发展学生的思维。系统化思维是将事物相互联系的各个方面进行系统识别的一种思维方法。在议论文阅读教学中,教师要让学生立足整体,将议题和文本联系起来。议论文阅读为学生提供了更宽泛的理解维度,要求学生在多篇文本的阅读过程中建构自己的知识体系,融入创新性思维。批判性思维与创新性思维往往相辅相成,议论文阅读能让学生摆脱单篇议论文学习的局限,学会从多个角度看问题,从而开拓视野、活跃思维。当面对与自己不同的观点时,学生能够运用批判性思维进行深入的分析。

1. 关注文本语言特点,提升学生审美能力

议论文的语言特点是严谨、概括。这样的语言特点让学生不愿主动接触议论文,在群文阅读教学中,教师要根据语言特点设置议题,让学生感受议论文语言的不同之处,提高学生的审美能力。如《劝学》的语言风格独具特色,文章朴实浑厚、详尽严谨,句式比较整齐,而且擅长用多样化的比喻阐明深刻道理。再如毛泽东《反对党八股》中的辩证语言,充分表现了庄与谐、雅与俗、情与理、张与弛、虚与实的辩证统一。反对党八股在当时是很严肃的主题,语言自然会庄重,但在指出党八股是一种洋八股后毛泽东又说:“我们为什么又叫它做党八股呢? 这是因为它除了洋气之外,还有一点土气。也算是一个创作吧! 谁说我们的人一点创作也没有呢? 这就是一个!(大笑)。”体现了诙谐的一面。批评党八股如何害人时又说:“拿洗脸来作比方,我们每天都要洗脸,许多人并且不止洗一次,洗完之后还要拿镜子照一照,要调查研究一番,(大笑)生怕有什么不妥当的地方。”体现了通俗的一面。

2. 深层分析议论文知识,提高学生阅读议论文的能力

完成知识目标是实现其他目标的基础,学生在初中阶段就开始系统地接触议论文,已经对议论文基本的知识和内容有了初步认识,也初步建构了议论文知识体系。但在高中阶段,学生对议论文知识的了解要更有针对性、更深入。

高中议论文的学习目标的确定,是建立在初中阶段的相关要求之上的。从课程标准的设定来看,《义务教育语文课程标准(2022 年版)》在第四学段的“阅读与鉴赏”中提出:“阅读简单的议论文,能区分观点与材料(道理、实事、数据、图表等),能发现观点与材料之间的联系,并通过自己的思考,作出判断。”[①]而《课程标准》在“思辨性阅读与表达”中则要求:“阅读古今中外论说名篇,把握作者的观点、态度和语言特点,理解作者阐述观点的方法和逻辑。阅读近期重要的时事评论,学习作者评说国内外大事和社会热

---

① 中华人民共和国教育部. 义务教育语文课程标准(2022 年版)[M]. 北京:北京师范大学出版社,2022:14.

点问题的立场、观点、方法。在阅读各类文本时,分析质疑,多元解读,培养思辨能力。"①由此可见,初中阶段的教学侧重培养学生对论点以及论据的区分能力,引导学生对议论文知识进行初步的建构;高中阶段,教学重点在于通过探究议论文知识来培养学生的思辨能力。

3. 培养学生的思维品质

语文教材涉及的思维类型和思维方式具有全面性和综合性,这也是其他学科所不能及的。同时,每篇课文反映的社会生活和阐述的各种道理,又大大地丰富了学生的知识和经验,这些知识和经验还可以转化为感性或理性的思维材料,使学生的思维结构得到充实和发展。议论文相对于小说、散文等文体来说,更具逻辑性和说理性,在语文教学中对学生思维品质的培养起到重要作用。

(1)语文核心素养的要求。

语文学科核心素养是"学科育人价值的集中体现,是学生通过学科学习而逐步形成的正确价值观、必备品格和关键能力"②。它的建构需要学生积极参与教学活动,积极表达自己的观点。语文核心素养中有关思维的相关论述是:"思维发展与提升是指学生在语文学习过程中,通过语言运用、获得直觉思维、形象思维、逻辑思维、辩证思维和创造思维的发展。促进深刻性、敏捷性、灵活性、批判性和独创性等思维品质的提升。"③可见语文学科对思维培养的重视程度。

(2)学生思维发展的内在规律。

高中生的年龄一般在 15 到 19 岁,按照皮亚杰的认知发展四阶段理论,高中生正处于认知发展的形式运算阶段。这个阶段的学生的抽象逻辑思维明显占据优势,并且"高中阶段,学生开始形成辩证逻辑思维,创造性形象思维获得较快发展,二、三年级时他们的思维趋于基本稳定和成熟"④。高中学生能够理解命题之间的关系,能够对命题进行假设和演绎的推理,也具备抽象思维。因此,高中阶段是培养学生思辨性思维的关键时期。高中生生活经验、学习经验比初中生丰富,知识储存更多,各种认知能力逐渐完善。在学习上,高中学生对老师的依赖减弱,他们有更多的自主学习意识,能够在独立分析与解决问题的过程中提高自己的能力。在思维发展方面,有学者指出:"高中生思维的

---

① 中华人民共和国教育部.普通高中语文课程标准(2017 年版 2020 年修订版)[M].北京:人民教育出版社,2020:19.

② 中华人民共和国教育部.普通高中语文课程标准(2017 年版 2020 年修订版)[M].北京:人民教育出版社,2020:4.

③ 中华人民共和国教育部.普通高中语文课程标准(2017 年版 2020 年修订版)[M].北京:人民教育出版社,2020:3.

④ 卫金灿.语文思维培育学:语文教育研究与探索(修订版)[M].北京:语文出版社,1997:62.

流畅性和灵活性有很大的发展,他们能从不同方面,运用多种方法思考问题。"①面对多个事物,高中生可以找到它们之间的联系,在思考的过程中可以对自己的思维方式进行反思和调整,学生的自我意识和自我监控能力增强,能够确保思考的正确和有效。高中生的思维发展特点对语文教学提出了更高的要求,而议论文则是满足高中生思维发展要求的重要文体之一。议论文论证过程具有逻辑性,议论文的阅读教学必然会涉及作者论证观点的思维轨迹与方法,群文阅读的多文本比较阅读也给学生提供了更大的思考的空间。因此,教师在这一阶段指导学生学习议论文,更能促进学生思维品质的提升。

二、议论文阅读教学原则

议论文阅读教学原则是根据教学规律以及教师的教学目的制定的,是用来指导教学的基本要求,应该贯穿于教学过程的始终。结合部编版语文教材的编写理念以及学生的认知规律,部编版高中语文教材的议论文阅读教学的原则被确定为:强调学生主体地位,找准角度、循序渐进,精选议题、注重方法。

（一）强调学生的主体地位

《课程标准》的学习任务群的内容中多次出现"引导"的字眼,这提醒教师要正视学生在教学活动中的主体地位。在议论文阅读教学过程中,教师要引导学生围绕议题进行讨论,从而达成集体共识,整个过程中,教师要为学生提供有质量的文本和充足的思考时间,保障学生学习的主体地位。人本主义心理学认为,教师的职责是:"为学生提供各种学习的资源和能促进学生学习的氛围,放权给学生,由学生自己思考并决定如何学习。"②其本质是以学生为主体,让学生能够积极主动地学习。

强调学生的主体地位,是对传统"灌输式""满堂灌"教学模式中存在问题的一种针对性回应。教学是教师和学生共同参与的双向互动过程,二者在教学中的地位是平等的,学生在教学实践过程中,为满足自己的学习需求会积极主动地参与到学习活动之中,并灵活地运用课堂中所学的知识和技能。教师要尊重学生在教学过程中的主体地位,关注学生的内在发展,关注对学生核心素养的培育。

教师在教学之中不是决定者,而是促进者、帮助者。"以学生为主体"包含两层含义。一是以学生的需要为主体,学生对学习的需要是学生学习的基础,也是教师的"教"应该依据的标准。二是以学生的学习为主体。教师要遵循学生学习的规律展开教学,依学定教,"由'我教你什么'转向'你要学习什么',由'学生配合教师完成教学任务'转

---

①　郑和钧,邓京华等.高中生心理学[M].杭州:浙江教育出版社,1993:105.

②　卡尔·罗杰斯、杰罗姆·弗赖伯格.自由学习[M].王烨晖,译.北京:人民邮电出版社,2015:331.

向'教师支持学生完成学习任务'"①。对于议论文阅读教学来说,教师要重视学生的阅读体验、认知水平,在此基础上引导学生才是有效的。

(二)找准角度,循序渐进

部编版高中语文教材将议论文选文按照人文主题和学习任务群安排到不同的单元,不同的单元的学习难度和学习重点不同。如必修上册第六单元教学提示是"议论要有针对性";必修下册第一单元是"如何阐述自己的观点",第八单元是"如何论证"。层次分明,重点清楚。因此,教师不仅要在教学之前整体把握全册各个单元之间的联系,充分利用教材的助读系统和作业系统,明确教学的议题,选取合适的文本,完成师生集体建构,还要依据学生的最近发展区来把握学生的认知状态,及时调整教学思路,循序渐进地展开教学。

(三)精选议题,注重方法

1. 精选议论文议题

"议题"一般指的是一组选文中所蕴含的可供师生展开议论的话题,一组选文中可以有一个或者多个议题。议题是对一组文本在内容或结构或语言上的概括,具有开放性和可议论性,是展开群文阅读教学、拓展学生思维空间的"领头羊"。要注意,议题的设置,要符合学习目标,要契合学生情况,要把握好选文的共性和个性。议题划分类型多样,本书结合议论文的文体特点,将议题划分为内容议题、形式议题和语言议题。

(1)内容议题。

内容议题指向文本的主要内容。这里的"内容"主要指文本论点的概括和文本论据的选取。论点是一篇议论文的核心,体现在文章里就是作者的观点。议论文一般都有明确的写作立场,提出的观点与当时的社会环境有很大的关联,具有现实性和针对性。论据是作者用来支撑观点的重要材料,是一篇议论文中占比最大的部分。论据分为事实论据和道理论据。作者通过分析事实得出道理,并将论据和文章的观点联系在一起,如一些代表性的事例、科学数据、可靠的史实等;道理论据是为社会普遍认可的,对大量的事实进行抽象概括的结果,包括名言警句、谚语等。必修下册第一单元编者给出的提示是"如何阐述自己的观点",直接点明论据对观点的重要性。

(2)形式议题。

形式议题主要涉及文本的论证方法。论证是作者在用论据证明观点的过程中,为了证明观点真实性所运用的方式方法。议论文的论证方式可以分为立论和驳论,论证方法有比喻论证、对比论证等。立论是直接从正面提出自己的见解和主张,表明自己的

---

① 于泽元,王雁玲,石萧.群文阅读的理论与实践[M].重庆:西南师范大学出版社,2018:223.

态度。有时立论是在先"破"的基础上进行的,又称"先破后立",如鲁迅的《拿来主义》;还有"边破边立",如毛泽东的《反对党八股》。驳论是通过驳斥错误的论点来确立自己的论点,进行驳论时要对错误的论点进行详细的分析,弄清它的核心,一针见血,直接反驳、反证法和归谬法是常用的论证方式。王安石的《答司马谏议书》准确地抓住了司马光五点责难的实质在于名实之争,二者之间的根本矛盾是思想路线和政治路线的分歧。该奏疏通过逐条反驳,来论证改革派变法的正确性,揭示司马光责难的名不副实和因循守旧,并且阐明了自己的政治观点,同时又表达了自己不为世俗所动、坚持改革的意志。

(3)语言议题。

语言议题主要针对文本的语言特点。课文的语言对学生来说是最直观的部分,不同作者在不同的写作需求下,所展现出来的语言特点是不同的。教师要从语言特点的角度设置议题,可以选取不同体式的课文,如将毛泽东的《反对党八股》(演讲)、鲁迅的《拿来主义》(驳论文)、黑塞的《读书:目的和前提》(随笔)三篇课文组成群文文本,进行议论文群文阅读教学。

2. 议论文阅读方法

阅读教学中主要使用的阅读方法有泛读、精读、速读、跳读、略读、寻读、猜读、比较阅读等。不同的文学体式的语言特点、表达情感的方式不同,因此阅读方法的选择很重要。议论文由论点、论据、论证三个部分组成,在进行议论文阅读教学时教师需要引导学生把握作者的观点、态度、语言特点、篇章结构,在分析质疑、比较异同、多元解读的过程中培养学生的思辨能力。对于高中议论文阅读教学而言,寻读、定位精读、比较阅读是更为合适的阅读方法。

(1)寻读。

寻读又称为查读,是在大量的信息中快速查找某一项特定的信息的阅读方法,如提取议论文的观点、论证方法等,而对其他无关部分则略过不读。从这一点来看,寻读和略读似乎是一样的,其实不然。寻读带有明确的目的性,可以针对议题选择有效的内容,其作为一种快速寻找信息的阅读技巧,既要求速度快又要求准确性高,寻读前读者要对文本有基本了解。而略读则是在对文本不了解的情况下进行阅读。学生可以利用议论文的一般结构特点来寻找论点、论据和论证方法,也可以找到包含所需信息的段落,留意与所需信息有关的关键词。

(2)定位精读。

定位精读是对文本有了基本了解之后,再根据需求找到对应的部分进行仔细分析。这就要求读者对议题的内容进行熟读精思,对定位点的内容逐字逐句地进行阅读,抓住文本的精华,仔细品味、深入领悟、理解吸收,实现对议题的深入理解。例如,针对选文的写法进行鉴赏,在对选文的写作特点理解的基础上,用鉴别、评判的眼光去鉴赏写作手法,让学生从多角度看问题。

（3）比较阅读。

比较阅读是选取两篇或多篇文章进行对比阅读,通过比较找出文本之间的异同点。比较阅读在文本的选择上比较宽泛,可以选择同题材文章进行比较、选择不同题材文本进行比较、选择原文与教材选文进行比较,等等。这里的比较是多方面、多角度的,可以就题材、内容、结构、语言特点、修辞等进行比较阅读,准确把握文本,提高学生的分析能力和理解能力。

比较阅读的基本方法是同中求异、异中求同。同中求异是通过比较,归纳各自的特点;通过其他文本的特点凸显议论文的独特之处。异中求同是通过比较找出文本的共同特点;揭示一般规律。这两种方法在阅读实践中常被交替使用,实质上也是对两种思维的培养。学生的比较阅读过程是一种积极思维的参与过程,可以让学生的思维更加灵活,提高学生的思辨力和创造力。

三、议论文阅读教学策略

（一）议论文教学内容的确定策略

议论文阅读教学以教师、学生与文本的充分"对话"为基础。教师要指导学生在"对话"中解读文本,探究事实与文本之间的逻辑与冲突,并对其进行分析与论证,在"对话"中实现对文本内容的理解与反思。教师在教授文本时,首先要解决的问题是明确"教什么",即教学内容的确定。只有找到教学的抓手,明确要展开的教学内容,论述类文本思辨性阅读教学才能落到实处。

1. 整合文本,挖掘思辨资源

根据《课程标准》规定的课程内容,部编版高中语文教材共设置了三个"思辨性阅读与表达"任务群学习单元。这些单元以阅读为核心,在任务的引导下,将学习情境、学习内容、学习方法等有机地结合在一起,可以说,这些文本中处处都蕴藏着思辨资源。教师可以通过挖掘散落在教材中的思辨资源,找到文本篇章与实际教学的联结点及其蕴含的思辨价值,解决当前教学内容中缺少思辨空间的问题。但语文教材的内容不等同于教学内容,教师要通过灵活的处理改造,将教材内容教学化。

首先,可从教材单元的整体结构中挖掘思辨资源。三个"思辨性阅读与表达"单元分布在教材的上下册中,对学生的理性思维提出了相应的要求,这些要求不是散乱的、毫无联系的,而是层层递进的。教师要先帮助学生理解具体观点和态度,再引导其评价文本中的观点和意见,再引导学生质疑和论证,循序渐进地发展和提升学生的思维逻辑。因此,在确定教学内容时,教师应从发展思维的角度关注该单元内容,注意单元之间的内部逻辑联系。可根据需要,在教学时梳理教材单元,有针对性地通过跨册、跨单元的方式组合教材篇目,打通教材,充分挖掘和整合文本中的资源,以达到完成教学目标、实现学生思维能力发展的目的。

其次,课文篇目的组织编排也可以用来探索思辨资源。部编高中语文教材摒弃了传统的一课一文编排模式,将几篇文章组合为群文阅读的形式,提醒教师要根据多篇课文之间的联系来选择教学内容。例如,必修下册第一单元第一课的《子路、曾皙、冉有、公西华侍坐》《齐桓晋文之事》和《庖丁解牛》都是先秦经典议论散文,三篇课文具有相似性和内部联系。从内容上看,三篇文章都体现了论证的艺术;从思想内涵来看,文章都表达了古人对社会和人生的理性思考。因此在教学过程中,教师不妨围绕"社会理想与生存姿态"来设置学习情境,在引导学生解读文本语言和说理特点的同时,分析和论证儒、道两家的理想人格与理想社会的异同,以及对今天的借鉴意义。教师可以将三个文本通过一个共同的基本主题联系起来,帮助学生系统地理解这一类型的文本。

最后,教师可以从文章的栏目设置中发掘思辨资源。例如,必修下册第八单元课后的"单元学习任务"第二题,要求学生从《答司马谏议书》中反推司马光书信中的主要思想,然后读司马光的《与王介甫书》,找出其中的主要思想,看看和自己的推理是否一致。为了完成此项学习任务,学生首先需要了解《答司马谏议书》的创作背景、王安石改革的经过,在理解文本主要内容的基础上,将王安石以"犯官、谋民、征利、拒谏、怨谤"等理由一一驳斥司马光的过程梳理清楚,并对其论证的正确性进行评判,再运用反推法,从结论倒推司马光的观点。上述步骤完成之后,再阅读《与王介甫书》,两相对照,将自己的推论与原文内容逐一进行比较和分析。若有不一致之处,则要考虑是哪个环节出了问题,更要弄清楚两篇文章的论述思路和论述方式,并根据王安石、司马光的不同政治地位,对他们的见解进行评价。教师可在解决问题的过程中,选取其中有价值的教学内容,展开思辨性思考,协助学生达成学习目标。

2. 拓展文本,深化思辨过程

论述类文本大多是论述名篇,具有说理性强的特点。在开展经典类文本的思辨性阅读教学时,教师可以利用查找到的大量与文本相关的、适切的课外文献资料,来最大限度地启发学生,拓宽他们的视野,加深他们对文本的理解,深化其思辨过程。补充资料既可以是知识层面的,亦可以是文化层面的。例如,《反对党八股》的节选内容涉及的一个具有思辨意味的议题是:"既然五四运动打着'民主''科学'的旗号,为什么后来又出现了党八股?"要思考和探索这个问题,仅靠课文中有限的内容是不够的,必须把整篇文章提供给学生,让他们拓展思维,寻找答案。总之,教师对经典文本的拓展,要能够让学生解读出新的意义,在广阔的文本世界中深化理解,将隐藏在文本背后的深厚文化底蕴探寻出来。

3. 活用文本，触摸"思辨生活"

思辨性阅读不能仅仅停留在课堂教学中，思辨性阅读的教学内容也不能被课堂活动所束缚，教师应引导学生主动、适时地将在课堂中养成的理性思维能力运用到现实生活中去。这样在深化学生的思辨性阅读过程的同时，又能提高学生课堂之外的思辨能力，让其成为一个具有理性思维的现代人。然而，如何将思辨性思维延伸到学生的生活中去呢？此时，用于检查学生学习成效的课后作业的布置就显得至关重要了。因此，教师要重视作业的安排设置。在布置常规的作业之外，教师还应对习题进行细致的设计，使之突破教学与生活的界限，将二者有机地结合起来，改变二者相互独立、没有联系的现状，从而真正实现让语文走出教室，更贴近学生的实际生活，解放学生的大脑，引导学生的思维走向深处的目的，这也是新型教育理念的具体要求。以部编版高中语文教材必修下册的第八单元为例，作为"思辨性阅读与表达"任务群的最后一个单元，该单元对学生的思辨性阅读也提出了更高的要求。教师可以立足本单元的教学要求，设计一些能够激发学生"思""辨"思维的话题任务，让他们在实际生活过程中也能运用这种思维方式。可以看出，新课标也对学生的思辨能力及其在实际生活的运用，提出了相应的要求。所以，在这一单元，我们可以采用课后练笔写作的形式，引导学生关注现实问题，将学生的思辨性阅读与表达的能力和实际生活紧密联系起来。

（二）议论文教学环节实施策略

1. 情境导入，激发思辨兴趣

导入作为教学的起始环节，承担着吸引学生注意力，激发学生学习动机等重要作用，直接影响着课堂教学质量。一个精彩而成功的教学导入，往往起着引导学生思维方向的作用，能够为整堂课的顺利开展奠定良好的基础。所以，在进行议论文文本的思辨性阅读教学时，教师要充分了解学生的心理特征与兴趣特征，精心设计导入环节，以便在后续阅读教学中对文本展开进一步思辨。在选择议论文思辨性阅读教学导入方式时，教师要努力营造一个平等、民主、和谐，允许学生标新立异的教学环境，从而激发学生的好奇心，引起他们的思辨兴趣。

选择与创设与学生生活相联系的任务情境作为教学导入，容易触发学生情感的共鸣与理性的思考，这种导入方式更具真实性、启发性，可以在激发学生的积极性和自主性的同时，引导学生思考探索，促进思辨性思维的发展。教师可以通过讲故事、介绍背景、布置人文学习任务等方式为情境作铺垫。例如，在教授荀子的《劝学》时，教师可以从"劝"和"学"切入，让学生从自身出发，谈谈自己对学习意义的看法，再与文本的观点进行比较理解。通过前置学习任务情境，激发学生的思辨兴趣，为接下来进一步理解文本、分析与概括"学"这一抽象概念的内涵奠定坚实的基础。

2. 初读文本,夯实思辨基础

初读课文的目的是让学生理解和掌握文本的基本内容和主要观点,这在议论文文本的教学中是基本的和必要的。在文本初读中,教师要让学生明白,议论文文本是作者在特定历史和社会背景下的主观表达。教材中选取的议论文文本不仅可以供学生阅读和学习,而且可以让学生在探索文本的"说理"思辨中理解作者独特而深刻的思想,从而打下思辨基础,让学生进一步与文本、作者展开交流和对话,形成多元化的思考。文学类文本具有丰富的语言特色和强烈的情感体验,而议论文文本的表达方式是以说理为主,这对学生来说是略显枯燥和晦涩的。因此,在初读文本的教学环节,教师要补充相应的历史资料,带领学生进入文本所探讨的情境,与作者交流对话,碰撞思想。同时,在议论文思辨性阅读教学中,教师要把阅读的自主权交还给学生,激发学生内在的阅读主动性与积极性,让他们愿意静下心来阅读文本。鼓励学生在自主梳理文本的过程中发掘文本结构与核心理念,这是阅读中应该引起重视的,也是思辨的起点。

在初读文本时,教师可以提出以下问题:文本中作者的主要观点是什么? 有哪些分论点,又是如何产生并论证的? 从而尝试厘清全文的基本论述逻辑。值得注意的是,构成文本事实的种种要素是客观的,因此,在分析文本说理逻辑的过程中,教师要引导学生克服自身的各种偏见与狭隘,放下自以为是的观念,避免先入为主与视而不见。在掌握文本内容后,教师还可以组织学生对自己不能理解、产生怀疑之处或者是自己有所思考、感悟的地方进行讨论。这不仅可以提高学生的思辨能力,也可以培养学生自觉思考、质疑的习惯,从而推动学生对文本的深入理解。

3. 细读文本,提高思辨能力

(1)敢于质疑,提出问题。

议论文思辨性阅读旨在扩大学生的思维半径,让思维从表象深入本质,从零散趋向连贯,从一维迈向多维,全面展现学生的思维过程,从而达成对文章更深层次的认识和了解。因此,如果想要扩大思维空间,老师可以在学生阅读文本的过程中,指导学生在情节突转、情理悖谬等关键节点,找到疑问点和矛盾点,激发学生的思考和质疑,推动学生的思维发展。学生在文本中找到的矛盾点和疑问点,往往是文本内容与学生已有经验知识相悖,而造成理解偏差的地方。矛盾是文本最有价值的地方,往往能推动文章的发展。学生在矛盾处质疑,提出问题,能激起思维的千层浪花。这时,教师要积极引导学生正确看待疑问,善于且勇于对有疑问处发声。质疑的过程恰恰也体现了学生在语文实践活动中的"活性"思维。教师要让学生懂得,即使面对流传千古、饱受赞颂的经典议论文作品,也不能以仰视者的身份臣服于作者的名气,而是要与作品进行平等的对话,这样才能真正感受文本的精妙所在以及背后的特殊意义与情怀。

例如,贾谊《过秦论》一文中的前三段主要叙述了秦从崛起、兴盛到统一的过程,在这个过程中,秦从未实行所谓的"仁政",却国富兵强,势力威震四海八方,凭借东征西讨夺得了天下。这与文章的"仁义不施而攻守之势异也"的中心论点相矛盾,是一个很明显的论证缺陷。教师要鼓励学生对这一矛盾的观点进行质疑,引导学生对文本进行更深层次的理解,促进其思辨能力的进一步发展。

(2)运用推理,合理论证。

在议论文文本的思辨性阅读教学中,当学生初步提出自己的疑问后,教师不能就此止步,而应该继续深入引导。教师要继续引导学生关注文本逻辑,运用推理,对问题进行分析与论证,探究质疑的合理性。论证包括前提、结论以及前提与结论之间的推理关系这三大基本要素。分辨具有真实性的前提是论证的起点,而前提是由一系列概念所形成的命题构成的。教师首先要厘清文本概念的内涵,对其准确性要有正确的认知,这直接影响着思辨性阅读教学进程的推进。接着,教师要对前提与结论之间的推理关系进行合理论证。在思辨性阅读教学中,教师可引导学生将文本材料通过因果分析还原成理性判断,还可以在细读文本的基础上运用各种逻辑思维方法(常见的有演绎推理、归纳推理、类比推理等具体推理形式)进一步实现对文本观点的透彻理解。

例如,在初读文本的阶段,学生对《过秦论》的中心论点提出了质疑,接下来,教师就要开始引导学生进行思考论证:作者为什么会形成这样的观点。在带领学生仔细阅读文本之后,他们将会明白,秦之所以亡于"仁义不施",有一个前提,那就是"攻与防之别也"。贾谊把"攻与防"的改变,视为"治与不治"的前提条件,而不是结果。在他看来,在不同的情况下,攻击和防御发生了相应的变化,就应该随之做出不同的反应。当秦处于发展壮大的阶段,就要用武力征服世界,而不是用仁义之策,所以它可以"仁义不施";但天下稳定之时则要"施仁义",而秦正是在守天下之时不施仁义,所以才会沦落到国家衰败与灭亡的地步。可以看出,贾谊在创作《过秦论》时有他自己的考量,其论证过程符合他自身的文本逻辑。

针对学生的质疑,教师不能只做正确与否的简单论断,而是要带领学生对文本进行细读。在这个过程中,教师要积极引导学生发现作者的行文逻辑,克服他们因经验有限,在认识问题中存在的局限性,找到质疑存在合理性的依据,这才是思辨性阅读教学的主要任务,也是构建思辨性思维的正确且有效的途径。

(3)反思判断,及时调整。

反思旨在检查学生在议论文思辨性阅读学习中是否运用了正确的思维方式,这是发展思辨性思维的最后一步,其重要性不言而喻。学生通过反思,可以及时调整阅读过程中出现的问题,从而更好地理解文章的观点。同时,由于学生的理性逻辑思维仍处在发展过程中,文本的多样化能锻炼学生的思辨能力,使他们的思维变得更加客观、理性且充满挑战性。所以,教师要多注意学生的学习情况,对他们进行实时点拨和评价,避免盲目性,从而提升思辨性阅读教学的质量。

4. 以说写结课,巩固思辨思维

通常情况下,议论文思辨性阅读教学的重点在于学生对于文本重难点的过程性思辨,但实际上,结课作为课堂的重要组成部分,也具有"黄金招牌"的作用。一个好而精的结束可以使整个教学首尾呼应,使教学的思辨性和有效性获得质的提升。通过师生、生生之间的平等和多元的对话交流,学生在对文本进行质疑与探究、激疑与论证、评估和判断的过程中,其逻辑思维和辩证思维可以得到有序建构,将最初广泛的语言认知内化成思辨能力。因此,在课堂最后的结课环节,思辨也要贯穿其中,这样课堂上教授的逻辑知识,还有分析判断、逻辑推理等技能,才能被学生有效地吸收和巩固。说写结合是在阅读基础上的一种表达,可以将学生内隐的思考,转化为外部可量化和展示的表达,用说写来促进阅读,可以进一步提高学生的思辨效率。

阅读是认识理解文本信息,发现矛盾或冲突,提出个人质疑,进而综合分析的思辨的过程。而在指导学生进行口头表达和写作的时候,教师要将这一系列的操作化的思辨过程与学生的个人经验结合起来,最终形成个性化和创造性的见解,让学生进入深度思辨之中。在结课时,教师可依据单元主题任务或某一思辨问题让学生联系生活、结合材料,进行简短的口头表达;或者采取书面写作的形式,让学生的思维能力得到巩固。在这一过程中,教师可以对学生提出适当的创作要求,比如:逻辑要清晰有层次,观点要深刻突出,论述方法要合适恰当,做到有理有据、以理服人。

(三)议论文教学方法选择策略

议论文教学方法的选择,涉及课堂教学"怎么教"的问题。教师的教学方法会在很大程度上影响学生的学习兴趣与学习态度,对他们的学习过程和学习方式更是起着决定性的作用。议论文思辨性阅读教学中,必须摒弃以往低效、忽略学生主体性、"满堂灌"的教学方法,选择正确、高效的教学方法,让课堂教学的重点能够集中在思考上。

1. 重视启发,强化思辨意识

在议论文阅读教学中,教师可以先让学生说说自己在文本阅读过程中存在的困惑,从学生有疑问、读不懂的地方着手,设置问题,启发学生。例如,在学习贾谊的文章《过秦论》时,大多数学生觉得有一定的理解难度,心中会有许多问题和疑惑。如:《过秦论》中的"过"与"论"分别是什么?这篇史论的主要观点是什么,如何理解?"攻守之势异也"中的"攻"和"守"在课文中的具体表现是什么?此时,教师要鼓励学生将心中的问题积极表达出来,再将学生提出的各类问题按照学生的思维规律加以归类整合,依据文章的行文思路,即"写了什么""怎么写的""为何这样写",构建问题链,然后让学生合作讨论。这样才能加深学生对文章的理解,是一种行之有效的启发学生思考的方式,能够发展学生的思维能力。

同时,教师可以安排专门的课堂时间,让学生提出问题,表达自己的困惑,让学生通过小组合作讨论的方式,解决自己能力范围内的问题。另外,对于一些疑难问题,教师可以组织全班同学进行讨论和交流,交换意见。在这个过程中,教师要根据学生的学习能力和思辨水平,有针对性地启发学生进行思考,培养学生分析、解决问题的能力,充分激发和调动学生学习的积极性和主动性,力求让每一位学生都能够在自己原有的基础上有效地提升思辨能力。

2. 对话课堂,营造思辨环境

(1)平等对话下的探究性活动。

中学生的抽象逻辑思维已趋于成熟,不再需要教师对课文进行极尽详细地讲授,学生能够依靠已有的思辨能力进行自主探究。因此在议论文思辨教学中,学生的主体地位愈加凸显,教师不再进行灌输讲授,而是要构建一种平等和谐的新型师生关系。在这样的一种学习氛围中,学生能够与教师进行平等的对话与交流,在尊师重道的前提下毫无保留地表达自己的所感所思;教师也并非高高在上的、神圣不可侵犯的,可以存在瑕疵与不足。这样的和谐环境能够给师生提供一个通过平等对话展开探究性活动的平台,有利于促进思维火花的集中碰撞。思辨性阅读教学就是以对话为载体,在生本对话、师生对话、生生对话和学生的自我对话中,激发学生的思维活力,使他们的思想不断深入。

(2)文本集中式的专题阅读。

以专题形式开展的议论文思辨性阅读教学,能够将多篇文章以某一个主题作为纽带而集中连接在一起。专题阅读在最大化拓展阅读资源的同时,还能促进学生思维经验的积累,有效培养学生思维聚合的能力。专题教学则打破了文本与文本之间的屏障,将目标锁定在某个知识点上,在众多的文本中找到与之类似或互补的文本,从而提高学生思维的分析和辨别能力。

例如,在阅读学习苏洵的《六国论》时,学生可以就"秦为何如此快速衰败走向灭亡"为主题进行思辨性专题阅读教学,让学生补充阅读贾谊的《过秦论》、苏轼的《六国论》和苏辙的《六国论》。这些作品有的是从秦国建立到灭亡的角度进行分析的,也有的是从秦国的对手即六国的角度进行思考并陈述相应的观点的。教师可以让学生们自主阅读,进行理性批判与评论,探讨秦快速灭亡的原因。

这种将多种文本有效集中的做法,能进一步突出文本中共通的知识点或主题,学生在阅读时也更能产生自己的心得体会。不同时期、不同地域、不同名家、不同风格的作品对某一个共同探讨的主题所呈现出的多元观点,给学生提供了良好的思辨素材。通过拓展思维空间,拓展思维深度,学生可以体验到不同观点的碰撞,而这种碰撞产生的火花正是打开学生思维之门的钥匙。

（3）唇枪舌剑的合作辩论。

合作辩论不同于传统的课堂模式,与学生个人的自主行为也有区别,它在强调自身思维与表达能力的同时也重视团队间的合作分工。将辩论放置于教学之中,可以使学生在积极热烈的课堂氛围中获得参与感和成就感,还能锻炼思辨表达能力。一方面,辩论能让学生学会在他人面前大方、清晰、有条理地陈述自己的观点,表达自己的想法;另一方面,辩论还可以促使学生尝试运用逻辑,采用有文采的语句且有风度地批驳与自己不同的观点。在这个过程中,学生的思维与表达能力会得到较大的发展与提升。

除此之外,合作的方式,有利于学生对问题进行全面透彻的理解和把握,便于学生之间相互借鉴和补充;辩论的形式,能够促进学生间的友好竞争,让学生学会站在他人的立场思考问题,促进其思维的可逆性发展。因此,在阅读教学中,合作辩论是一种可用的辅助方式。但要注意的是,并非所有问题都适合开展辩论。一般来说,阅读教学的辩论主题的选择可以从以下两个方面入手。

其一,对文本的矛盾之处、有争议的地方进行集中探讨,通过对这样值得思辨的问题展开辩论,碰撞出思想的火花。学生可以在唇枪舌剑的论辩中加深对文本的理解,在畅所欲言的交流中达成统一的共识。例如,《鸿门宴》一文,针对项羽形象的评价历来褒贬不一,有人认为项羽是英雄,不惜牺牲自己以结束连年的战乱,如此壮举值得后人同情和景仰;也有人认为项羽不忠、不孝、不仁、不义,不能称为英雄,最多算是乱世枭雄。教师可以就此话题开展"项羽是不是英雄"的正反辩论,引导学生在表达与反驳中获得新的想法与观点,提升他们的思辨能力。

其二,辩论的主题也可以是能够引发学生兴趣和思考、适合中学生思辨的社会公共话题,这种主题有利于把学生塑造成为理性思考者。比如在讲授《喜看稻菽千重浪——记首届国家最高科技奖获得者袁隆平》《"探界者"钟扬》等"实用性阅读与交流"中的六篇文本时,教师可以让学生展开辩论:在人工智能快速发展、日新月异的今天,大量的人类劳动已经被智能机器所取代,那么现在是否有必要像过去那样强调劳动的意义和价值?引导学生理解并体会劳动精神的传承与发展,从而构建正确的劳动观念。教师在开展合作辩论时,要做好学生的组织和评价工作,让他们明白辩论注重的是逻辑清晰的说理,而不是毫无根据的争论,帮助学生培养理性和科学的思维,在辩论中提高学生的素养,这对语文教学有重要价值。

3. 个性解读,拓宽思辨路径

倡导个性化自主解读,是提高学生议论文文本阅读水平和增强学生思辨能力的重要方法和路径。所以,教师应该激励学生对文本进行创造性解读,即在分析质疑的基础上对文本进行多元解读。例如,鲁迅的《拿来主义》是一篇观点鲜明、具有针对性的议论性文章,属于社会类的论述类文本,其中蕴含着深刻的批判思想。教师可以从语言、人物形象、主题等角度进行多元解读,通过对语言的反复咀嚼、认真研读,产生深刻的理解。在阅读过程中。学生们对于文中"鱼翅""大宅子""鸦片"等词语的理解往往会产生分歧,有的学生认为"拿来主义"指的是对传统民族文化的态度,也有学生认为"拿来主义"涉及中外文化交流,还有部分学生认同"拿来主义"是二者兼有的观点。不过要注意的是,虽然在多元解读中,我们通常用"一千个读者就有一千个哈姆莱特"来展示各有千秋的创造性解读,然而不管解读多么千变万化,这一千个形象仍然是哈姆莱特的形象,而不是别的什么形象特点。并且我们力求在这一千个哈姆莱特的形象中找出最贴近、最契合真实情况的观点。在这种对比求证的过程中,不断贴近还原最真实的形象,才能最大限度地发挥学生的创新思维能力。简而言之,思辨性阅读教学鼓励学生多元解读,但这种"新解"须是"正解",而不是"偏解""误解",这样多元解读的"多"才具有意义和价值。

(四) 议论文教学评价运用策略

教学评价是以教学目的为基础,使用有效的科学工具和方法来判断教育过程和结果的活动。教学评价的主体和方式多种多样,有效的评价可以改进教学活动,完善教育理念。

1. 坚持评价主体多元化

在以往的议论文阅读教学中,教师群体常常被视为评价对象,老师教学水平被视为语文教育教学质量和效果的决定性因素。但真正有效的课堂教学评价应将学生自身、教师和其他参与者等多主体的多元化评价相结合。也就是说,在议论文文本思辨性阅读教学中,教师必须意识到并尊重学生的主体评价地位,将评价权力交给学生,调动他们内在的学习动机,让学生在不断反思的过程中,提升思维能力。除此之外,还要适当结合他人的评价,包括老师的评价、学生的互评。

首先是学生自评,在阅读中,教师要引导学生结合自身已有的相关经验,去理解、分析、辨析作者的思想感情。通过评价自己在议论文阅读过程中的信息归纳和分析能力,学生能够对文章的内容进行更深层次的梳理。与此同时,学生自评也是一种培养思辨性表达能力的方法。

其次,在自评的基础上,教师还可以鼓励同学们互相评价,既可以是小组成员之间的互评,也可以是同桌之间的互评,如果实践条件允许,还可以组织全班学生评论某位学生的观点和意见,以便获得更为全面的意见。例如,教师在引导学生讨论《劝学》的思考题时,可以就某位同学的发现询问其他同学:你认为这位同学所阐述的学与思的关系有没有依据? 你赞同他的观点吗? 如果赞同的话,说说好在哪儿? 请你评价一下他的建议里有哪些需要调整的? 等等。激励学生各抒己见,积极思考,相互促进,在阅读交流评价中与文本展开深度对话,进行思维的辩证,形成自己的认识。

最后,在此基础上,教师可以根据阅读材料及所给的任务,对学生的讨论结果做一个综合、整体、科学的评估。通过多元评价,促进学生思维的综合发展。

2. 运用有层次且全面的评价

一方面,学生的思维水平和思想层次是逐步上升的。每个人的思维,都是从低层次到高层次不断提升的。思辨性阅读教学正是根据学生的思维经验和语言发展特点来进行的,在阅读议论文文本的过程中,学生的思维处于高速运转的状态,其阅读能力也在一步一步提高。这就要求课程设计是有层次、阶段性的。在进行评价的时候,教师要从教学和学生的思维培养目标出发,确保教学活动能够兼顾并促进不同发展水平学生的成长,对他们在思辨性阅读教学中的思维是否具有逻辑性、批判性和创造性进行评估。同时,分级评价也能清楚地反映每个学生的思维水平及其对学习的理解程度。

另一方面,部编版高中语文教材中的议论文文本的思辨性阅读教学以提高学生的思维能力和提升其思维品质为目标。教师在对教材中的单篇文本进行教学评价时,应注重结合高中整体学段,结合学生的能力和发展水平,进行全面而综合的评价。将国际和国内的读写能力评估标准与高中生的思辨特征相结合,建立一个层次化的问题清单,让学生根据情况从情感、认知和思维等方面对自己的阅读进行适当的评价。例如,在研读这篇文章时,请你认真思考:这位作家的主要观点是什么? 其他分论点又是怎样确立的? 作者所采用的是何种论证方式,二者之间又是如何联系的? 你觉得哪个观点最具争议性? 为什么? 在这篇文章中,哪一种语言特征和风格给你留下了最深刻的印象? 说一说原因。在什么样的情况下,作者给出了自己的看法,你是否有其他的独到见解? 教师通过让学生回答这些与教学的重难点相关的问题,对学生的认知、分析和多角度思辨的效果进行清晰直观的评估,进而对学生的思维架构有一个全面整体的了解,并持续关注学生思辨能力的发展。

3. 注重过程性评价

过程性评价是一种评估学生在课程期间学习进展的方法。过程性评价的对象是多样化的,它要求始终关注每一个学生的发展,在整个教学过程中,对学生展开多视角、全方位的评价。过程性评价是对教学的动态评估,以确定学生的学习方式。对学生的过程性评价,不仅具有时间上的持续性,还具有空间上的互动性。过程性评价不仅有助于"量化"学习结果,而且提倡和强调"质性",倡导把评价"嵌入"教学的过程,强调评价的内在性和开放性,贯穿教学的全过程。

在评价过程中,教师要利用激励性和积极性的评价,来充分调动学生理性阅读的自主性,鼓励学生独立思考,提高学生的思维主动性。这些能起到正面激励作用的评价话语,主要来源于教师课前对思维经验的仔细研究,以及课堂中对学生进行的全面观察、与学生的交流和互动。通过师生的交流,以及生生的交流和协作,老师可以用"质性"的评估手段,及时、高效地评估学生的阅读自主性、阅读兴趣以及他们的阅读学习行为,从而帮助老师在以后的教育中不断调整自己的教学方式,更好地发展和提升学生的阅读能力和思维品质。

过程性评价以目标为导向,不仅注重语言能力的评估,而且强调对整个教学过程的评价,其中也涵盖了课后的练习环节。因此,教师在完成思辨性阅读课堂教学任务之后,可以以一节课、一个单元甚至一段时间的学习情况为依据,紧密围绕促进思维发展、符合思辨阅读教学的学习目标,从不同角度,采用多种方式设计具有针对性和开放性的练习或测试,以评估学生的掌握情况,并提供及时、具体和深入的反馈。这样可以使学生思维目标清晰化,提高他们的思辨能力。

除此之外,过程性评价还要求教师关注以下思辨性阅读教学中的重点问题:是否只注重对阅读的基本技能和基础知识的传授? 学生是否能通过分析做出自己的思考,形成自己的想法? 这一过程中是否促进了学生思辨性思维的发展与提升? 通过动态地、阶段性地对学生的思辨能力和语言能力进行测评并给予及时的反馈,过程性评价能够助力思辨性阅读教学在议论文文本中的良性实施,促进学生自我反思和思维能力的发展。

第二节　散文阅读

一、散文教材选编

部编版高中语文教材注重选取经典文本,合理安排古今中外各类作品的比例,还推荐了拓展阅读的书目,旨在激发学生的阅读兴趣,培养他们的读书习惯。

(一)部编版高中语文教材的选文数量

部编版高中语文教材(必修)的选文数量与人教版高中语文教材(必修)的选文数量

相比明显增多。人教版高中语文必修(一)共 12 课、14 篇文本,部编版高中语文必修(上)共 8 个单元、33 篇文本,同样是要在一学期内完成的教学任务,部编版高中语文教材的文本增加了 19 篇。我们再将人教版高中语文必修(二)第一单元选文和部编版高中语文必修上第七单元选文做一个比较,这两个单元均为散文单元,人教版的选文均是现当代白话散文,一共 3 篇,部编版有 3 篇现代白话散文,2 篇古代文言散文。就选文而言,部编版高中语文教材的选文数量更多、时间跨度更大。在有限的课时之内,通过多文本的组合阅读能有效地解决教学过程中选文数量增多的问题。

(二)散文阅读在部编版高中语文教材中的存在形式

除了选文数量的增加需要教师采用群文阅读的方法外,散文阅读在部编版高中语文教材中还呈现为多样化的形式:课文编排、课后学习提示、单元学习任务。

首先,散文阅读是部编版高中语文教材课文编排的重要组成部分。部编版高中语文教材根据主题、专题形式组织学习单元,通常每一个主题下会包含几篇相关联的文章,这几篇文章围绕同一个内容、目标,可以说基本上都是按照群文阅读文本组合形式编写的。以部编版高中语文必修(上)为例,其中的几个主题"青春的价值、劳动光荣、生命的诗意"等,就符合群文阅读教学提出的议题范畴。部编版高中语文教材的课文编写形式也体现了群文阅读的要求,以往的教材中一课往往只有一篇文章,但是在部编版高中语文教材中一课有时包含多篇文章,例如必修(上)第 2、3、4、6、7、8、9、10、13、14、16 课,每一课的多篇文章都可以通过群文阅读的方式进行授课。

其次,散文阅读也体现在学习提示、单元学习任务里。除却课文编排的形式外,课后"学习提示"和"单元学习任务"中也有群文阅读的提示。部编版高中语文教材的单元学习任务的设计追求结构化,例如必修(上)第七单元的三个学习任务分别指向:作品写法赏析,风格技巧的研究;作品价值的挖掘,审美和文化价值的探讨;写作与主题融合,由阅读导向表达。而这三个任务的共同目标,是引导学生进行写景抒情类散文的深度阅读和深度写作,以及促进他们语文运用实践能力的提升。单元学习任务的这种结构化设计和群文阅读的议题设计不谋而合,散文阅读的议题设定也要求有一个中心议题,然后围绕这个中心议题设置若干指向议题内容的任务,通过组织若干活动最终完成议题,完成议题指向的语文能力和语文素养。

例如,第 16 课《赤壁赋》和《登泰山记》的课后有"我国古代还有不少写景、记游名篇,如王勃《滕王阁序》、王禹偁《黄冈竹楼记》、徐霞客《游天台山日记》等,可以找来阅读、比较。"这样的学习提示,第七单元的单元学习任务中也有:"《故都的秋》《荷塘月色》和《我与地坛》描写的是同一个城市的景物,呈现出多姿多样的美。选取你认为最精彩的段落,反复朗读,细加品味,写一段评点文字。"这样的学习提示和单元学习任务,将这些学习提示和单元学习任务稍微改动,便可构成群文阅读文本或者议题任务。

二、散文阅读教学实施流程

(一)设置群文议题

散文阅读教学的议题指在散文阅读教学的课堂上,能够连接多个散文文本,并引导师生共同建构的核心话题或主题。议题可以由教师提前预设,也可以是文本固有的关联,还可以是在教学过程中逐渐形成的。无论是哪种形式下产生的议题,都要注意其可议论性与开放性,可议论性是师生共建的基础,开放性是阅读教学的内在要求。

1. 以作者(人物)为中心

小说往往采用虚构的叙述方式,诗歌往往讲求"形而上"的理想,而散文则是触摸"形而下"的现实。同样是在黄州赤壁写出的作品,《念奴娇·赤壁怀古》中的苏轼是理想人格的化身,《(前)赤壁赋》中的则是释怀的、与友人在船上喝得酩酊大醉的苏轼。因此,从散文的"写实性"与"自述性"来看,以意逆志、知人论世是一个很好的学习散文的方法,学生知人论世的深度决定了散文教学的高度。

部编版高中语文教材的散文选文的作者大多为名家,学生都很熟悉,如孔孟、司马迁、欧阳修、苏轼等,也有学生感到相对陌生的作家或作家群体。从作者的角度出发,以作者为圆心设置议题,就要求作者的背景具有"议论性"。在群文阅读教学的视域下,文本的相互交融使其蕴含的思想或审美不再被视为不容拒绝的,为学生接纳文本内容提供了内在的合理性。例如,以苏轼为中心设置议题,可以围绕苏轼被贬前与被贬后的人生转折进行发挥,引导学生思考苏轼是如何蜕变为笑对人生苦难的"乐天派"的;以陶渊明为中心设置议题,就可以围绕陶渊明如何在田园自然中找到"真我"进行生发与建构。

从作者的角度出发进行议题的拟定,除了可以帮助学生以一个作者为圆心,对该作者的其他作品"举一反三",还可以帮助学生打开思路,破除理解文章的障碍。例如,要读懂李斯的《谏逐客书》,就要理解李斯写下这篇文章的内在动机,即李斯为什么要阻止秦王逐客。在学习这篇课文时,教师可以引入《史记·李斯列传》进行补充。《史记》首段开篇明义,指出李斯认为,"人之贤不肖譬如鼠矣,在所自处耳",说明至少司马迁认为,身处秦国的李斯恰如粮仓里的鼠,是不愿意再回到低微的处境里的,在秦国任官是他的理想抱负所在。李斯当时的心境,是他日后行为与命运的决定性因素——即把外部因素看得过重,而不"守正"。此外,李斯把利益放在首位,教师可引用《资治通鉴》中所描述的李斯对韩非的打压进行补充。因此,面对秦王下达的"逐客令",李斯所写的《谏逐客书》寄托了他的理想与命运。这样能够有效激发学生对《谏逐客书》的学习兴趣,课文内容也不再是学生冷眼旁观、漠不关心的文字。教师可以把议题设置为"守正或谋利?——以李斯的视角走进《谏逐客书》",这样的议题既提供了一个开放的空间让学生讨论,又可以促使学生在情感、态度与价值观上进行深刻的思考。

下面我们举例说明,以作者(人物)为中心如何设置议题。

以韩愈为中心,可以把议题设置为"满肚子不合时宜,一身'反骨'韩昌黎"。教材中涉及韩愈的课文是《师说》,《师说》创作的背景是买官风气盛行,士大夫"耻学于师"。韩愈作文的目的就是要反对这样的风气。从韩愈的种种经历(如因论事而被贬阳山、谏迎佛骨被贬潮州)来看,《师说》的创作表面上看"不合时宜",没有顺应当时的社会风气,实则体现了韩愈敢说敢言的性格。韩愈每每逆流而上,用自己的一身"反骨"坚守自身的信念,这样的精神是学生应该学习的。

以庄子为中心,可以把议题设置为"放情自然,庄子的逍遥思想"。教材中选取的庄子的文章是《五石之瓠》与《庖丁解牛》。庄子的思想对于高中学生而言理解难度较大,因此,教师要带领学生走进庄子的哲学世界,体会庄子的逍遥思想,使学生更好地理解文本。

以王安石为中心,可以把议题设置为"王安石变法——孰是孰非"。教材中选取的王安石的文章为《答司马谏议书》,其写作背景是王安石变法引起了朝廷内外的诸多非议,王安石针对司马光信中批判变法所提出的五个罪名——"侵官、生事、征利、拒谏、怨谤"一一进行反驳。文本为驳论文,教师应带领学生了解王安石变法,从而使学生深入思考司马光对变法的指责有无依据,王安石的辩驳有何立场,这样才能体会王安石语言的力度。

以孔子为中心,可以把议题设置为"孔子内心的坚守与柔软"。教材中选取的与孔子相关的课文是《子路、曾皙、冉有、公西华侍坐》《〈论语〉十二章》,前者不仅展现了孔子因材施教的教育思想,还从孔子回答学生问题的态度与看法中展现了孔子内心坚持的思想观念,以及被学生触及的内心柔软之处。教师可以让学生分析讨论,孔子内心的"礼"究竟是什么,进而对儒家思想有更加深入的体会。

以陶渊明为中心,可以把议题设置为"为何归去——追求自己的光"。教材中选取的陶渊明的文章是《归去来兮辞》,结合学情分析,学生已经学习了《归园田居(其一)》《归园田居(其四)》《五柳先生传》《桃花源记》等文章,对陶渊明辞官隐居的理想有一定的了解。在了解陶渊明的过程中,其形象很容易被扁平化成为淡泊名利的隐士形象。事实上,在《归园田居(其三)》中,陶渊明是"种豆南山下,草盛豆苗稀"这样一个因为不会干农活而导致野草比果实还茂盛的农人形象。从《归去来兮辞》中的"农人告余以春及,将有事于西畴"也可以看出,陶渊明对农事一知半解,在这种情况下,陶渊明仍然对田园生活充满无限热爱,说明了田园生活是"此中有真意"的,有陶渊明真正向往的人生意趣。群文阅读教学能够将文章串联在一起,组成一个完整的陶渊明,陶渊明的形象在学生心中也就明晰了。基于此,教师可以结合学生已有经验,设置相关议题,梳理陶渊明的文章内容。

除了文本作者,文本中刻画的人物形象也可以作为议题设置的切入点。例如,以项羽为中心,可以把议题设置为"落败英雄——项羽输在哪?"。教材中选取的与项羽相关的课文是《鸿门宴》,该文章塑造了一系列鲜明的人物形象,如刘邦、范增、张良、樊哙等,项羽是其中最具争议性的人物,该争议可以作为课堂生发的切入点。教师可以引导学生从探讨项羽为何落败出发,分析项羽的形象,带领学生体会从细节处刻画人物的技巧。

2. 以文体为中心

以文体为中心设置议题,有利于教师对文体意识淡化与缺失的语文教育进行反思与改进,更是古代散文教学的一个新的思路。部编版高中语文教材中的古代散文的选文文体多样,包含说、表、赋、论、记、序、辞等。

下面我们举例说明,以文体为中心如何设置议题。

以山水游记为中心,可以将议题设置为"山水中的别样人生"。教材中选取的游记有《(前)赤壁赋》《石钟山记》《登泰山记》《兰亭集序》,学生比较熟悉的游记有《小石潭记》《游褒禅山记》《醉翁亭记》《岳阳楼记》等,可以说,山水游记蕴含着中国古代特殊的历史文化,承载着古人的多种情绪体验与人生感怀。如《(前)赤壁赋》中,苏轼把对人生的释然寄托在水与月中;《登泰山记》中,姚鼐在辞官后"乘风雪"到泰山,在登顶看日出的一刻情绪高涨;《小石潭记》中,柳宗元把遭遇贬谪的情绪变化映射在小石潭的环境中;《醉翁亭记》中欧阳修在山水间找到了与民同乐的意趣,等等。教师通过群文阅读教学可以带领学生更加深刻地体会山水文化对于古人的意义,以及古代文化深远的内涵。

以表与书(疏)为中心,可以将议题设置为"奏议的变化,看古人如何写公文"。教材中选入的奏议数量颇多,有《谏逐客书》《谏太宗十思疏》《答司马谏议书》《陈情表》。此外,学生在以往的学习中也学过奏议,如《出师表》。因此,学生可以通过表与疏的对比领会古人写公文的文学艺术。以《陈情表》与《谏逐客书》为例,在群文阅读教学模式下的语文课堂上,教师可以提出疑问:"辞官不赴"的李密与即将被逐出秦国的李斯,同样有着说服统治者改变旨意的需求,且他们的需求同样迫切,"书"和"表"的作用有什么不同呢?首先,"书"(或者说"疏")原指逐条陈述,多用于臣子给统治者提建议,而表则用来陈述请求,比"书"多了言情的成分。从"书"和"表"的行文思路来看,也很好地印证了这一点,如《陈情表》的主要目的是"辞不赴命",然而他并没有开章明义,而是先谈身世,先阐述其身世的悲惨,再歌颂朝廷,表达"沐浴清化"的感恩之情,最后言明祖母的境况

（日薄西山），自己不得不在忠与孝之间做出抉择。《陈情表》说服方式委婉曲折，通篇以情动人，用词用句都是柔软的。而《谏逐客书》则开门见山，首句指出："臣闻吏议逐客，窃以为过矣。"同时，需要注意的是，即使开篇就指出政策的错误，李斯却巧妙地将政策错误的对象指向"吏"，而不是统治者本身。文章从头至尾都体现着理性，而并非以情取胜。其次，从文章结构来看，《谏逐客书》分为四段，分别从历史事实中客卿对秦国发展做出的贡献、"逐客令"本身存在的矛盾、逐客的危害等角度出发，层层深入、鞭辟入里、摆事实、讲道理，而不是从情感的角度述说自己对秦国的忠心。从李斯的处境看，对一个决心富国强兵的帝王打情感牌无疑只会让自己的处境雪上加霜，这决定了这篇文章必须看似替秦国谋划出路，实则替自己争取未来，这种文章只能用"书"的形式，而不能用"表"的形式。因此，"表"与"书"的选择并不是随机的，而有讲究。教师要引导学生从情与理两面出发，深入体会"表"与"书"不同的文体样式带来的不同语文体验。

以说理性散文为中心，可以将议题设置为"道理如何讲得使人信服？从古文看古人讲理的艺术"。教材中选入的论说文有《劝学》《师说》，此外学生在以往的教学中也接触过《马说》《爱莲说》《生于忧患，死于安乐》等。通过学习说理性散文，学生的逻辑思维可以得到发展。多文本的介入可以使学生探讨比较各种说理的巧思，如《劝学》的说理优势在于层次分明，开篇明义"学不可以已"，并分别从学习的重要性、学习的态度以及学习的内容和方法等角度进行全方位阐述；《师说》说理的优点在于论证清晰，分别运用了对比论证、举例论证、引用论证，将"古之圣人"与"今之众人"的从师的态度、"士大夫之族"与"巫医乐师百工之人"的从师态度、为孩子"择师"与为自己"择师"的态度进行对比，并引用了孔子的言行加深论证力度。说理性散文是讲究逻辑层次与论证方法的，对这些文本的综合学习能使学生在理性思维的开发、逻辑思维的发展、写作能力的提高上更进一步。

以人物传记为中心，可以将议题设置为"小人物中的大社会"。教材中选取的人物传记有《屈原列传》《苏武传》《种树郭橐驼传》等。其中塑造了不少学生接触过的社会底层的人物形象，如《伤仲永》中的方仲永、《琵琶行》中的琵琶女，等等。我们可以从小人物身上看到当时的社会风貌，教师要引导学生抓住小人物，品味大环境，感受古人对于社会的反思，从而树立正确的价值观与人生观。

3. 以母题为中心

母题是文学作品中出现的具有独立性、传承性、普遍性的对人类基本行为、精神现象与对世界认知的概念。母题对语文教学的意义重大，母题是数量有限但样式丰富的，包括冒险、命运、成长、漂泊、复仇、青春、家园等。中国古典文学中蕴含的母题亦是独特的。如《（前）赤壁赋》与《春江花月夜》提出了同一个关于人生的哲学性问题——个体生命的易逝性与宏观世界的永恒性之间的矛盾。《阿房宫赋》与《山坡羊·骊山怀古》等一系列怀古诗展现的是中国古代历史长河中被反复追问的"历史重演"的矛盾。

下面举例说明，以母题为中心如何设置议题。

以生命为中心，可以将议题设置为"易逝的还是永恒的？从古代散文看古人的生命哲学"或"生命意义的探寻——以《（前）赤壁赋》《小石潭记》《兰亭集序》为例"。教材中探寻生命意义的散文有《（前）赤壁赋》《兰亭集序》《归去来兮辞》等。生命的意义可以是《（前）赤壁赋》中对于人生短暂的释怀与对浩瀚宇宙的思考，可以是《兰亭集序》中对生死无常的担忧与对当时环境下"虚妄"风气的反省，还可以是《归去来兮辞》中对于自然人性的追求与向往。古人的平均寿命较短，且命运无常，他们对生命意义与价值的思考是持续不断且深刻的。通过古代散文群文阅读教学，教师可以引领学生对生命价值进行思考，帮助其塑造积极的生命观。

以历史为中心，可以将议题设置为"繁荣或毁灭？从古代散文看历史前进的车轮"或"六国何以破、秦国何以立"。教材中以史为鉴的文章并不少，如《六国论》借用六国破灭的历史告诉统治者"赂敌之弊"；《五代史伶官传序》分析了后唐盛衰的经过，告诫统治者要居安思危；《谏逐客书》以历史事实论述了客卿对国家发展的重要性；《阿房宫赋》借阿房宫从兴建到"化为焦土"的过程总结了骄奢淫逸必将亡国的观点。中国古代历史在朝代的不断更替中发展，其中存在着"忧劳可以兴国，逸豫可以亡身""灭六国者，六国也，非秦也；族秦者，秦也，非天下也"的历史规律。通过散文阅读教学，可以使学生更加深刻地体会这一点。

以情感为中心，可以将议题设置为"细微处见情意长"。教材选取的有关情感的文章有《陈情表》《项脊轩志》。《陈情表》中作者从自己年幼不幸的遭遇开始叙述，表达了与祖母相依为命的深厚情感。《项脊轩志》中，作者通过描写书斋项脊轩，叙述自己与祖母、母亲、妻子相处的情景，表达了作者对逝者的怀念之情。学会观察细节描写中体现的真情，有利于学生在写作时对细节进行观照，这是散文阅读教学以读促写作用的体现。

以理想人格为中心，议题可以设置为"什么是君子？——从古文看古人对理想人格的观照"。自春秋时代起，理想人格一直是中国古代社会经久不衰的话题，教材中选入的《〈论语〉十二章》《大学之道》等文章皆有对于理想人格的叙述，如《〈论语〉十二章》中的对君子的描述是"人不知而不愠"，对于各种理想人格的描述是"知者不惑，仁者不忧，勇者不惧"，对于读书人的理想人格描述是"弘毅""任重道远"；《大学之道》对理想人格的描述是符合三纲领、八条目。此外，在学生已有的阅读经验中，理想人格可以是《岳阳楼记》中的"先天下之忧而忧，后天下之乐而乐"，也可以是《爱莲说》中的"出淤泥而不染"。以理想人格为议题的古文教学,可以使学生明白古代文人志士的理想情怀,进一步陶冶学生的情操,培养学生积极的人生观与价值观,使学生感受到古代优秀传统文化的浸润。

(二)选择教学文本

文本的选择在散文阅读教学中至关重要,不少教师在选择文本时并没有经过深思熟虑,甚至以功利的需求为指挥棒,把散文阅读教学课上成了"考点整理与总结"课,这是没有考虑到文本选择对整个课堂起的关键性作用的结果。

1. 以教材中的文本为核心

教材是《课程标准》的具体化,体现了《课程标准》的核心理念,同时也是教师在教育教学中的主要依据。因此,散文阅读教学要以教材为依托,以教材中的散文选篇为核心,选择切合学生需要,能够提升语文能力与语文素养的文本开展教学。现在高中普遍推行的部编版高中语文教材分为必修上册、必修下册、选择性必修上册、选择性必修中册、选择性必修下册,总共五册。其中,古代散文有30篇。

从教材选编来看,古代散文在教材中的占比不算低,不少篇目甚至作为重点背诵篇目要求全文背诵(如《(前)赤壁赋》《劝学》等)。选文的标准有以下几点。

首先,看散文类型。部编版高中语文教材以抒情性散文与议论性散文为主,同时安排了山水游记、人物传记等不同体裁的散文。这样的安排与高中生的学情有关,一方面,高中阶段的教学要求提高学生的逻辑思维能力,另一方面也要求学生在学习中形成正确的审美意识与审美情趣,因此,高中教材的选文以能传达正确审美意识的抒情性散文与能训练学生思维能力的议论性散文为主。

其次,看散文文体。部编版高中语文教材选取了形式多样的文体,如记、序、辞、赋、章、表等,这是基于高中阶段注重学生语言建构与运用的需要。通过学习不同的文体,学生能够感受文体之间语言运用的差别,例如臣子上奏的章表与记录历史的史传的语言风格就有所不同;同样是上奏的章表,《陈情表》与《出师表》在语言风格上也有其区别。教师在教学中不能忽略其中的联系,将每一篇散文"依样画葫芦"地进行处理,而要考虑其内在联系与古人语言运用的精妙。

最后,从朝代划分看。部编版高中语文教材选取的散文多以秦汉、魏晋、唐宋的文章为主,少有明清的文章。一来是明清的作品以戏曲、小说为主,散文不具代表性,尽管后期一些文学流派如桐城派也为中国古代散文的发展做出了一定的贡献,但就整个文化长河而言,始终是略逊一筹的。二来是从情感态度与价值观的角度来看,古代散文代表古人的才情,才情不仅意味着要有才华,更意味着要有情感与志气,秦汉的文章有气度,魏晋的文章有风骨,唐宋的文章更是别具一格,学习古代散文,就是学习古代志士仁人身上的精神与品位。

梳理教材中的散文可知,部编版高中语文教材对于散文的选择主要出于三个方面的考虑。一是根据高中阶段学生自身的语文能力提升的需求,选取了学习抒情性散文与议论性散文。二是根据高中阶段学生的语用能力提升的需求,选取具有典型性、文质兼美,同时囊括多种文体类型的散文。三是根据高中阶段学生情感态度与价值观引导上的需求,选取能引导学生树立正确的价值观与积极的审美取向的文章。文本选择不能脱离教材的选编情况与教学实践的实际需要。在紧扣教材的基础上拓宽学生的阅读视野,是古代散文群文阅读教学有效实施的保障。

2. 以议题为基点,拓展文本资源

切合议题是文本选择的首要原则。散文阅读教学选择文本的标准是文本的结构化特征,结构化是组织一节高水平的散文阅读教学课的关键,而议题是在文本结构化的基础上生成的,它作为连接不同文本间内在联系的纽带,是开展教学的前提与基础。因此,散文群文阅读教学的文本选择必须以议题为基点。同时,文本之间的关联性与异质性是实现结构化的关键连接点。散文群文阅读教学要能够激发学生的联想、促进学生思维的发散,归纳文本异同、概括文本信息是提升学生思维的广度与深度的重要途径。基于关联性的需要,在文本选择时,要选择能形成对照的文本组。此外,教师还要注重文本的异质性。多维度下的异质文本,能形成更好的互文效果,这有利于议题的统领与整体建构。文本间的比较阅读是散文阅读教学的重要呈现方式,文本间的异质性为比较阅读的有效性奠定了基础。

三、散文阅读内容

(一)细读散文语言

1. 重视诵读作用,反复推敲吟咏

课前的预习诵读活动是学生第一次与散文进行"沟通",在这一过程中学生能初步感受作品的内容及风格,大致掌握作品的情感脉络。

一方面,教师可以选取散文的重要节段进行诵读。散文中有些语言难以表达的情感,只能通过诵读来捕捉。通过反复地诵读,学生会对散文产生独特的看法。例如,朱自清的散文《荷塘月色》中"曲曲折折的荷塘上面,弥望的是田田的叶子。叶子出水很高,像亭亭的舞女的裙。层层的叶子中间,零星地点缀着些白花,有袅娜地开着的,有羞涩地打着朵儿的",这段话体现了散文的音韵之美,但很难看出作者所要抒发的感情,教师可以引导学生聆听名家范读,再组织学生有感情地朗读,就能更好地带领学生感受散文的朗诵基调和情绪,建立话语、声音、形态和情感间的联系,加深学生对散文的感知与理解。

另一方面,教师可以通过提问来引导学生诵读。有针对性地阅读文章不仅可以激发学生的阅读兴趣,还可以使学生在阅读中获得成就感。教师可以通过设问实现阅读教学目标,要求学生仔细阅读文本。在阅读前,教师要给予学生一些提示,同时安排一些与学生学情相符的任务,让学生在阅读过程中进行自主探究。例如,鲁迅《拿来主义》一文中"这种奖赏,不要误解为'抛来'的东西,这是'抛给'的,说得冠冕些,可以称之为'送来',我在这里不想举出实例"。在对"抛来""抛给"("送来")进行辨析时,学生很难理解二者的含义以及二者间的关系,如果学生毫无目的地诵读课文,往往会遗漏重要的信息,达不到理想的教学效果。教师可以根据这段话提出问题,让学生根据上下文和书下注释反复诵读,加深对"抛来"和"抛给"("送来")的理解和认识,也能为更好地理解"拿来"主义做准备。为了更有效地运用文本细读理论,老师也可选择一两篇有深度和难度的散文,先告知学生主旨,再让学生反复诵读,寻找能反映主旨的句子,把握文本节奏,从而对文本产生更加深入的理解。

2. 巧妙设计问答,交互推动细读

学生在阅读新的散文篇目时,第一步要速读,但大部分学生很难通过粗略阅读领悟散文的核心思想,这就需要教师在备课时精心设计课堂上的互动问题,使学生对散文产生深刻的感受,增强他们的文本细读能力。因此,教师要结合散文的特点,在课前设计好交互问题,同时重视问题的针对性,从而激发学生的学习兴趣。依据课前设计的问题,教师可以在课堂上与学生形成有效互动,从而更好地展开课堂教学,发散学生的思维。

(1)教师要结合散文的内容巧设问题。

在对散文进行文本细读时,教师要结合散文的内容和培养学生语文核心素养的要求,让学生由浅及深地思考问题,进而全面地解读文本的内涵,提高阅读的有效性。在结合散文内容预设问题时,教师可以将学生引入散文情境,带领学生走进散文所营造的氛围,让学生体验多样化的情感。例如,在《故都的秋》的教学过程中,教师可以在导入主题之后,设置"本文所写的故都的秋有何特色"这个问题讨论环节,让学生能够深入课文探寻故都秋天的特色。结合学生的答案,教师可以继续提问:"作者如何展现故都秋味?"使学生能够循序渐进地进行探究。这不仅可以提高学生的语文阅读能力,还通过问答激发学生的想象力,营造良好的教学氛围,促使学生深入地研究文本。

(2)教师要根据学生的特点巧妙设问。

学生始终是课堂真正的主人,教师要通过对问题的探讨,让学生在讨论的同时发散思维,提升语文核心素养。同时,教师也可以在设计问题时,通过启发、点拨让学生在阅读散文的过程中主动提出个性化的问题,这种方法能够在发挥学生学习主体性的同时,培养学生的个性化思维能力。

　　教师在设置探究性问题时,可以参考《课程标准》、高考考纲、社会热点、学生兴趣点、学生身心特点或者教师学识专长,等等,让学生从不同角度进行自主探索,既激发学生的学习兴趣,又培养学生的创新精神与实践能力。如教师在赏析《荷塘月色》时,先布置一个作业,让学生自主朗读文本,找出文本中他们喜爱的语句并给出理由,再和其他同学交流。

　　在这一阶段,学生通常会很有兴趣并能很快完成任务。散文中有许多好句,有的学生非常喜欢"月光如流水一般,静静地泻在这一片叶子和花上"一句,原因是这句的比喻的修辞手法用得非常好,描绘了一种美的意境,作者用了一个"泻"字,让月光显得十分灵动;还有的学生找到"微风过处,送来缕缕清香,仿佛远处高楼上渺茫的歌声似的"这一句,给出的评析内容是:"这一描写以嗅觉和听觉两处为切入点,多种感官相互穿插,给人一种十分丰富的视听体验。"教师在听了学生的分享之后,可以给予鼓励和肯定,再帮助学生厘清思路,让赏析散文的过程由表入里、由浅入深。

　　(3)教师要注意提问的时机与方式。

　　教师在教学过程中应及时分析和评价学生的理解情况,适时回答学生的提问,为学生接下来的细读奠定良好的基础。同时,教师在教学中要根据自己对散文的理解及课堂动态认真预设问题、适时调整,用不同的方式在限定的时间内尽可能地动员学生投入讨论,认真对待学生提出的想法,允许学生对散文有不同的诠释与见解,并在此基础上加以提炼,引领学生深度分析散文。

　　3. 立足文章整体,把握关键词句

　　语言是文本的基本要素,散文的字词句篇都是作者为了抒发自己的情感反复推敲而来的,一些看似平常的字词也包含了作者的匠心。在实践文本细读理论的过程中,教师要立足文章整体,引导学生抓住作者埋在一字一词之间的微妙情绪起伏,体会语言文字运用的妙处。

　　首先,教师要抓住标题中的关键字词。标题有时是对全文主旨的高度总结,有时则是全文的关键线索,教师要引导学生把握标题中的关键字并对其含义进行准确诠释,从而把握文章的关键。例如,教郁达夫《故都的秋》这篇文章时,教师可以从标题出发,提出问题:"作者为什么不直接命题为'北平的秋',而是'故都的秋'呢",通过讨论学生可以找出关键词"故","故"表明了作者对北平深深的眷恋之情。随后,教师可以引导学生细细品味郁达夫在作品中对故都秋天的"淡淡的喜悦"和"淡淡的忧愁"的描写。

　　其次,教师要抓住与散文主旨相联系的关键词句。我们在阅读一篇散文时,必须把握其中能凸显散文意蕴的重点词句,这些关键词句在散文中常起到点睛传神的作用,它们准确地表达了文章的要义,也最为充分和真实地抒发了作者的感情。这些中心词、关键词以及典型词语不仅富有深意,还常常带有感情色彩,是读者探寻文本主旨的重要线索。从这些关键词出发,对词义进行深度解读,分析词中蕴含的情感色彩,就能够领会作者的情感态度以及所要表达的观点。

要看懂看透这些关键字词并不是件容易事,它要求学生在认真揣摩的同时,充分发挥想象,这样才能更好地领会其中的深意。因此,教师要引导学生从总体上把握散文,通过查找和揣摩重点词句来激发学生的阅读兴趣,提升学生的阅读能力。如在教郁达夫《故都的秋》时,教师要把握"泡一碗浓茶""疏疏落落的尖细且长的秋草""像花而又不是花的那一种落蕊""秋蝉的衰弱的残声"这些关键句,带领学生走进悲凉萧条的秋景,使学生进一步了解作者所表达的情感。

最后,教师要把关键词句和对文本的整体感知联系起来。正如我们在欣赏一幅画作时,要先整体观察,然后再欣赏作品的线条和结构,读书亦然,读者在阅读时要把握文章要点,以整体感知为基础进行细读。教师在进行散文教学时,如果只注意散文的各个细节而不与整体相结合,文章解读起来便会"支离破碎",学生也难以掌握散文的要领。因此,教师要遵循文本细读理论的整体性原则,从关键处引出对整篇文章的思考。

(二) 细读散文物象

1. 分析物象特征,把握形象特点

散文物象指的是在散文中寄托着作家感情的景物或事物。这个形象有时候是全面完整、富有特色的,有时候是似断似续、时隐时现的。它们大多是日常生活中常见的东西,如花、草、虫、鱼、水、石,等等。这些在日常生活中司空见惯的事物,经过作者的点染和处理,被赋予了独特的艺术魅力,变成了一种感情的载体,物象的运用能够让作品更加生动和富有感染力。没有一种物象是无中生有地捏造出来的,在数千年的文学发展过程中,人们往往形成了一种共识,默契地将个人特有的情感体验与某种景象或事物联系起来。

以《荷塘月色》为例,作者先写了夜色中的荷塘:"月色""月色下""月光下"等,将月色之美描绘得淋漓尽致,让人心驰神往。接着作者又写了荷花"袅娜地开着""羞涩地打着朵儿",将荷花的形态之美表现得淋漓尽致。通过对物象特征的分析,学生更容易把握文章的中心,这有利于教师进行更深层次的教学,引导学生更好地了解散文物象的内涵。

2. 分析物象意蕴,体会作者巧思

物象是作者独特的情感和巧思的外在表现,它包含着作者对大自然和人生的独特感悟,教师在分析物象时不仅要关注它的外在特征,更要透过表象去理解它的内在意

蕴,激发学生与作品之间的情感共鸣。

例如,在教《我与地坛》这篇散文时,教师可以引导学生通过分析文章中"地坛"这一物象的内涵,了解作者对生命的思考和感悟。首先,地坛是作者双腿失能之后对生命的感悟,地坛在文章中是一个具有象征意义的物象。"我与地坛"中"地"代表着时间,而"坛"代表着人生的终点,作者在人生最美好、最重要的阶段突然双腿失能,只能在轮椅上度过余生。通过对地坛这一物象的分析我们可以了解到,作者在地坛中看到了人生无常、命运无常,从而产生了对生命的思考,并通过地坛感受到了生命的价值。通过这些思考,学生不仅了解了文章的思想情感,还可以更深刻地理解作者对生命价值的思考。

3. 分析表达方式,体悟散文魅力

散文多以情感为基调,通过对自然景物的描写,抒发作者的思想感情。而散文中物象的描写方式又因写作内容和文章情感基调不同而有区别。不同的表达方式,能够产生不同的表达效果。如记叙性散文可以用细腻生动的语言来描写自然景物,表现作者对自然景物的热爱之情;议论性散文可以通过理性思考来表达作者对客观事物的见解,从而引发读者对事件或事物的思考;抒情性散文可以用细腻真挚的语言来抒发感情,使读者在情感层面上受到触动。

在教学过程中,教师可以通过分析散文物象的表达方式,运用联想、象征等手法让学生在细读物象描写的过程中,体会散文语言的魅力。比如在教《故都的秋》时,教师可以引导学生先略读,找出描写秋色的段落,整体感知文章所写的景物的特点。再引导学生抓住"秋"字的含义,理解故都的秋,让学生展开联想,感受故都的秋是一种什么样的状态。最后再引导学生将景物描写和自己对故都秋天的感受联系起来,领会作者在写作过程中运用的比喻、拟人、象征等表达方式,从而进一步理解作者"悲秋"的思想与情感。

(三)细读散文语境

1. 重视意象赏析,深入解读意境

意象是组成意境的部件,而意境则是意象的灵魂。教师要引导学生发现散文中的意象,走进意境中领悟作品意蕴。在诠释意象和意境时,教师应从具体的文字即散文的特定形象出发,引导学生联系自己的人生体验对散文进行个性化诠释,走进作者的内心世界。

比如《故都的秋》写道:"在北平即使不出门去吧,就是在皇城人海之中,租人家一椽破屋来住着,早晨起来,泡一碗浓茶,向院子一坐,你也能看得到很高很高的碧绿的天色,听得到青天下驯鸽的飞声。从槐树叶底,朝东细数着一丝一丝漏下来的日光,或在

破壁腰中,静对着像喇叭似的牵牛花(朝荣)的蓝朵,自然而然地也能够感觉到十分的秋意。"其中"破屋""浓茶""驯鸽的飞声"等意象共同构成了悲秋的意境,教师应引导学生通过对意象的赏析,深入解读作者创造的悲秋意境,使学生深入理解散文包含的哲理与内涵,进而丰富学生的人文知识。

2. 抓住散文矛盾,细读语篇语境

单个的词语都能从词典中查到明确的含义,但在散文中,作者可能会赋予它更丰富或带有情感色彩的含义,因而会产生与现实语义不符的矛盾点,这就要求我们在分析文本时不能将其孤立地理解,而要放到语篇语境中进行整体的理解和分析。在语篇语境中把握散文矛盾,有助于学生思考作者的写作意图,学习文本的表达方式,理解其中的关键性词语。

教师在散文教学中不能单纯地寻求作品和现实之间的契合,还要从作品和现实之间的矛盾点出发,对散文内涵进行矛盾性还原,以更好地进行课堂教学。例如,《荷塘月色》写道:"这一片天地好像是我的;我也像超出了平常的自己,到了另一个世界里。我爱热闹,也爱冷静;爱群居,也爱独处。像今晚上,一个人在这苍茫的月下什么都可以想,什么都可以不想,便觉是个自由的人。白天里一定要做的事,一定要说的话,现在都可不埋。这是独处的妙处,我且受用这无边的荷香月色好了。"这段中的第一句话就存在矛盾。首先,清华园就是作者居住的地方,为何作者称其为"另一个世界"? 其次,"超出了平常的自己"中也存在着一个矛盾,"平常的自己"是什么样子呢? 教师可以基于此对学生进行提问,并引导学生进行讨论,同时教师可以给予适当的点拨,最后得出结论:作者此刻正沉浸于月下荷塘的美景中,让他能够忘却一切琐事,从白天生活的烦恼中解脱出来,成为"自由的人",从而"超出了平常的自己"。《荷塘月色》中隐含着朱自清的苦闷,这给全篇的语境氛围笼罩上了一层朦胧的沉重色彩,这是他内心的矛盾,也是我们教学时需要着力引导学生理解的地方。

(四) 细读散文结构

1. 厘清文本结构,把握行文脉络

教师在教学中要注重散文文体结构的特殊性。不同文体结构的赏析方法不相同,厘清文本结构有利于学生抓住事件发展的总体线索,明晰来龙去脉,了解作者的思路和情感,对整篇文章有一个系统的理解。

比如在教《拿来主义》这篇课文时,教师可以通过对文本结构的分析,让学生明确作者的立场。在这篇文章中,鲁迅先生不仅批评了国民党,还对无法正确对待文化遗产的迟钝民众进行了批评,并表明了他的态度:"对外来文化要以辩证的态度来看待。"文章的主线也非常清晰,首先对盲目的"送去主义"进行了批判,并对什么是"拿来主义"进行了阐述,然后提出了自己的见解,即对传统文化要保持批判态度,取其精华,去其糟粕;对外来文化要持辩证态度,切忌一味苟同。文章在结尾处升华主旨,并且提出树立正确的文化观念对于提高国民素质具有重要意义。在对结构进行梳理后,文章的核心思想就变得清晰明了了,学生在此基础上细读文本内容,便能更加完整地体会文章主旨。

2. 突出散文体裁,体会文体特点

(1)记叙性散文。

记叙性散文所写的人和事都是真实的。这类散文最显著的特征是抒发了作者内心的真实感受。写人与叙事,就是要抒发作者的主观情感,所以记叙性散文教学可以以厘清文章脉络结构、引导学生分析人物及生活场景和挖掘作者寄托在散文中的主观情感为切入点进行分析与教学。

(2)抒情性散文。

抒情性散文主要是表现作家真实的情感态度、生活情趣等。抒情的方式有直接抒情与间接抒情,还有借景抒情与托物言志。所以在教授抒情性散文时,教师要引导学生明确文章的抒情方式,探索作家的情绪变化与情感线索,细细品味关键语句并深刻领会其中抒发的感情。

(3)议论性散文。

议论性散文主要是表达作者的观点,具有思想深刻性、观点科学性、逻辑严密性和语言准确性等特点。在讲授议论性散文时,教师要引导学生抓住论点和论据的关联,以文章论点为切入点,梳理文章脉络,分析论据的支撑作用。

教师在分类细读的同时也要重视散文的独特性。每一篇散文均有散文所共有的特征,比如语言之美、感情之美、意境之美等。但不同作者的人生阅历、写作背景与写作初衷各不相同,语言风格各异,所寄寓的思想情感更是各不相同。这些差异决定了即使是同一散文类型,教学方法也必然要有区别。同一位作家的不同作品,在语言技巧、表情达意等方面也绝非一成不变。所以,每一篇散文均具有独特性,教师要在分类细读的同时,重视散文的独特性,有目的地指导学生对散文进行细读,领悟散文的精髓和要领之处。

(五)细读散文情感

1. 把握文章细节,体会作者情感

细节描写指的是在一篇文章中,作者经过精心安排并利用关键文字进行细致描述的细小的环节或情节,这些细节描写对气氛、背景、人物性格等产生了不容忽视的影响。如《荷塘月色》描写月光下荷塘中高高挺立的荷叶像亭亭玉立的少女翩翩起舞而张开的裙子;盛开的荷花像丽人柔美的身姿洒脱大方;含苞欲放的花蕾如同羞涩、娇滴的少女脉脉含情。在描写微风吹过荷塘时,朱自清用"流水""轻纱"形容月光的皎洁、柔和,用"梦"形容月光的缥缈,若隐若现,既渲染出月光雾色相混的朦胧迷惘,又烘托出月色笼罩下荷塘的幽静、安恬,使人心生向往,仿佛也被带入梦境之中。教师应该将这些细节描写放在特定的意境之中,引导学生进行分析,通过对细节的关注更好地理解散文所表达的情感。

2. 创设生活情境,融入学生情感

文学作品之所以拥有如此广泛的受众群体,是它能引起人们的情感共鸣。因此在散文教学中,教师要引导学生将自己的情感融入阅读,与作家产生情感上的共鸣。

每一位学生都有独立的思维能力,在学习的过程中,他们不能只是被动地接受,而是要将自己的知识积累和学习经历融入文本的阅读中。教师应当帮助学生将自身现有的知识和阅历充分利用起来,在细读散文的时候,学生可以尝试走入作品所描述的生活场景中,体会作者的思想情感。如在教《故都的秋》时,教师可以让学生利用课余时间观察自己家乡的秋天,让学生通过观察生活,对故乡的秋天有一个较为直观和全面的认识,从而找到与文本进行互动的切入点。教师在指导学生将个人情感融入阅读中时,也要提醒学生不要与文本的思想、主题和情感相背离,以免因个人的知识积累和社会阅历不足而对文本产生误解。

3. 注重比较分析,品味遣词造句

在散文教学中,教师应引导学生通过比较阅读来深入文本、发现差异,从而更加全面、深入、准确地把握文本内容。

首先,教师可以在比较时通过删除、修改、补充、调整等方法将想要赏析的句子进行对比,让学生更深刻地理解作者的情感。例如在《荷塘月色》的教学中,教师就可以对学生发问:第一,作者为什么把荷叶比作"舞女的裙"而不是"美女的裙"或"歌女的裙"呢?第二,描写荷花时,它为什么"袅娜地开着",而不是"争奇斗艳地开"?第三,为什么要将荷花比喻成"刚出浴的美人"而不是"沉睡的美人"?通过比较,使学生更清楚地体会到"荷叶"翩翩飞舞的风姿、"荷花"像少女一样含羞带怯的形象以及荷花出淤泥而不染的品格,从而感受朱自清特有的语言魅力。教师要指导学生运用比较的方法,对作者的选词炼字及语言特色进行赏析,分析作者遣词造句的精妙,通过语言感知作家情感。

其次,教师可以就某一个点来比较两篇文章,可以是散文之间的比较,也可以是同一主题不同体裁之间的比较。如可以将《故都的秋》与学生学过的《济南的秋天》进行比较阅读,分析它们的异同,更好地理解郁达夫所要表达的情感。《济南的秋天》表达了作者对济南秋天的"清"和"静"的喜爱,写出了济南秋天的诗情画意。而郁达夫在《故都的秋》里认为北平的秋"来得清,来得静,来得悲凉",两篇散文都认为秋天"清""静",并且富有诗意,但郁达夫认为在北平秋意中有"悲凉"之感,老舍并未在文章中提及这种悲凉,他眼中的秋天是活泼、清新、明净、开朗的,是生机盎然的,学生也能够体会作者对秋天的喜爱。但是郁达夫把悲凉当作美,他怀念朴素的芦花、清幽的陶然亭,他所钟情的是远离大城市喧嚣的蝉鸣与钟声,这种贯穿全文的"悲凉之美"学生理解起来有些困难,需要教师在教学中引导学生通过比较进行分析品味。通过把《故都的秋》和《济南的秋天》进行对比,学生能够容易地理解郁达夫为什么要选取这些景物,为什么北平的秋是"悲凉"的,也就更容易理解作者的感情和文章的主题。

4. 梳理文章意脉,促进深化理解

教师在引导学生初步阅读散文时,应通过把握作者情感变化的过程,即把握"意脉"的过程,来带领学生更深刻地理解散文的内容。

首先,教师可以围绕散文"意脉"展开课堂教学。散文作品的意脉并非一条直线,且隐藏在散文中,只可意会不可言传。想要理解每篇散文的意脉,需要教师对文本中的语段进行解读,同时也要结合文本的整体框架,对文本内容进行分析,从而找出文章意脉,帮助学生真正理解文意,进而提高学生的审美能力,促进学生的语文综合素养的发展。例如,在《故都的秋》中,作者通过对不同地区"秋"的比较,借景抒情。教师可以让学生围绕"秋"去解读课文,进而明晰文章主旨。有学生认为:"作者将北平与江南秋色进行对比,抒发了对故都北平秋色的憧憬。"也有学生认为:"课文中细腻的语言勾勒了北平与江南的秋色图,表现了秋色、秋味、秋意,给人以美的享受。"不同观点各有其理,教师可以从散文语言和结构的角度指导学生细读文本。这样,既有利于学生对文本深入理解,又可以让课堂变得生动有趣。

其次,教师可以通过分析散文总结文章的意脉。学生先抓住散文的中心,然后梳理散文的语言和结构,思考每一部分对于突出文章的主旨起着什么作用,散文的每一句话、每一种修辞手法如何为主旨服务。学生了解各个方面后,教师可以引导学生抓住文章隐藏的意脉,从而更准确地抓住中心思想。

四、散文阅读方法

(一)群文阅读确定议题,渐读渐进

1. 针对议题,提出任务

散文群文阅读的一个或者多个议题是对整个群文阅读起统领作用的,在教学过程中,教师应将议题隐去,或将其分解为几个任务呈现在学生面前,有利于教师的课堂操作,也让学生能更有针对性地去完成一个个任务。除此之外一个任务如果能与特定的语文关键能力相对应,将有助于学生精准地提升该能力。例如,议题"独抒性灵,情思悠远——品出'这一篇'散文的情味"的核心为品味"这一篇"散文的情味,赏析写景抒情散

文的独特之处,即情真景美、语言美。

2. 任务分解,逐个击破

在现实教学活动中,每节课的时间是 40 或者 45 分钟,要想在这样短的时间内提高阅读教学的效率,教师要针对任务提出问题,以环环相扣的一个个小问题将学生引向深度阅读,让学生在解决一个个问题的过程中不断提高自身的分析综合等能力,锻炼高阶思维。例如"独抒性灵,情思悠远——品出'这一篇'散文的情味"这一群文阅读任务,要求教师带领学生对《故都的秋》进行深度阅读,体会郁达夫笔下秋味的独特之美,以及作者对中国文人"与秋的关系特别深"的文化解读;要求学生对《荷塘月色》中相关景物描写进行分析,理解其景物"淡淡"的原因,理解文章第三段中的心理描写,理解作者笔下"荷塘月色"与"采莲嬉游"场景冷热、动静色调的对比以及文章首尾呼应的意味;要求学生理解《我与地坛》中三处集中景物描写的作用以及作者追思母亲并心怀痛悔的原因。从中可以看出,在这一阅读过程中,教师引导学生通过一个个小问题的解决,逐步深入理解阅读内容,将写景抒情散文的重难点逐个击破。在这个过程中,课堂教学计划能稳步有序推进,学生的思维既能发散又不至于漫无目的。在有限的范围内,学生思维在问题的引领下逐步深入,进入高阶思维状态。

3. 营造情境,完成任务

新教材推崇"情境教学",要求教师在教学活动中精心设计和组织活动,让学习活动尽可能贴近文章的"情境"。部编版高中语文教材的"单元学习任务"和"学习提示"中,均设定了一定的活动情境,教师可参考使用,语文新课标强调文本的美学价值、学生阅读时的审美体验,在必修上第七单元的三个单元学习任务中也都提到了"自然美""审美倾向""审美传统"等,所以在散文群文阅读教学中,教师营造情境时应注意给学生营造美的情境,提供美的享受,让学生在美的情境中欣赏"美文"。例如,教师可以将《故都的秋》《荷塘月色》《赤壁赋》组成群文,《故都的秋》和《赤壁赋》都有对秋景的描写,《荷塘月色》《赤壁赋》都有对月色的描写,作者的心境不同、经历不同,其笔下的秋景、月色的特点也不同,教师在探讨三篇文章写景特色时可以先以图片展示的方式营造情境,通过图片展示不同的秋景、不同的月色,让学生欣赏不同秋景的美,不同月色的美,再进入具体文本,分析不同文本中的景物描写。

(二) 精略统一,提升能力

精读即精细深入地阅读,要求字字句句地落实,对文章的语言、结构、内容、写作方法等,进行细琢细磨地研读,这是精读在内容上的要求。除此之外精读还以掌握阅读方法、形成阅读能力为目标。略读是一种快速阅读方法,是学生应该掌握的,也是老师在教学中经常使用的。精读和略读的功能各有不同,在散文阅读中我们应将两种方法进行搭配,以精读促进学生对写作方法、具体知识的掌握,以略读提高学生的阅读速度和阅读量。

1. 精读到略读

前面说到,教师可以带领学生精读一篇文章,起到示范作用,学生通过这一篇的精读来"反三",将学到的阅读技巧运用到其他文章的阅读中。教师可以在所选群文中挑一篇,根据本群文所涉及知识点,带领学生进行精细化的分析。将其余几篇文本作为拓展延伸阅读文本,对于这些拓展延伸文本,学生可以只阅读其中与某一知识点相关的内容,从而解决与此相关的一个或者两个问题。例如,教师可以选取《故都的秋》《荷塘月色》《我与地坛》组成群文,并引导学生对《故都的秋》一文进行精读,对本单元任务"情景交融"的特点、文人的审美倾向等进行精细化的理解,再将从本篇文章中学到的分析技巧运用到《荷塘月色》《我与地坛》的阅读中。在阅读《荷塘月色》时,学生可以只阅读文章四、五两段,运用从《故都的秋》中学习到的"情景交融"的分析方法,分析朱自清在描写荷塘月色时所融入的情感,也可以将郁达夫的审美情趣与《我与地坛》作对比,体会史铁生在描写地坛景物时的审美情趣。在进行群文阅读时先精读再略读,可以通过多篇文本的略读,将所学知识进行巩固。

2. 略读到精读

精读可以起到示范作用,但是《课程标准》强调,学生的知识来源于自主地发现、探索,对于学生不易理解的文章,教师可以先采取精读的方式。除此之外,教师还可以采取先略读再精读的阅读顺序,先略读文本,从而对所选文本有一个大概的了解,完成一定的学习任务,在此基础上再进行精读,验证和修正结论。例如,教师可以将《故都的秋》《荷塘月色》《我与地坛》组成群文,先让学生对这三篇文章进行略读,理解三篇文章中的景物描写所体现的不同的美,再精读相关段落,进行具体分析。

第一步是略读:速读文本,圈点勾画三篇文章中的景物描写,并从景物选取、景物特点(可从形态声色等方向赏析)、画面组合、氛围意境、作者情感等角度进行初步赏析。

第二步是精读:品味郁达夫笔下"悲凉"的秋味,理解《荷塘月色》中景物描写"淡淡的"原因,分析《我与地坛》第一部分中三处景物描写所体现的作者的思想变化。

3. 精读略读交替

在散文阅读过程中,不一定非要先略读再精读或者先精读再略读,教师可以根据散文阅读议题的大小、任务的难易程度、文本的难易程度、课程的要求等进行具体调整。精读和略读在具体教学中可以交替进行,精读中有略读,略读中又有精读。

(三)以写带读,心灵共美

《课程标准》将"阅读与交流""阅读与写作""阅读与表达"放在一个任务群中,例如,学习任务群5"文学阅读与写作"中不仅要求学生阅读古今中外不同体裁的优秀文学作品,还要求学生能尝试文学写作,撰写文学评论。阅读与写作是不能分割的整体,两者是相辅相成、相互促进的,要求教师在议题设置和任务设计时,兼顾阅读与写作两项内容。散文是中学生写作训练中的必备文体,通过阅读可以提高学生的散文写作能力,反过来散文的写作也有利于提高学生的散文阅读能力。

1. 仿写精美段落,体悟散文之美

散文有很多优美的写景抒情段落,教师在设计任务时可以将这些优美的写景抒情段落进行组合,组成一组"精美段落群",让学生赏析每一段中具体的、不同的语言风格和景物的特点,然后观察身边的自然景物,选择其中一段进行仿写或者改写。学生要分析每一个句子的结构,分析句子与句子之间的关系,分析景物的特点以及景物背后的独特意蕴,这样学生才能通过仿写或者改写更深刻体悟写景抒情散文语言的魅力以及景物选择的独特意蕴。

2. 撰写类似主题,感悟作者深情

仿写或者改写这种"微写作",在表现学生个人情思方面会有所欠缺,所以在此基础上,教师还可以要求学生撰写类似主题的文章,从而感悟作者的深情。例如,教师可以将史铁生的《我与地坛》《秋天的怀念》《合欢树》组成一组群文,三篇文章中,作者通过景物描写表现了对母亲深深的怀念和痛彻心扉的悔恨,而对母亲的情感是每个学生都能领会的,所以可以要求学生在阅读完这三篇文章后撰写一篇有关母爱的散文,要求有景物描写、具体事件,通过写作,学生能更好地体会史铁生对母亲的情感,也能更好地体会自己与母亲之间的情感,还可以对情景交融等手法有更深入的了解。

3. 试写文学短评,探究背后意义

文学短评是读者阅读文学作品的感受,通常会用简洁的文字表达对作品的理解、分析和评价。学习写作文学短评,有助于学生梳理和积累个人的阅读经验,领悟文学创作和鉴赏的规律,提高文学审美能力。同时,由于写文学短评需要深入了解并准确把握作品内涵,还有利于学生对文章的深入理解。但是对中学生而言,在毫无准备的情况下写作文学短评是一件很困难的事情,所以教师可以为学生筛选几篇从不同角度进行评论的文章,组合成群文,要求学生在阅读这些文章的基础上发表观点。例如《荷塘月色》一文,评论界对其评论多如牛毛,教师可以选择刘泰隆的《荷香月色,诗情画意》;孙绍振的《超出平常的自己和伦理的自由——〈荷塘月色〉解读》;朱纯深的《从文体学和话语分析看〈荷塘月色〉的美学意义》,三篇文章从不同的角度对《荷塘月色》进行了评论,学生可以在阅读这三篇评论文之后再对《荷塘月色》进行细致阅读,利用所学知识撰写简单的文学短评。

（四）课外拓展，加深理解

课外阅读一直是语文阅读的加分项，部编版高中语文教材特别注重课外阅读，提倡将课外阅读延伸到学生的语文生活中。部编版高中语文教材力图让"教读""自读""课外导读"构成三位一体的教学体系。传统意义上的阅读教学是课堂上对教材内文本的阅读，但在信息时代，课外阅读教学也应该成为阅读教学的一部分。语文教学面临着课时紧张、学生学业压力大、课余时间有限等现实问题，所以教师在设计课外拓展阅读活动时应有针对性地选择文本，有针对性地设置一定的任务，让学生能有效阅读并且能在阅读过程中提高自身语文素养。

1. 拓展阅读类似文本

教师在教学中，可以先讲读或者精读一篇文章，再要求学生拓展阅读同类型的文章，然后再进行延伸，将本篇文章中的知识点迁移到其他文章中，通过多篇文章的补充阅读，加深对该知识点的理解。除此之外，拓展阅读类似的文章也可以拓宽学生的阅读面。例如，在教《（前）赤壁赋》时，教师可以让学生补充阅读余秋雨的《苏东坡突围》、苏轼的《念奴娇·赤壁怀古》《后赤壁赋》，让学生对苏轼被贬黄州那一段经历有深入的认识，并且通过对这几篇文章的阅读理解苏轼被贬之后心理的变化。学习《登泰山记》时，学生可以拓展阅读相关游记，如王勃《滕王阁序》、王禹偁《黄冈竹楼记》、徐霞客《游天台山日记》等，通过多篇游记的比较阅读体会中国古代写景游记名篇的特色。

教师还可以让学生拓展阅读国外的相关文本，《课程标准》的学习任务群 11"外国作家作品研习"中提出，要引导学生研习外国文学名著名篇，了解若干国家和民族不同时期的社会文化面貌，感受丰富的人类精神世界，培养学生阅读外国经典作品的兴趣和开放的文化心态。部编版高中语文教材必修上中的外国文学作品有雪莱的《致云雀》、黑塞的《读书：目的和前提》，必修下中的外国文学作品有莎士比亚的《哈姆莱特（节选）》、加来道雄的《一名物理学家的教育历程》、马克思的《在〈人民报〉创刊纪念会上的演说》、契诃夫的《装在套子里的人》等，所选篇目涵盖了多个国家的作者的不同文体作品。

在高考试卷的文学类文本阅读中也有外国作品，例如 2020 年全国Ⅰ卷的文学类文本阅读是海明威的小说《越野滑雪》，2022 年全国甲卷选择了哈里森·索尔兹伯里的散文《长征：前所未闻的故事》。《课程标准》的要求、教材选文、高考选文中都体现了拓展阅读外国的相关经典作品或者在组文时选择适当的国外作家文本的必要性。例如，教师可以选择将梭罗的《瓦尔登湖》中关于四季描写的片段和朱自清的《春》、老舍的《济南的冬天》组成群文，通过中外名著的比较阅读提高学生对中国文学的理解，也拓宽学生的知识面。

2．跨学科拓展阅读

《课程标准》要求拓宽语文课程的学习和运用领域，注重跨学科的学习，其中学习任务群12"科学与文化论著研习"要求引导学生阅读简明易懂的自然科学和社会科学类论文、著作，领会不同领域科学与文化论著的内容，这表明语文阅读不再局限于对文学作品的阅读，教师需要在阅读教学中纳入更多样化、涵盖不同学科背景的文本，从而培养学生全面的阅读能力。跨学科阅读理念被引入语文阅读教学后，相关题型在高考阅读中频繁出现。高考语文试卷的阅读题型越来越注重综合考查学生的跨学科阅读理解能力。

散文有其独特的魅力，也与地理、化学、生物、历史等学科有着紧密联系，所以教师可以给学生准备一些跨学科的阅读文本，供学生在课外进行拓展阅读。例如学习完有关赤壁和泰山的文章后，教师可以让学生拓展阅读有关地理的文章，如赤壁的形成、泰山的山势等，或者有关历史学的泰山封禅的文章，这些文章的拓展阅读既可以拓宽学生知识面，也可以加深学生对相关文化知识的理解。

3．拓展阅读相关论文

通过对比阅读相关论文与原著，教师能够有效提高学生对文本的鉴赏能力，拓宽学生的知识面，培养学生严谨的思维能力。对于经典文学作品而言，其相关的研究的论文通常有很多，有的从同一角度进行探索，有的从不同角度进行对比分析，甚至还有跨学科的研究，教师在选择文本的时候要从学生实际需求出发，选择适合中学生的，契合散文阅读目的的文章，才能达到相应的教学效果。

例如在教《故都的秋》一文时，教师可以选择钱理群先生的《品一品"故都"的"秋味"》[①]和孙绍振教授的《〈故都的秋〉：悲凉美、雅趣和俗趣》[②]，这两篇论文分别从品读"秋味"和郁达夫的审美情趣出发对文章进行了详细的赏析。通过对这两篇文章的阅读，帮助学生理解文章中所谓的"秋味"和"悲凉美"。两篇论文在解读原文同一段（第三段）时，选取了不同的角度，钱理群先生侧重从本段所选择的景物营造的意境入手，赏析郁达夫笔下日常生活体现的美感和"秋味"，孙绍振教授将本文中牵牛花颜色选择和老舍的《济南的冬天》中的色彩选择做了对比赏析，得出郁达夫景物描写具有"淡雅""高雅"的风格的结论。学生通过阅读原文和这两篇论文可以得出景物赏析的不同的角度，也能更好地理解郁达夫的民族审美情趣。

---

① 钱理群.品一品"故都"的"秋味"[J].语文学习,1994(7):14-16.
② 孙绍振.《故都的秋》:悲凉美、雅趣和俗趣[J].语文学习,2005(10):40-44.

第三节　小说阅读

一、小说的基本内涵及小说的阅读教学

小说的故事情节生动、人物描写细腻,这些都是创作者的丰富情感、美好愿景、人文素养、知识储备、生活阅历等的高度体现,具有较高的阅读价值。小说有短篇小说、中篇小说和长篇小说。语文教材所选的多是国内外名家的小说。语文教师进行小说阅读教学时,要以学科素养为导向,引导学生进行群文小说阅读,或进行整本小说阅读;注重分析情境,通过对小说进行评价提升学生鉴赏能力;关注小说中的描写内容,让学生在揣摩描写内容的过程中积累语言知识;注重文本结构分析,让学生在分析文本的过程中提高写作技巧。

二、小说阅读教学的依据

(一)语文核心素养的要求

林崇德先生对中国学生核心素养进行了阐释和界定:"中国学生发展核心素养将全面发展的人作为核心,并将理性思维、批判质疑、勇于探究等作为基本要点。"①《课程标准》将语文学科的核心素养概括为"语言建构与运用、思维发展与提升、审美鉴赏与创造、文化传承与理解"②四个方面。学生在阅读过程中,要运用语言文字,体验直观形象的感受;在长期的阅读、积累、分析、反思中,运用思辨性思维审视语言作品,不断提高自身的思辨能力并发展自身的批判性创新能力。小说阅读要以思辨性阅读为核心,鼓励学生巧妙地处理文本内容,在对文本整体有大致把握的基础上深入研读,让学生成为课堂的中心。教师要引导学生对文本进行理性分析与反思,通过综合领悟与判断,得出独特的见解,进而锻炼学生的思辨能力,培养学生的思辨性思维,进一步发展学生核心素养,满足新时代社会发展对人才的需要。

(二)《课程标准》的要求

教育部《普通高中语文课程标准》提出了要在阅读中进行思辨性阅读。其中提到:"善于发现问题、提出问题,对文本能做出自己的分析判断,努力从不同的角度和层面进行阐发、评价和质疑。""学习探究性阅读和创造性阅读,发展想象能力、思辨能力和批判

---

① 林崇德.中国学生核心素养研究[J].心理与行为研究,2017(2):145-154.
② 中华人民共和国教育部.普通高中语文课程标准(2017年版)[M].北京:人民教育出版社,2018:4.

能力。"①2017年版的《普通高中语文课程标准》以学习任务群的形式明确地提出进行思辨性阅读教学的要求以及教学提示："旨在引导学生学习思辨性阅读与表达,发展实证、推理、批判与发现的能力,增强思维的逻辑性和深刻性,认清事物本质,辨别是非、善恶、美丑,提高理性思维水平。"②教师要紧跟教育发展潮流,根据《课程标准》提出的新要求,顺应时代变化,将思辨性阅读与现有课堂有机结合,提高学生的思辨能力。

同时,2011年版《全日制义务教育语文课程标准》在阅读教学建议中"提倡少做题,多读书,好读书,读好书,读整本的书"③。2017年版的《普通高中语文课程标准》更是将"整本书阅读与研讨"列为十八个任务群之首,贯穿于整个高中语文课程的任务群,意在指引学生详细阅读教材所选的经典文学著作。由阅读教材节选到阅读整部作品,这一转变的过程就是学生思辨能力发展的过程,更是培养学生语言表达、逻辑思维、审美创造等语文基本核心素养的过程。因此,小说阅读将小说群文阅读和小说整本阅读两个学习任务群结合,是以课标的核心目标作为出发点,有助于学生培养思辨性思维,提高思辨性阅读能力。

（三）注重高考选拔的能力要求

随着新课改的不断深入,高中语文《课程标准》与新编教材相继面世,为了顺应近年来语文教学的实际变化,充当"教学指挥棒"角色的高考也在不断地做出调整。教育部考试中心在2016年提议建构"一核四层四翼"的高考评价体系,强调高考的基础性、综合性、应用性和创新性。近些年,高考试题愈发重视知识点之间的内在联系和应用,通过多种题型考查学生获取、整合、重组关键信息的能力,并要求学生运用所学知识对比、解析、探究问题,最后做出符合逻辑的规范化语言表达。这一倾向表明高考试题侧重考验学生的思辨能力,要求学生不仅要掌握知识,还要灵活地应用知识。

在语言文字的应用方面,新高考试题愈发注重对学生的逻辑思辨以及分析处理信息能力的考核。例如,从2015年的全国2卷开始,古诗文默写这一题型就不再是以往死板的上句对下句的形式,而是以"情境性默写"的形式考核学生对于高中语文必备古诗词篇目的理解与梳理能力。除此之外,学生在答题时需要对题目中的关键信息进行提取与把握,这也是在考查学生的信息筛选提取能力和综合思辨能力。

---

①　中华人民共和国教育部.普通高中语文课程标准(2017年版)[M].北京:人民教育出版社,2018:6.

②　中华人民共和国教育部.普通高中语文课程标准(2017年版)[M].北京:人民教育出版社,2018:18-19.

③　中华人民共和国教育部.全日制义务教育语文课程标准(2011年版)[M].北京:人民教育出版社,2011:15.

三、小说阅读教学的必要性

(一)有利于语言的建构

小说的语言更为细腻、严谨、多变,语文教师要引导学生把握字、词、句、段落之间的关联性,并细细品读。教师要为学生创设生动情境,该情境要与学生的已有生活体验形成连接,能够激发学生的想象力,让学生将阅读中学到的语言符号和信息经过大脑加工、整理和沉淀,最终形成语言形象,帮助学生感受独特的语言魅力。借助小说语境,学生能够跨越时空与作者进行高质量的"对话"。

(二)有利于提升思维品质

随着语文课程改革的深入,学生的个体学习差异受到越来越多的重视,在日常语文教学活动中,学生各抒己见,勇于表达自己的独特看法和想法,学生的思维在沟通交流中实现了融合,在争议中实现了个性发挥、多元化的思想碰撞,学生的思维得到了发展,学习视野得到了拓展。例如,由于每一个学生的阅读水平、阅读基础、社会实践经验、理解能力等各不相同,教师需要根据学生的多元化语文学习需求,实行分层次小说阅读引导,带领学生从不同视角对小说文本中的结构、知识体系、价值导向、重难点、文风等进行全面清晰的把握,进而提升学生的思维品质。

(三)有利于提高审美能力

小说文本中细腻的情感描写、鲜活的人物形象刻画、近似真实的场景描写、情节起承转合的衔接等,都能够引发读者无限的想象和联想,实现小说的情感与情境的交相呼应,凝结成小说的艺术美。语文教师要引导学生以美的视角去捕捉美的场景、美的细节、美的辞藻、美的人物和美的情怀等,让学生能够领会作者所描述的场景和情感,获得最鲜活和本真的阅读体验,在已知与未知间放飞思绪,在小说阅读中提高审美能力。

(四)有利于拓展思维的广度和深度

在小说教学中,合理设计问题、减少零碎的提问,能够有效地将教学内容分解成几个教学板块,引导学生把注意力聚焦于整个课堂,对整篇文章进行思考和分析,充分理解和掌握教学内容。通过提出问题,教师能够紧紧抓住课堂的主旋律,让教学内容不脱离教学中心,最大限度地给予学生思考空间,让学生大胆地发表自己的独到见解。在对全篇内容进行整体把握的基础上,学生能够真正地打开思路,养成良好的思维习惯,在阅读过程中能够抓住主要矛盾与核心问题,并迅速建立事物之间的联系。问题设计也可以实现学习任务的整合,将两篇或者几篇具有关联性的小说文本集中起来,通过对比阅读、专题阅读等方法,让学生把串联起来的小说文本进行横向分析,拓宽学生思维的广度。

思考问题时,教师需要引导学生从对事物浅层的表象的感知转变为对深层的本质的认识,这样有助于提高学生对小说文本深层次理解和分析的能力,让学生通过对文本的思考和探究,逐渐形成自己的独特见解,提高学生的创新思维和文学素养,从而达到全面提高语文素养的目的。因此,教师在教学中应该注重问题设计,通过巧妙的问题引导学生深入思考,激发学生的阅读兴趣和学习动力。正如于漪老师所说,优秀的课文通常会有一些简洁而富有深刻意义的关键词汇和重点短语,教师在教学时要关注这些词汇和短语,引导学生用心打磨,使其中所蕴含的丰富内涵得以充分展现,激发学生的思考,让他们深受感染。[①] 问题设计要能够引导学生抓住关键词汇和重点短语,让他们带着疑问去寻找答案。这是一个深入思考的过程,养成这种思考习惯会让学生在阅读文本时,对事物有更深刻的认识,从而提升他们的独立思考能力和探究能力。

四、语文教材小说选文

(一) 选文的数量及编排方式

1. 选文的数量分析

小说选文是部编版高中语文教材必不可少的一部分。部编版高中语文教材分为必修教材和选择性必修教材两部分,一共 5 册。5 册教材共有选文 137 篇,其中小说选文有 16 篇,占比约 11.7%。小说选文虽然数量不多,但是长、中、短篇均有涉及。由于小说篇幅较长,选文中的某些篇目在教科书中是以节选的形式出现的。语文教材中的小说篇目包含现代文小说、文言文小说长文。现当代小说共 8 篇,其中 5 篇是短篇小说,1篇是长篇小说的节选片段、2 篇是中篇小说的节选片段,可以看出语文教材中的现当代小说选文偏向短篇小说。

2. 选文的编排方式

部编版高中语文教材根据人文主题和学习任务群两条线索组织单元,小说的选文也按照这个线索被编排在相应的单元教学中。这样编排契合了语文课程工具性与人文性相统一的特点。

部编版高中语文教材选录的 8 篇现当代小说分布于 4 本教材中,被编排在文学阅读与写作、中国革命传统作品研习、中国现当代作家作品研习 3 个学习任务群里,可以看出选文在编排上以任务为核心,强调学习情境与学习任务,突出真实情境下的语文自主学习活动。同时,选文分布于 4 个不同的人文主题中,有人文主题的思想引领,有利于加深学生对小说选文的理解。在单元选文中,编者并没有集中选编固定的文学体裁,也没有局限于作品的时代与地域,出现文白混编、不同文体混编、中外作品混编的情况,

---

① 于漪.语文教学谈艺录[M].上海:上海教育出版社,2012:95.

这样的编排方式有助于学生感受现当代小说与其他文体的不同之处,在同样的人文主题下,不同文体的不同行文方式也能让学生感受到不同文体的魅力。

(二)选文的特点

1. 经典性

部编版高中语文教材中的小说选文具有先进性和典范性,是文学中非常经典的篇目,对学生知识的获得和品质的形成具有示范意义。比如,教材所选的鲁迅的两篇小说,是经过众多学者鉴定和长时间的教学验证后被选入教材的,是经久不衰的作品,体现了当时的社会风貌和现实生活,是时代变化的写照,在中国文学史上具有很高的地位,其影响力不言而喻,而且对今天的语文教育也具有很重要的研究意义。

2. 时代性

部编版高中语文教材中的小说选文与时俱进,具有当代价值。从选文中,我们可以窥见社会的发展,时代的变迁,听到时代的呼声。比如茹志鹃的《百合花》和孙犁的《荷花淀》以及王愿坚的《党费》都是以战争或者革命为背景,塑造了一批忠党爱国的革命者、不怕牺牲的普通人形象,同时《百合花》也在呼唤着人情美和人性美。《哦,香雪》一文描绘了发展的时代背景下女性意识的觉醒。起初,女性走出乡村是受到外界的诱惑,但随后,这一趋势转变为女性通过自主学习来把握并改变自身命运。赵树理的《小二黑结婚》通过讲述小二黑和小芹敢于突破旧思想束缚,挣脱包办婚姻的故事,用接地气的语言和近乎真实的情节为读者描绘了一个正在发生翻天覆地变化的新农村。

3. 文质兼美

部编版高中语文教材中的小说选文文质兼美,内容与形式相统一,有利于学生在学习过程中实现语言知识运用与审美情感熏陶的统一。在阅读教学中,优美的文字能让学生有美的体验和感受,增加学生对汉语言文字的热爱。比如铁凝的《哦,香雪》,它是一篇抒情意味浓厚的短篇小说,铁轨火车的到来打破了台儿沟往日的平静,将这个隐蔽的世外桃源与外面的繁华世界连接在了一块,作者用诗一样的语言为我们勾画了一个美好的香雪形象。又比如沈从文的代表作《边城》是我国文学史上一部优秀的抒发乡土情怀的中篇小说,一个老人,一个女孩儿,一只黄狗,一条渡船,一段心心念念的恋情,描绘了边城的意象,展现了湘西的风土人情。

五、小说阅读教学内容

在小说阅读教学中,问题设置是一个重要的环节。教师要考虑学生的知识水平和接受能力,根据学生的实际需求和心理发展情况来进行调整,设计有效的教学方案。

(一)立足小说的文本特征

小说可以通过叙述、议论、抒情等多种表现手法,对人物形象进行刻画,使人物性格更加丰满；也可以通过描写人物的语言、动作等行为来反映社会生活，使读者更好地理解小说所要表达的思想内涵。不同类型特征的小说风格特色有很大差别，但优秀的小说都有故事情节跌宕起伏、叙述内容丰富的共同点。掌握了小说作品的文本特征，才能对小说所处的环境进行全面的把握，从而更深层次地挖掘小说的文本价值。因此，小说阅读教学中，教师在设计问题时，需要对小说文本进行多角度反复、耐心地研读，利用文本特征设计高质量的问题，并以小说"三要素"为突破口，在有限的课堂教学时间内使学生有所收获。

1. 从人物形象入手

故事情节、人物形象、环境描写是小说的三个重要构成要素，人物是小说的核心要素，小说中精彩曲折的故事情节和真实生动的环境描写皆是服务于人物形象塑造的。小说作品中的人物往往能够在读者心中留下深刻印象，语文教材中的每一篇小说作品都塑造了多个个性鲜明的人物形象，让学生走进人物或喜或悲的内心世界，真正读懂小说的人物，是小说阅读教学的关键。在进行小说阅读教学时，教师可以把人物作为切入点设计问题，引导学生深入赏析小说。从人物的动作、语言、神态、心理等细节描写入手，根据这些元素进行综合性的人物形象探究，提高学生的鉴赏能力。也可以依据人物的性格、特点、塑造手法等方面设计问题，进一步加深学生对小说中人物形象的理解和感悟。

例如，在《祝福》一课中，对祥林嫂的"眼睛"的描写是整篇小说中最生动、传神的，"眼为心声"，同一双眼睛在不同心境下，有不同的体现，透过"眼睛"这扇窗户学生可以走进祥林嫂的内心世界。教师在讲授《祝福》时，可以依据祥林嫂的眼神变化设计教案，并提出问题：请同学们找出文中描写祥林嫂眼睛的句子，分析不同时期的眼神变化表达了祥林嫂什么样的心理？围绕祥林嫂的人物形象从"眼睛"出发设计问题，不仅能够串联整篇文章，还可以促进学生对祥林嫂的心理活动进行深入探索，从字里行间发现祥林嫂的性格特点和内心世界。学生可以以时间为线索对祥林嫂的眼神变化进行研究，通过观察和对比深入了解祥林嫂内心的痛苦与悲哀，探究祥林嫂内心深处的情感世界。从祥林嫂的眼睛中看出她的善良、他人的冷漠、礼教的摧残和祥林嫂对生命的渴求，了解祥林嫂被封建礼教和迷信思想一步步逼到绝境的过程，从而更加清醒地认识作品批判封建礼教吃人的罪恶本质的主旨。

2. 从故事情节入手

人物虽然是小说的关键要素，但并非所有小说都以人物为线索，有的作者是以某一件事的发展为线索串起整篇文章，事件的发展通常是由起因、发展、高潮、结尾四个步骤组成。小说是经典的叙事性文学，情节是其基本构成要素之一。艺术性强的小说，往往有一波三折的情节,能够深刻反映社会生活,其真实性能够形成震撼人心的力量,使读者流连忘返。情节是否具有艺术性,往往决定着一部作品的成败。[①] 这类小说最显著的特征就是情节变化跌宕起伏,给读者深刻的印象。所以,教师可以按照小说的时间线索展开课堂教学,围绕着小说情节的变化设计问题。

小说家是会"讲故事的人",他们用自己独特的视角和语言技巧,将故事讲述得精彩绝伦,他们笔下的小说不仅内容丰富,而且情节跌宕起伏,使读者沉浸其中流连忘返。教师在讲授叙事类小说时也要注意"怎么讲",不能只满足于把起因、发展、高潮、结尾讲清楚,而要力求创新,有独到的见解。

例如,《林教头风雪山神庙》这篇文章具有跌宕起伏的故事情节,小说的故事情节是:林冲初到沧州遇到旧人李小二,然后文章开始回叙林冲曾经搭救李小二的经过,此时的林冲内心抱有希望,渴望刑满释放、重获新生;陆谦等人密谋陷害林冲,林冲陷入陷阱;林冲接管草场,此刻林冲内心的怒火再次熄灭,渴望冬去春来能够再次安身;陆谦等人实施毒计,林冲被逼杀贼,最终上了梁山。[②]

教师可以通过简单叙述故事情节,激发学生的学习兴趣,然后提出问题:小说的故事情节是怎么展开的? 从情节发展可以看出林冲什么样的性格特征呢? 学生可以依据故事情节发展,逐步分析林冲的人物性格特征。首先,学生看到的是林冲软弱忍让的一面,教师可以引导学生分析林冲安分守己、忍辱负重、委曲求全的性格;其次,学生看到的是林冲正直仗义的一面,教师可以引导学生分析林冲质朴善良、扶危济困、侠肝义胆的性格特征;最后,教师可以引导学生挖掘林冲刚烈勇武的一面,分析林冲嫉恶如仇、机智勇敢、奋起反抗的性格特征。"小说的故事情节是怎么展开的? 从情节发展可以看出林冲什么样的性格特征呢?"这两个问题可以带动学生深入研读全篇文章,提高学生的课堂参与度,充分体现问题教学法"一线珠联""牵一发而动全身"的作用。

3. 从环境描写入手

环境描写在小说中担负着艺术表达的使命,可以巧妙地诠释小说的魅力,引领读者跨越万水千山,弥补其无法亲身游览领略美好风景的缺憾,给人以心灵的慰藉。在小说中,环境描写不仅能够影响故事情节的发展,还能为读者提供更多的线索,将读者带到一个更加真实、具体的环境中,更好地理解故事情节。

环境描写在小说作品中起着重要的作用,能够帮助读者了解特定环境下的社会背

① 倪文锦,蒋念祖,陈玲玲.高中语文新课程必修课的学与教[M].上海:华东师范大学出版社,2004:167.

② 中华人民共和国教育部.普通高中教科书语文必修(下册)[M].北京:人民教育出版社,2019:107-113.

景和人物形象,理解故事情节。小说的环境描写反映了时代背景,凸显了人文特征,需要教师在主问题设计方面投入更多的精力。

在《林教头风雪山神庙》这篇课文中,风雪的描写被视为不可或缺的教学内容之一。"课文有哪些关于风雪的描写? 这些关于风雪的描写有什么作用?"教师可以用这两个问题贯穿课堂教学。学生可以在教师的引导下找出文中关于风雪的环境描写,并逐一分析其内涵:"正是严冬天气,彤云密布,朔风渐起,却早纷纷扬扬卷下一天大雪来。"①林冲初到草料场的恶劣天气描写,不仅呈现了林冲所处的恶劣的自然环境,更象征着高俅之流构成的恶劣的社会环境,暗示了林冲的处境极其凶险,为文章营造了紧张氛围。"那雪正下得紧""看那雪,到晚越下的紧了"②,两个"紧"字表面上看是雪下得紧、下得大,但第一个"紧"字就预示了气氛趋于紧张,第二个"紧"字直接烘托了风雪夜山神庙复仇的高潮即将来临。

以风雪为切入点,围绕环境描写展开教学设计,可以帮助学生更好地理解小说中环境描写的作用:为故事情节的发展提供有利的环境,提升故事的真实性和氛围感。让学生在深入思考和探究的过程中认识风雪在文本中的重要作用,了解小说的文本特点,进而更好地理解小说的情节和主题,从真正意义上学会阅读小说。

(二) 把握小说重点和难点

小说阅读教学要紧扣本节课的教学重点和难点,确保小说阅读教学的顺利进行。因此,在进行教学设计时,教师要以教学的重难点为依据简化教学环节,使教学内容具有指向性。

1. 抓住小说重点

(1) 探究小说标题。

小说的标题是作者精心构思出来的,是整部作品的灵魂,既能准确地表达作者的思想,又有一定的美感,具有较高的艺术性和感染力,是画龙点睛之笔,能让整篇文章更生动活泼,把读者带入一个全新的世界。透过小说的标题,读者可以初步感知小说文本,窥探小说的人物和主题。因此,从标题入手设计主题是小说教学的重点,主题设计可以围绕小说标题设计,甚至可以与小说标题重合,帮助学生直观地了解文章的重要内容,更好地把握文章的思路和结构。

以《百合花》教学为例,教师把题目"百合花"作为切入点提出问题:"百合花"有什么象征意义? 在文章中,描写"百合花"的语句很多,而且这些语句都有着丰富的象征意义。学生们在理解了作品中"百合花"的象征意义之后,也就明白了百合花在文中的特

---

① 中华人民共和国教育部.普通高中教科书语文必修(下册)[M].北京:人民教育出版社,2019:110.
② 中华人民共和国教育部.普通高中教科书语文必修(下册)[M].北京:人民教育出版社,2019:111.

定含义。学生可以通过题目知道"百合花"是新媳妇被子上绣的图案。这一细节不仅吸引了他们的注意,还能激发他们深入探索文章线索的好奇心。

通过小通讯员"带路—借被—盖被"的故事,学生能够深刻地感受革命斗争中所特有的牺牲精神,体悟文章对战火纷飞的革命年代,至纯、至真、至善、至美的美好人性和跨越生死界限的纯真情感的赞美。通过分析,学生可以明晰"百合花"既象征着小通讯员,也象征着新媳妇,还象征着"我",这三个人身上有着美好人性与纯真情感的共性。

在《荷花淀》的教学中,教师可以根据题目提出问题:荷花淀发生了什么故事? 并通过分析标题引出地点"荷花淀",让学生更深入地理解文章的内容。学生要把这个故事讲清楚,首先,要弄清楚故事中的人物,以及他们之间的关系;其次,要弄清楚故事情节,以及它们之间的发展;最后,还要了解故事中的环境,比如人物所处的环境是怎样的。这样,学生就可以逐步深入小说的主题,将故事内容娓娓道来。

学生归纳总结:《荷花淀》讲述的是以水生嫂为代表的青年妇女的成长过程,由最初支持和挂念外出抗日的丈夫们,到在荷花淀里目睹了丈夫们成功伏击日本鬼子的战斗场面后,自觉组织队伍在荷花淀里抗日作战。学生可以从水生嫂的形象入手,深入分析概括其所代表的农村妇女形象。这些妇女勤劳、善良、勇于担当,具有一定的社会责任感,是在特定的战争年代里成长起来的一代新人。

通过上述《百合花》和《荷花淀》的教学设计可以看出来,小说阅读教学从标题入手进行设计,有利于学生更好地理解文章主题,以及文章反映的社会背景和思想感情,具有提纲挈领、与文章标题相呼应的作用。

(2)洞悉小说结构。

结构作为小说的深层机制,通过一种转换方式,成为表层结构,这一结构的生成是一个叙述化的过程。叙述化是一种以经验细节为基础,从各种细节中提炼叙述秩序、意义和目的的方法。在教学过程中,教师要把故事中的人物和事件编织成情节,构建一个具有内在意义的整体,使学生更容易理解故事的含义。

在小说阅读中,学生只有通过清晰的逻辑思路理解小说的结构,才能更好地掌握小说中的故事情节,保证良好的阅读效果。小说阅读教学设计应建立在学生的实际阅读情况和小说文本结构的基础之上,教师要进行分层教学,设计有层次性、逻辑性、结构性的问题,让小说的深层结构更加清晰明朗,这有利于引导学生理解小说的内涵。

在《老人与海》的教学中,教师可以提出问题:"文章一共描写了老渔民圣地亚哥与鲨鱼的五次搏斗,每次搏斗中,圣地亚哥使用的武器以及搏斗的结果有什么不同?"学生在逻辑思路清晰的问题引导下,以"五次搏斗"为线索逐层划分文章结构:"第一次搏斗,老人使用鱼叉搏斗,首战告捷,击败了鲨鱼,但是大鱼被吃掉了四十磅;第二次搏斗,老人使用绑在船桨上的刀子杀死了鲨鱼，大鱼被吃掉了四分之一；第三次搏斗，老人杀死了鲨鱼但是武器被折断了；第四次搏斗，老人使用短棍搏斗，让鲨鱼受了重伤，可是大鱼损失了一半；第五次搏斗，老人使用短棍与舵把，但是大鱼被吃得只剩残骸，老人失败了。"①学生通过分析五次搏斗厘清了《老人与海》的整体结构，为探究小说主题奠定了基础。

（3）探析小说细节。

作者进行叙述时，往往会加入许多细节描写，这些细节让小说更加生动、真实，但是这些细节很容易被读者忽略。小说的细节是重要的信息来源，是社会环境的真实写照，通过研究某一个细节，能探索人物的性格和心理，发现故事中的有趣之处。读者可以通过这些细节深刻地体会小说独特的艺术魅力，挖掘小说丰富的思想内涵，从而更加深刻地理解小说所要表达的主题，以及背后的社会背景和历史背景。

教师备课时要善于从细节中发现问题，从小说中值得探究的细节入手设计问题。让学生意识到细节描写的重要性，引导学生从细节出发不断地探索、思考，在细节中品味小说阅读带来的乐趣，感受小说文本特有的艺术魅力。

例如，教师可以"人物德性"作为《百合花》的教学主题，设计关于小说细节描写的教学问题。② 通过"《百合花》这篇小说的魅力在哪里？"这一引人深思的问题让学生把关注点放在文章的细节描写上，并在此基础上提出第二个问题："《百合花》中最打动你的是哪个细节？"从而引出对细节描写的探究，这两个问题设计得简洁明了，能够引导学生抓住小通讯员动作、神态的细节描写，进而探讨小通讯员行为变化的原因。例如，小通讯员的"踌躇""垂着眼皮""扬脸装作没看见""统统抓过去"，等等，看似是闲来之笔，实则是对一直在变化的矛盾冲突的细节描写，能够凸显人物性格。最后，教师可以引导学生找到两个被忽略的细节描写——树枝和野菊花。细微之处不仅能够体现人物的性格和情绪，更重要的是，它能把人物周围的环境和事物联系起来，使其形象更加立体生动。比如，树枝的描写可以让学生感受到小通讯员的热情和活力，而野菊花的描写则可以让学生感受到人物的温柔和细腻。通过这些细节，学生可以更深入地了解人物。

2. 突破小说难点

（1）着眼关键词句。

语文教材中的小说篇幅长、段落多，这给学生阅读课文带来一定的困难，而且小说

---

① 中华人民共和国教育部.普通高中教科书语文选择性必修（上册）[M].北京：人民教育出版社，2020：71-80.

② 吴云辉.《百合花》教学：我们该吟唱怎样的青春？——《百合花》德性立意的教学设计[J].读写月报，2020(18)：20-25.

的内容往往较为复杂，如果学生没有仔细研究，很难把握整篇文章的主题思想。因此，教师在教学时应该把握好文章的主题思想，并在阅读时仔细研究文本。每篇文章都会有几个关键性的词句，关键的词句能起着表达感情、统领全文、揭示主旨的作用。这些关键性词句可能出现在文章的开头、结尾或者段与段之间的衔接过渡处，也可能反复出现在文章之中。教师在设计问题时，可以将这些关键词句串联起来，构建一个完整的问题系统，带领学生对整篇课文或者是重点段落进行深入理解，提高学生品析小说的思想感情和主题主旨的能力。

《边城》这篇小说故事情节比较复杂，学生在阅读时往往会遇到一些障碍。在《边城》的阅读教学中，教师可以提问："小说全文都流露出了作者对美与爱的赞赏，这体现了什么样的美与爱？"抓住"美"与"爱"这两个关键词设计问题，既包含对于环境外在美描写的探究，也包含了对人物内在美描写的探究，能引导学生在探究中领悟作者对于"美"与"爱"的多种展现方式。

教师可以引导学生找出小说中的关键性描写："但是另外一件事，属于自己不关祖父的，却使翠翠沉默了一个夜晚。"①分析翠翠与天保、傩送两兄弟的爱情、友情，不管是老大热烈的爱，还是老二含蓄的爱，在《边城》里都显得那么安静美好，互不打扰。学生可以在关键性词句的引导下理解文章的情感基调——凸显人性美，并通过环境美的描写强化对文章主旨的理解。以文章中的关键性词句为线索进行教学设计，主要特征就是巧妙地抓住文章的结构展开教学过程，或者围绕能够体现文章整体内容的词句设计教学方案，力求用几个"词句"纵横联结教学内容，带动学生对重点段落进行阅读品析。在挖掘文本的基础上，寻找小说中的关键字词句作为切入点也是主问题设计的一种途径。这有利于引导学生深入地思考文本、探究人物、品味内涵，并快速把握文本内容、理清文章线索、抓住文章重点。

（2）品析小说语言。

语言是文学的载体，小说用语言讲故事，中国小说大多语言简短灵活，适合培养学生对叙述的节奏感的理解。如"鲁迅的语言冷峻中透着幽默，老舍的语言慵懒铺开却有叮当声，赵树理的语言口语里藏着雅言，孙犁的语言明丽秀美又不乏质朴感，刘震云的语言白描下蕴着渲染"②，不同的作者的语言特点各不相同，他们笔下的小说的语言表达方式也各不相同，这增加了学生理解小说的难度。在小说阅读教学中，教师从语言出发设计问题，不仅能够引导学生关注小说语言的独特魅力，还能让学生在探索小说语言

---

① 中华人民共和国教育部.普通高中教科书语文选择性必修（下册）[M].北京：人民教育出版社，2020：36.

② 李旭山.小说阅读与语言建构[J].语文教学通讯，2022(28)：1.

的过程中了解人物的个性特征、所处时代背景、作者写作风格等。教师也可以利用主问题设计对小说人物、环境以及主旨等进行学习的环节,促进学生更好地理解小说文本。

《边城》是一篇语言风格散文化的小说,其显著特点是文字优美、语言如诗,作者用田园牧歌般的浪漫叙述,徐徐铺展了一幅湘西山水画卷。"一个只存在于沈从文记忆中的湘西,一个被文字加工修饰后的世外桃源。"①全文描述了翠翠与天保、傩送两兄弟的爱情,又描写了翠翠和祖父之间的亲情。但是,这篇小说没有直接描写他们之间的感情,而是将爱情、友情、亲情穿插在许许多多的湘西民风民俗的描写中,展现出像诗歌一样优美细腻的语言,文章结构如同散文一般"形散神聚"。

2021年"华渔杯"的获奖教案,从"结构散、情感聚"的特点出发设计问题:文章体现了什么样的语言特点? 描写了哪几种感情? 哪种情感最能打动你? 三个问题环环相扣,让沈从文笔下难以被理解的,如烟雾笼罩、如细雨缥缈、若即若离挥之不去的忧伤,变得通俗易通。学生通过"文章体现出什么样的语言特点?"总结出,《边城》的语言简单朴实具有鲜明的独特性,吸取了湘西话和文言文的特点,蕴含着浓郁的诗情,展现出清新、婉约的美感。学生在理解全文语言基调的基础之上,抓住了小说所描写的爱情、友情、亲情。

在教学过程中,师生要共同分析小说语言,从字里行间中挖掘出不同细节描写对情绪的渲染作用,这种情绪对每一个学生的影响都是不相同的,在学生心中的分量也是不相同的,但归根结底这些情感都蕴含在小说语言中。

(3)体悟小说主旨。

小说的主旨,又称小说的主题、中心思想、主题思想,是小说作家在文本中通过描绘现实生活图画,充分挖掘社会历史文化背景,对人物及事件进行精心设计、巧妙安排,用生动的情节将其巧妙地融入小说之中,塑造具有独特艺术魅力和深刻思想内涵的艺术形象,贯穿整个小说的基本思想。小说的主旨能够凸显作者的创作背景和写作意图,对创造人物形象、描述故事情节、表达真情实感,起到画龙点睛的作用。由于学生对小说主旨的理解和把握能力有限,提炼小说的主旨就成了学生阅读小说的难点。教师可以从小说的主旨出发设计问题,帮助学生探索小说作品的主旨。

例如,在讲授《装在套子里的人》一课时,教师可以将问题设计为:别里科夫身上有多少个套子? 这些套子分别是什么? 小说的主旨是什么? 教学围绕套子展开,从数套子、辩套子,到确立"主套子"——爱情的套子、高潮阶段的解套子,最后分析标题的新旧两种译法即"套子中的人"和"装在套子里的人"。教学过程环环相扣,以"套子"为中心

---

① 李章宇.论《边城》中环境描写对人物塑造的辅助作用[J].今古文创,2020(4):35-36.

设计问题,逐步将学生引向人物形象、套子实质和文章主旨。这些以套子为中心设计的问题通过实际发生的先后顺序展现其内在的逻辑关系,从细数别里科夫身上存在着的数也数不清的套子,到确认最主要的套子——爱情的套子;从深入挖掘套子的本质以探析别里科夫的死因,再到两版译文的对照分析,以及联系生活实际区分"套中人"和"思想上有套子的人",等等,都可以看出教师设计问题的缜密逻辑,让学生通过"套子"提纲挈领地理解文章的深层含义。这样清晰明了的问题设计配合"一线串珠"式的解读,能将整个教学过程串联起来,让学生更好地掌握文章的主旨。

六、小说阅读教学策略

(一) 研习小说语言,注重语言建构与运用

《课程标准》强调,语文课程应引导学生在真实的语言运用情境中,通过自主的语言实践活动,积累言语经验,把握祖国语言文字的特点和运用规律。[①] 这就要求教师不仅要注重静态的语言规则的教学,更要以动态的言语环境为出发点,帮助学生在课堂实践活动中,掌握语言文字特点及其运用规律,形成言语经验,并在具体情境中正确有效地运用语言文字进行交流沟通。

1. 群文阅读,积累语料

群文阅读是一种立体式的阅读方式,即围绕同一议题进行多文本阅读。群文阅读具有信息量大、讨论角度多的特点。这一特点恰恰可以满足小说阅读教学中语言积累的要求。我们知道,对于同样的观点,不同的优秀作者会运用不同的语言文字来准确、生动、深刻、幽默地表达自己的观点。通过群文阅读展开小说教学的意义也就在于此处,即品味同一议题的不同表达方式,让学生获得"同中有异"的阅读感受,体会语言表达的多样性,从而拓宽视野,加深对事物的认识。

例如,在教沈从文《边城》的过程中,教师可以引导学生同步阅读一些乡土文学作品。中国的乡土文学起始于 20 世纪 20 年代,鲁迅的《故乡》是开山之作,沈从文的《边城》展现了 20 世纪二三十年代的中国乡村的风貌,孙犁的《荷花淀》展现了 20 世纪三四十年代中国的社会生活,莫言的《红高粱》在新时期的乡土文学作品中极具代表性,这几篇小说恰好勾勒出中国乡土文学大致的发展轨迹,呈现了不同历史时期中国社会的乡土风貌。

随着学生阅读范围的扩大,其阅读的深入性也会相应得到提高,因此,在对乡土文学的阅读过程中,学生不仅能感受到乡土社会的发展,也会在阅读中对比发现,虽然这

---

① 中华人民共和国教育部.普通高级中学语文课程标准(2017 年版 2020 年修订)[M].北京:人民教育出版社,2020:6.

几部作品都有关于乡土的描写,但是每部作品的语言都有其独特性,鲁迅笔下是"苍黄的天底下,横着几个萧索的荒村";沈从文是"溪流如弓背,山路如弓弦,故远近有了小小差异"①;孙犁是"淀里也是一片银白世界。水面笼起一层薄薄透明的雾,风吹过来,带着新鲜的荷叶荷花香"②;莫言是"八月深秋,无边无际的高粱红成洸洋的血海,高粱高密辉煌,高粱凄婉可人,高粱爱情激荡"③。鲁迅的深刻、沈从文的古朴、孙犁的诗意、莫言的绚丽通过这些语言得到淋漓尽致的展现,中学生可以从中感受语言风格的多样性,完成了自己语言素材库的建立与完善。

除了获得"同中求异"的阅读感受外,群文阅读也能带来"异"中有"同"的语言积累。比如,教师可以将《党费》《荷花淀》《小二黑结婚》三篇文章放在一起进行对比阅读,从而探究侧面描写的作用和艺术效果,分析小说的创作规律和语言运用的妙处,在之后的阅读写作中学生就会有意识地运用侧面描写这种方法了。值得注意的是,在群文教学的实施过程中教师不可舍本逐末,没必要把三篇文章或者多篇文章的方方面面都交代清楚,可以以一篇文章为主讲内容,然后结合议题,重点分析其他篇目的相关表述即可。

2. 美读炼字,培养语感

洪镇涛先生曾指出:"语文教学存在着一个长期性全局性的失误,那就是以指导学生研究语言取代组织和指导学生学习语言,以对语言材料(包括内容和形式)的详尽分析,取代学生对语言材料的感受和积累。"④换句话说,洪先生主张在阅读教学中,教师要避免对文本生搬硬套地解析,而应该把大部分时间留给学生,让他们在特定语境中对语言材料进行领悟鉴赏,培养学生的语感,提高其阅读素养。语感是以感性认识为基础的,从科学的角度来看,语感就是通过各种途径的学习或见识,刺激大脑皮层中的语言系统,让其更灵敏。所以,语感敏锐的人,能极快地捕捉文章丰富的内涵,还可以领会"只可意会不可言传"的妙处。但是语感不是天生的,它的培养需要后期的不断学习、反复训练以及实践积累。我们可以从崇尚美读和注重选词炼字两方面来培养语感。

(1)崇尚美读。

"美读"即有感情地朗读,通过美读,学生可以对自己进行美的熏陶,品味文章的深刻内涵,这与"书读百遍,其义自见"是同样的道理。美读并不是盲目的诵读,也要甄选文章中的营养成分,善于抓住小说中的关键字、词、句、段。除此之外,也要注意掌握节奏,注意重读和停顿。如《哦,香雪》中"它和它的十几户乡亲,一心一意掩藏在大山那深

---

① 中华人民共和国教育部.部编版初中语文九年级上册[M].北京:人民教育出版社,2018:68.
② 中华人民共和国教育部.普通高中教科书语文选择性必修(中册)[M].北京:人民教育出版社,2020:61.
③ 莫言.红高粱家族[M].北京:作家出版社,2012:8.
④ 洪镇涛.是学习语言,还是研究语言?——浅论语文教学中的一个误区[J].中学语文,1993(5):4.

深的皱褶里,从春到夏,从秋到冬,默默地接受着大山任意给予的温存和粗暴",该句描写渲染了台儿沟偏僻、贫穷落后、闭塞的情况,是重点句。这句话精准凝练,所以教师在引导学生美读这句话时,要提醒学生学会停顿和重读。同时,要娓娓道来,读出沉稳的历史感。

(2)注重选词炼字。

"炼字"就是分析某一字的作用、妙处。"炼字"自古以来就是文学欣赏中的重要方法。贾岛"推敲"的故事世代流传,"炼字"在当下的古诗文考题中是重点题型,在小说的阅读教学中也发挥着重要作用。例如《哦,香雪》中的"哦",字典上有三个读音,一个是四声ò,表示领会醒悟;一个是二声ó,表示疑问、惊奇;最后一个是é,表示吟诵。排除第三个后,前两个读音似乎都说得通,但是我们阅读完整篇文章,结合结尾段和文章对香雪赞美的主旨,可以看出,读四声更恰当。再比如,鲁迅《祝福》中"我"回到鲁镇遇见祥林嫂时,看见她的眼睛:"只有那眼珠间或一轮,还可以表示她是一个活物。"①这语句可以让学生细致阅读,反复阅读基础上,我们会发现"间或""一轮""活物"三个醒目刺眼的词写尽了祥林嫂的呆滞神情,学生们读过之后会不禁唏嘘她的命运悲剧,也能够加深学生对文章主旨的把握。

3. 注重表达,运用语言

语言表现是语言运用的目标,也是语文课程核心素养的集中体现。所谓语言表现,就是在真实的语言交际环境中,学会用口头语言文明地进行人际沟通和社会交往,在小说阅读教学过程中,教师可以通过以下方式培养学生语言运用的能力。

(1)多元视角,重构故事,注重口语表达。

"叙述"是小说教学的"必学之处、可学之度、该教之点"②。传统课堂中教师总会致力于梳理小说情节以概括人物形象,着眼于小说写的是什么,然后在这个基础上展开对主题的探讨。这样的教学方式确实有利于学生对文章内容的把握,但也会让学生有种被人牵着走、强行灌输某种思想的感觉,缺少了自我发现的乐趣,更无法锻炼语言运用的能力。教师可以尝试换一个思路,关注故事的"讲",而非故事本身。可以让学生寻找故事的讲述者,切换故事的讲述者,或者设置情境,让学生进行角色扮演,从不同角色的视角出发来讲故事,借助于故事的讲述,我们会发现,故事的内容和主题会像剥洋葱一般,层层呈现出来,在这个讲述的过程中,学生可以复述故事情节,也可以根据自己的想法演绎故事,甚至创作故事。例如,在讲授《边城》时,教师可以让学生用翠翠的口吻来讲述整个故事,要求符合人物身份,表达人物的所思所想。在讲授《百合花》时,教师可

① 中华人民共和国教育部.普通高中教科书语文必修(下册)[M].北京:人民教育出版社,2020:94.
② 黄伟.语文教学专业性初议[J].教育视界,2017(2):6.

以让学生以小通讯员战友的身份对小通讯员的父母讲述他的故事。相较于单纯的通过提问引导学生梳理情节,这种创设情境的方式会让学生投注更多的情感,学生的回答自然就不会是干瘪的。同时,这种方式也锻炼了学生的信息提取能力、重构故事的思维能力和口语表达能力。

(2)结合原文,补白续写,历练书面表达。

叶圣陶先生曾说过:"阅读是吸收,写作是倾吐。"[①]只吸不吐,会发展成对社会无用的"胖子";只吐不吸,会因"营养不良"而"干瘪消瘦"。所以,阅读与写作要相辅相成。在小说的教学中,我们倡导读写的深度结合,教师应该结合学情,为学生的写作搭建平台。从单纯地培养学生在课堂上的口语表达能力转变为培养学生的书面表达以及创造能力。在一篇篇文章的书面表达训练中,学生能够逐步学会体会人物的内心世界,体察人与人的关系,使自己的书面表达具有人情味、文化味,甚至蕴含一定的哲思。

在具体的实践中,教师可以尝试使用模仿创造、补白续写的方式来建构属于学生自己的,具有独特个性的语言大厦。在讲授《边城》时,教师可以在课后布置续写任务;在《百合花》《荷花淀》和《祝福》的教学过程中,教师可以用"颁奖词"等多种多样的写作活动激发学生的兴趣,培养学生的语感;在讲授《阿Q正传》时,教师可以让学生为阿Q补写一段个人介绍,文体不限。

(二)合理开展思维训练,提升学生的思维品质

思维能力是主体认识与改变世界的能动力量。而小说阅读教学是开展思维训练,培养学生思维能力的有效方法。在小说阅读教学中开展思维训练,对于开发智力、提高语文教学质量有着十分重要的意义。教师在小说教学中可以通过以下途径合理开展思维训练。

1. 以"问"促思,在提问中培养创造性思维

学习,贵在"提问",巧妙的问题可以达到纲举目张的效果。很多优秀的教案和课堂实录往往都有一个好的问题切入点,这个切入点可以引导学生深入思考,灵活探索。当然,相比教师提问,学生的自主提问更有利于培养学生创新精神、训练学生创新性思维。一个好的课堂应该是二者兼备的。

(1)教师巧设问题,纲举目张。

巧设问题的重要意义在于,可以大量减少日常教学中教师的"碎问"和学生的"碎答",从而构建对学生极具挑战性和训练效果的课堂阅读活动。教师在小说阅读教学的过程中,应该避免提出无效的问题,例如让学生回答是不是,好不好这样的问题,而应该

---

① 叶圣陶.对于国文教学的两个基本观念[M]//叶圣陶语文教育论集北京:教育科学出版社,2015:43.

深挖文本内涵，做到深入浅出，为文章把好脉，争取做到"牵一发而动全身"。例如，在讲授《祝福》一文时，教师就可以从文章的题目入手，以"为什么要祝福""祝福谁"类似的问题编织理解文本的大网。在《荷花淀》的学习中，教师可以以荷花与战争为切入点，以荷花的具体物象设问，引领学生把握文章脉络。在讲授《阿Q正传》时，教师可以从给"精神胜利法"下定义、探究"精神胜利法"的形成和意义入手，引领学生深入探究文本内容。

（2）学生自主提问，灵活多样。

回答问题的时候，大脑在不停地思考。在小说阅读教学过程中，教师可以将学生分组，鼓励学生就文章内容互相提问、交换想法，这种教学方式，能够推动学生们互动和交流，激发学生对课文内容的探究兴趣。比如在《百合花》的教学过程中，教师可以就小说的内容、情节、主题、表达效果、叙事等，让学生自主提问，然后分组作答。这样可以鼓励学生进行思考、选择和尝试，使学生的个性、能力和创造力得到发挥，还营造了民主和谐的教学氛围。

2. 开展个性化阅读，提升发散思维和创新思维

个性化的阅读应是读者进行个性化的选择和吸收的过程。阅读的收获不应该是千篇一律的，而我们的语文课上，似乎总会有一只无形的大手，对学生进行干预、牵引，想把学生的所有注意都吸引到固定的位置。特别是在教授鲁迅先生的小说的过程中，总会出现"愚昧""国民性""封建礼教""阶级""压迫"等词汇。在当下的语文课堂上，这种现象并没有完全消失。越来越多的教师开始尝试从不同的角度来阐释小说，但在整个大气候未改变的状态下，这些尝试仍显得有点"异端"。不可否认的是，小说的内涵并不是单一的，有时候会有多个指向。这就要求教师要"以学定教"，不能牵着学生的鼻子走。要让学生在课堂上以一种无拘无束的心态走进文本，乐于表达自己充满个性色彩的阅读感受。具体的操作方式如下。

（1）尊重学生个性化问题的提出。

学生在开放、民主的课堂环境中，对自主选择学习的内容进行研读后，总会提出富有个性的问题。在这样的情况下，教师不应置之不理，或者给出模棱两可的答案，而应该本着以学生为主体的原则，对学生的主动精神给予肯定，尊重学生个性化问题的提出，鼓励创新，并适时引导。如果学生提出的问题确实缺少探究的价值，教师也不要对其进行严格批评，而应该给予适当的表扬，能提出问题，就是学生与文本融合的一次尝试，尽管这种体验可能是浅层次的，但不失为一种个性化的体验；如果学生提出的问题过于宏观，教师就要适时进行引导；如果学生提出的问题很有探究的价值，教师就要把握好这个机会，不仅要解决学生提出的问题，还可以以这个问题为切入点，灵活驾驭课堂，充分调动学生的积极性和主动性，给学生带来不同的课堂体验。

比如,《哦,香雪》的某个教学片段,有同学在课堂上提问:"作者为什么不把'香雪在学校受到伤害'的一段放在开头来写呢?"老师回答道:这是一个很有意思的问题。我们不妨沿着这个思路把情节重新调整一下:①"香雪在学校受到同学伤害";②"火车开进台儿沟";③"车站对话";④"香雪追火车";⑤"香雪上火车用鸡蛋换铅笔盒";⑥"香雪走回台儿沟"。

这样调整后,我们发现②③在小说情节发展中的阻隔太大,而且①与②之间很难衔接。而原文把香雪的"内伤"隐藏起来,并让香雪带着"内伤"与外界接触,找到合适的机会再将其显露出来,很好地处理了小说的"隐"与"显"。

(2) 注重个性化的阅读评价。

每个学生的阅读感受是不同的,针对同一段文字或故事,学生们往往会产生多样化的理解,这在某种程度上体现了学生们的阅读兴趣以及理解程度,如果轻易地对其进行否定,不仅会扼杀学生们的个性化理解,更阻滞了学生们对于阅读的主观能动性,使学生阅读变得麻木。所以在课堂中,教师要尽量打破"标准答案"模式,在不脱离主旨的前提下有针对性地激发学生的阅读兴趣,进行启发式阅读,让学生们能够在阅读的过程中充分地表达自身独特的感受、体验和理解。

不可否认的是,小说的内涵并不是单一的,有时候会有多个指向。这也正是优秀小说阅读价值的体现。教师要帮助学生在头脑里树立文化意识,从多个视角去审视小说内容,为他们理解小说打开一扇新的门。

3. 以人为本,进行有梯度的思维训练

由于学生的认知发展水平的不同,语文核心素养中不同学生的思维发展与提升的目标的实现也不能等量齐观,教师应该以人为本,依托文本,立足语言,借助活动,采用不同的策略,让学生的思维水平拾级而上,有序发展。阅读的理解过程也是思维的活动过程,所以学生的阅读水平某种程度上也反映了其思维的发展水平。在小说阅读教学中,学生在文本所构建的文化知识场域中,会经历由一无所知到山重水复,再到柳暗花明的过程,这正是理解不断深化和思维不断发展的过程。而层次阅读就是要让学生在这个文化知识场域中不断清晰和深化自己的认识和思维。

朱绍禹教授根据学生在阅读过程中思维发展的程度创造性地将阅读水平分为了四个层次,分别为复述性、解释性、评价性、创造性。[①] 在一线教学中,我们可以根据不同学生的学习能力,为其设定不同层次的目标。在教《哦,香雪》时,教师可以根据这四个层级设计如下类型的问题,来满足不同素养水平的学生。文章讲了一个什么样的故事,

---

① 朱绍禹.中学语文教学法[M].北京:中华书局,2015:36.

请你复述,或者以文中某一人物的口吻复述。香雪为什么换铅笔盒?你如何评价香雪的行为?火车开进台儿沟,对这些姑娘们,对台儿沟来说,是幸还是不幸?这样能够让每位学生都参与到阅读活动中。在开展小说阅读活动时,不少学生是游离在阅读之外的,特别是理科生,他们对阅读不感兴趣,甚至认为阅读是不必要的。这就需要教师进行合理的组织,只有每位学生都参与到阅读中来,一起配合后续的阅读活动,交流才更加有力,知识的碰撞才会更激烈,学生思维发展才能更加迅速。更重要的一点是,学生不会因为阅读有难度而失去对阅读的兴趣,不同层次的学生都能在适合他们的阅读任务中享受到属于自己的阅读体验。比如在《荷花淀》的教学过程中,教师可以根据学生不同的理解水平,布置不同的课后作业,对于语文素养水平较高的同学,就可以增加布置《荷花淀》和《百合花》的对比阅读的作业,探讨弱化战争描写的好处。

(三) 突出小说文学性,重视学生审美鉴赏能力的培养

1. 提升教师感悟美的能力

语文教师在语文的审美教育中起着决定性作用。语文教师个人审美素养的高低,将决定着语文审美教学的成败,也决定着学生能否在语文学习中感悟美和创造美,实现自身个性的全面发展。因此为了提升课堂的教学质量,语文教师也要不断地提升自身审美素养。

(1) 丰富体验。

课本中的小说选文有的反映了中国革命斗争的历史,有的记录了改革开放的华章,有的追赶新时代的思潮,可以说是观照当下、紧握时代的脉搏的创作。生活在和平幸福年代的语文教师,其实很难真正走进作者的创作情境,这就需要教师不断丰富审美体验。可以说,语文教师理想的崇高性、道德的纯正性、意志的坚定性,主要就表现在坚定不渝地对美的境界和美的人格的孜孜追求之中。比如,教师可以实地游览湘西或者观看影片来体会边城的美;可以深入农村,体会在物质条件不富足情况下人民的善;了解新闻热点评论,倾听不同观点的碰撞;驻足革命纪念馆,体会幸福生活的来之不易。这样,教师在讲授这些小说的时候,其审美体验就会被充分调动,在为学生设置情境的时候也会更真实自然、灵活生动。

(2) 大量阅读。

阅读,让我们能够站在巨人肩膀上进行学习和创作。语文教师的审美能力,是在长期审美教学实践中不断锻造的结果,更是大量阅读,与人类崇高而智慧的心灵进行广泛对话的产物。

在阅读书目的选择上,教师可以从两方面着手,一个是理论类的书,教师可以阅读一些美学理论和文艺学理论,提高自身的审美理论素养。比如阅读朱光潜的《谈美》,教

师可以从中了解,同艺术作品一样,美是需要欣赏的。反思当下的小说审美教学模式,教师有时候总是会舍本逐末。例如,在引导学生欣赏鲁迅的《祝福》时,有些教师会不断追问鲁迅生前都有哪些名字? 鲁迅外貌如何? 鲁迅和他妻子的感情如何? 鲁迅都做过什么职业? 这些考据下来的知识确实有助于我们了解鲁迅,但无助于欣赏作品本身。这启发教师要在小说审美教学中抓住根本。二是经典名著类的书,教师可以阅读一些传统文化名著,比如通过阅读《论语》,学会对古往今来的事物,进行中肯的判断,明辨真善美与假恶丑。这有助于教师对《小二黑结婚》中二诸葛和三仙姑人性中的丑进行审视,给《哦,香雪》以美的赞扬,给《阿 Q 正传》中的阿 Q 以哀其不幸、怒其不争的评价。再比如,教师可以阅读《老子》,从而体会老子思想中"道"的理想追求,以及其中展现的整体、含蓄、自然的美。这有助于教师领会沈从文笔下的湘西之美。

教师的深厚文化底蕴和审美能力,会体现在教师上课时外在的气度和行为上,让教师显得朴实而庄重,淡泊而高雅,诚挚而潇洒,语文课堂上,就会充满着美的气氛和智慧的鳞光片羽,而没有俗气、浮气、死气和市侩气。

2. 引导学生进入文本语境

(1) 引导学生角色互换,促进学生感悟小说。

在传统的小说阅读教学课堂上,常常是教师直接带领学生分析人物、情节、环境、主题等要素,这种教学方式限制了学生的自主理解感悟,更限制了学生想象力的发挥。在生硬呆板的教学中,学生很难体会小说的语言美、人物美、情节美。在实际教学中,我们可以通过情境设置和分角色扮演、分角色诵读等方式展开教学。学生可以在不同的角色扮演过程中,体会语言,并通过肢体动作、微表情,深刻体会人物的内心世界,进而深化对小说的理解感悟。如此一来,学生就能在身临其境的体验过程中更加深刻地领悟和理解小说所蕴含的思想价值。比如,在进行《祝福》的教学时,教师可以组织全班学生针对祥林嫂之死进行一次公开的法庭审判,找出杀死祥林嫂的真凶。

(2) 调动学生生活体验,激发学生情感共鸣。

不可否认,一些小说的创作年代较为久远,学生在理解时有一定的难度,这就要求教师要调动学生的已有认知和生活经验,激发其情感共鸣。比如,在进行《祝福》的教学时,教师可以引导学生进行这样的情境想象:假如有一天你遇到了一个失去了子女的母亲,你是置之不理还是施以援手? 假如祥林嫂穿越到了现代社会,你觉得她会有怎样的遭遇? 再比如,进行《哦,香雪》的教学时,教师可以设计这样的问题:你如果是台儿沟的人,你会和香雪关系更好还是和凤娇关系更好? 你有过独自走夜路的经历吗? 心境是怎样的? 与香雪的夜路经历有什么不同? 教师可以通过这种趣味性较强,且与现实生活相关联的情境创设,拉近学生和文本的距离,增加学生对文本解读的参与感,激发学生的情感共鸣。

3. 鼓励学生进行审美创造

审美是一种对深厚积淀的文化的提炼,也是一种去繁就简的科学的表达。人的情感,千差万别,对美的体验和需求各不相同,但是富有生命力的文字,必定能够最为深刻、敏锐且广泛地观察、提炼并传达出美的精髓。教材所选择的小说就是这样有生命的文字。学习是为了提高自身素质,从而终身受益;考试是为了检查学习结果,促进自己更好地学习。教师应该摒弃功利,专注于文本,在课堂上给审美教学留出时间,以多样化的形式带领学生走进美的世界。

比如教《荷花淀》时,教师可以设置这样的环节:《感动中国》节目组想来为荷花淀的女性们拍几组微电影镜头,作为总导演,请你设计一个拍摄方案。教师可以先提供如下一个示例。

广角拍摄:皎洁的月光,洁白的芦苇,银白的湖水,淡淡的薄雾,水生嫂就在这样诗一般的画面中出场了。

特写镜头切入:镜头中的水生嫂编着芦苇,几缕俏皮的发丝挣脱头巾,随着微风飞舞,最终粘在了水生嫂微微湿润的额间。但是水生嫂不予理会,依旧快速编着席子。

学生设计好方案后,教师可以针对特定的情节和人物的形象进行点拨。孩子的思维是最活跃的,对一个事物,他们往往都有自己的看法,如果否定了他们本来不错的看法,有可能扼杀了他们的创意火花。

(四)挖掘小说文化内涵,关注文化理解与传承

董一菲曾说过,"阅读让我们的心灵贴近中国文化,让我们更像一个礼仪之邦的谦谦君子。阅读将儒家入世的担当和道家出世的洒脱作为精神的徽章钤记在我们的生命里。"[①]确实,中国的优秀传统文化是文学创作的养料,渗透并影响着文学创作,而文学作品浓缩了中国传统优秀文化的精华,反映了文化的存在与发展,是文化的文本影像。所以说,文学是有生命的,它汇聚着前人的情感与心血,浓缩着时代的荣光与屈辱,印刻着历史的脚步与记忆。中华上下五千年的文化,都在经典文学作品中熠熠生辉。小说当然也不例外,传统的节日、传统的风俗、社会的变迁等文化元素或隐于文中,或浮于字表,这就要求教师在小说的阅读教学中关注小说的文化内涵,理解并传承中华优秀传统文化。

1. 深入文本,感知不同文化

"文化的理解与传承"素养的提升离不开学生对小说中文化内涵的学习和了解,一

---

① 董一菲.阅读是生命的礼赞[J].教育家,2015(2):2.

些民俗文化具有鲜明的地域性、民族性、时代性,能反映民间信仰、饮食服饰、祭祀占卜、婚嫁丧葬等风俗习惯,学生对这方面也是比较感兴趣的,但是这些内容往往不在考试范围内,很多老师不会花费太多时间带领学生去感知,造成了"文化传承与理解"这一素养无法真正落实。但是从学生的个体发展的角度来看,深入文本,感知不同的文化无疑能增长学生的见识,深化学生对中华文化的认同感和归属感;同时,对于一些糟粕文化的否定和批判,也有利于学生批判思维的发展。

对于一些非糟粕的民俗文化,比如《边城》中湘西地区端午赛龙舟、捉鸭子的习俗,以及用雄黄酒画字的习俗;《祝福》中浙江地区过年杀鸡,宰鹅,用筷子插在祭祀的食物上的习俗,或许带有封建迷信的色彩,但是也能表现人们对自然的敬畏,对美好生活的祈愿,这与当下索然无味的过节氛围形成了很鲜明的对比。在当下快节奏的生活中,学生可以放慢脚步,驻足于文本中,切身体会传统文化的魅力。教师可以利用多媒体播放一些视频,也可以组织一些民俗文化的实践活动。而对于一些陋俗文化,即特定时期内体现在风俗习惯上并为传统人伦文化所认同的糟粕,例如《祝福》中的捐门槛,以及祥林嫂的婆婆在她的丈夫去世后,强行把她卖给了其他人做媳妇,这种忽视女性想法、践踏女性尊严的行为是必须进行严厉指责和批判的。《小二黑结婚》中落后农民的代表——二诸葛,深受封建思想的残害,他既不能改变生活的现状,也不明白自己受苦受难的根源何在,只能极度依赖封建迷信,还要干预儿子的婚姻,不顾小二黑的意愿,给他找了个童养媳,他面对恶势力时只会软弱服从,哀求"恩典恩典",这些落后迂腐的表现与文中敢于斗争、敢于掌握自己命运的新型农民形成了鲜明的对比,进一步揭示了要反对封建思想,积极接受新鲜事物。因此,教师要明确文学作品中的精华与糟粕,去伪存真,引导学生体会中华文化,继承优秀文化传统。

2. 比较阅读,拓展文化宽度

比较阅读是阅读教学中常用的方法,把内容或者结构上有一定相似性的文本放在一起对比阅读,可以从其中发现别样的精彩。多阅读,多比较阅读,才能使课内与课外知识融会贯通,拓展学生知识的范围。比较阅读可以从以下几个方面进行设计。

其一,教材选文间的对比。教师可以把教材选文中有相同或相近文化现象的文章放在一起阅读,如比较《小二黑结婚》中二诸葛、三仙姑的迷信思想和小二黑与小芹要求自由恋爱的思想,体会翻天覆地的新农村的新思想、新面貌。还可以将《荷花淀》与《党费》放在一起进行比较阅读,《荷花淀》中的水生嫂和《党费》中的黄新都参与了社会变革,但她们的参与方式有什么不同呢?将黄新的行为动机和"水生嫂"们的行为动机进行对比,我们就会发现,相较于水生,黄新的行为多了一些自主性。这种自主性是在参与社会变革时,黄新认识到"我要这么做",而非是丈夫告诉她"可以"或者"应该"这么做。通过这样的对比阅读,教师可以发现新时期女性的思想觉醒,进而引导学生思考:水生嫂和黄新,你会更欣赏谁呢?教师要引导学生对作品价值和内涵进行深度探索,引导学生学习优秀的文化,明确消极文化现象与正确价值观之间的冲突,做到对中华文化合理的取与舍。

其二,课内外文本的对比阅读。如《阿Q正传》和《活着》都是描写小人物命运的作品,但鲁迅和余华二人的生活经历又不尽相同,将这两个著作放在一起进行对比阅读,能加深学生对作品中人物形象的感知能力和理解深度;再比如,沈从文的小说《边城》与汪曾祺的小说《受戒》,都是展现了家乡自然环境的纯净优美,故乡普通人的朴实纯良,但向深挖掘,就会发现乡土的美丽与哀愁。《边城》不执着求一个圆满,生老病死、聚少离多都是自然而然的,不安排强烈的冲突来使剧情更加跌宕起伏,只是让作品中的人物在满眼青绿的边城风物中,静静地走完自己的人生,最后恰到好处地使人感到一点哀伤,而这点哀伤也不会在心上停留太久。《受戒》就更加随性了,剧情是甜的、人物是甜的、荸荠桑葚是甜的、栀子石榴也是甜的,从一开始小英子笑着抛给明子的莲蓬,一直到最后苇荡里青嫩的芦苇,都会让我们感受到生活的甜蜜。在这样的对比阅读中,学生会对乡土文化的宽容与束缚有一定程度的理解。

3. 以写促读,增加文化厚度

阅读和写作有着千丝万缕的联系,教师在教学中不能顾此失彼,要鼓励学生的个性表达、自主创作,这样不仅能让学生加深对文本文化的理解,而且能传达个人对生活的观察和感悟,对社会的发现和思考。教师应该在语文课堂中多安排小练笔,以此带动阅读向纵深方向发展。以写促读式的小说阅读教学可从以下几方面设计。

(1)文本续写。

一些戛然而止的结尾会留给读者丰富的想象与回味空间,而这个空间也是再创作的空间,教师可以让学生试着续写。沈从文的《边城》是超凡脱俗的,整篇小说的氛围来源于心灵的纯净,透露着田园牧歌式的淳朴气息。在远离尘嚣的小山城里,人们过着一种淳朴且没有任何纷扰的宁静生活,环境纯粹干净,纤尘不染。《边城》的结局是一个略带悲伤的"省略号",让我们感觉它似乎还没有结束,至少我们内心还满怀期待,期待着无边无际的未来。在教学过程中,教师可以设计续写训练,也许学生的文笔还很稚嫩,但是他们通过自己丰富的想象去完成《边城》的续写,这个过程其实也是对乡土文化深化理解的过程。每一个学生都会根据自己的设计和想象,给翠翠一个不同的结局,有的结局是孤老终生的苦等、有的是顺势而为的另嫁、有的是众所期待的团圆、也有的是遁出红尘的逃脱,不管是哪一种都好,都是同学们赋予翠翠的一个命运,结局未必圆满,但写作的过程本身就是一种极好的锻炼。教师可以将课堂的空间留给学生，让学生去尝试续写，去实践，从而逐步培养学生的写作能力，这种带着真实情感的写作会加深学生对文本中的文化的理解。

（2）文体改编。

除了小说文体，诗歌、散文、议论文等也是高中学习的重要文体，也有其专门的鉴赏方式，教师可引导学生尝试进行不同文体的转化，这样不仅能加深学生对其他选文的创造性理解，还能提高学生辨析不同文学形式的能力，例如，在《百合花》《哦，香雪》的对比阅读中，《百合花》体现了战火情，《哦，香雪》中纯洁的香雪也给我们带来了别样的审美体验、独特的青春感受。教师可以让学生结合本课所学的诗歌形式，任选两部小说中的一部，将其改写成散文、课本剧等。文体的改编，需要学生对文本的内容进行提炼、重组，对文本内涵进行深入解读，以写促读、以写促悟。

（3）小说评论。

不同于课堂上的交流和发言，小说评论是学生在深入了解小说内容后，以书面形式对小说某个方面内容展开的评论，是碎片化的灵感火花、思维的闪亮时刻汇聚成的文字力量。这种方式能够让学生发散思维，从某个侧面更深入地解读文本，挖掘文本的文化内涵。如在《祝福》的教学过程中，教师可以让同学们搜集辛亥革命前后的法律文书及其执行情况、反映封建思想的影视作品，然后让学生写一篇关于"祥林嫂之死"的评论文章，来拓展学生思维，让学生深入思考小说中各个人物的性格特征和情节设置安排，提高学生思想认识能力。学生通过搜集整理相关资料可以深刻地体会到，辛亥革命前后的中国，尤其是乡土社会，还是一个有法难依的社会。族长、乡绅、长老对年轻人和底层人民有很强的控制权，这能够增加学生的历史文化知识，深化其对文本的理解。

七、整本小说阅读教学策略——以《红楼梦》为例

（一）由"碎片"形成"整体"

《红楼梦》是一部章回体长篇小说，师生在阅读过程中应该树立整体视野观，避免出现碎片化、分散化阅读的情况。在阅读中形成整体意识，树立整体视野观，可以从优化整合阅读资源入手。

《红楼梦》整本书阅读的相关资源十分丰富充足，例如名家讲坛、名家书评、专题讲座、文化展览、阅读分享会，等等。然而在课堂教学中，真正能用到的阅读资源往往非常单调，具有很大的局限性，这对《红楼梦》整本书的阅读质量有一定的影响。因此，要从多角度多层面对阅读教育资源进行挖掘与优化整合。

教师可以通过教材、学校资源、阅读活动等多种维度多种形式进行阅读资源的整

合。其中首先选择的必定是教材，教材作为教师在阅读教学实施过程中的参考范本，为整本书阅读教学单元提供了多种多样、具有较强针对性的阅读教学资源。除此之外，学校内部，比如图书馆书籍、名师专题讲座、阅读分享交流会等教育资源也要充分恰当地利用。教师可以采用共享图书资源的形式，精心挑选书籍。

在《红楼梦》整本书阅读教学过程中，让学生与文本进行充分的接触，能帮助学生更高效地阅读。在阅读活动设计方面，教师可以安排演讲比赛、征文比赛、开展相关知识竞赛、设立专题活动，或对书籍进行评议，交流读书心得与体会，等等，激起同学们的学习兴致，让同学们积极主动地搜寻查找与书籍相关的材料，在潜移默化、日积月累中推进阅读资源的优化整合。这一实施路径不仅能够提高学生阅读《红楼梦》的质量与效率，还可以提升学生的优化整合阅读资源的意识，进而提升学生的整本书阅读能力。

（二）由"单一"走向"多元"

为改变《红楼梦》整本书阅读教学的现状，教师可以通过多元化的活动、拓展阅读视角的阅读活动，激发学生的阅读动力，使阅读活动由"单一"走向"多元"。

在展开《红楼梦》阅读教学的过程中，采取多元、丰富且具有趣味性的阅读活动，有助于学生摆脱阅读长篇小说时无聊、乏味的阅读体会，有效地理解与分析文本。当下，互联网已经成为学生学习与生活的关键组成部分，受"互联网＋"的影响，学生已经不满足于以往传统的阅读教学形式。例如，传统的"讲—学—练"阅读教学模式已经被专题教学活动革新，这种新模式贯穿于整个阅读教学过程之中，不再是传统意义上的教师掌握整个课堂，而是转向以学生自行学习为主、教师辅导为辅的阅读学习模式，这为同学们创造了充分的自主学习时间与空间。而专题教学活动的内核是多元丰富的教学活动。

教师在实际课堂教学中，除了线下的传授知识、指引方向、互动交流以外，还应该灵活地利用好线上教育资源及在线教育网课平台。例如，让学生观看《百家讲坛》中关于揭秘《红楼梦》的内容，细品书中细节。再比如运用媒介工具，让学生扮演《红楼梦》中的人物角色，并拍录视频，学生在确定主题、理清思路、写作脚本的过程中，能够深化对书中人物的理解。另外，教师在课堂教学中也可以开展各种各样的活动，例如，设计《红楼梦》的相关文创作品——制作团扇、设计花笺和书签、人物形象剪纸；朗读《红楼梦》中的诗词；演唱《红楼梦》歌曲，等等，让阅读成为生活的一部分。教师将阅读和艺术的内涵、生活的实践相结合，进而培养学生的创造性思维，让学生能够走进经典、品味经典、再现经典，对经典进行充分深入的领悟。

（三）由"浅读"转向"深读"

在《红楼梦》的整本书阅读中，教师需要解决学生"浅阅读"的问题，具体可以从深度关注阅读文本、转变阅读身份两方面入手。

1. 深度关注阅读文本

《红楼梦》作为一本章回体长篇小说，是一个相互关联、有机融合的整体。要想解决学生"浅阅读"的问题，不能仅阅读文本表面，要恰当地利用好文本的章回之间存在的立体、多层次的关联，挖掘文本内部深层内涵。例如从思辨性角度出发，教师可以将前80回和后40回的关系进行梳理。《红楼梦》的前5回以不同的情节设计预示了主人公的命运，从第5回的预示至结局，可以作为一个整体，通过总揽全书，思考情节的安排是否合理。再比如贯穿《红楼梦》全书的"木石前盟"和"金玉良缘"这一对重要的相互矛盾、对立冲突的人物关系的发展，与全书的其他内容息息相关，是《红楼梦》整本书的情节发展的主脉络。

在整本书的阅读过程中，教师应当强调并不断提示学生要重视文本中的细节，在分析人物的全局关系时，要灵活地运用思辨意识与能力，保持独特且具有创造性的思索。例如，林黛玉和薛宝钗进贾府的初衷有何不同？贾府的态度与接待规格有何不同？二人之后所受的待遇又有何不同？宝钗、黛玉二人与贾宝玉之间丝丝缕缕的关系又各为什么？薛宝钗究竟是"君子"还是"小人"？元春为何中意宝钗而不是黛玉？除了主人公的对比之外，不同年龄阶段，不同身份地位的人也可以进行对比，如宝玉身边的大丫鬟袭人和晴雯，贾府三妯娌王熙凤、李纨、尤氏，贾母和刘姥姥，等等。同时，《红楼梦》还刻画了同一人物自身前后的变化，使其人物形象更加丰富立体。

以思辨的形式对《红楼梦》整本书进行理解分析，将文本中的这些对比串联起来，既能让学生注意到关键情节的前后紧密联系，也能看到日常碎片化情节的相互关联，在赏析文本内核的过程中理解作者的写作意图，让学生感受到《红楼梦》整本书阅读所带来的乐趣。

2. 转变阅读身份

学生在《红楼梦》整本书阅读过程中，不能仅仅接收文本的字面内容，而是要潜入文本内部品读其中的内涵。在阅读的过程中，随着阅读身份从"接受者"转变为"对话者"，我们的阅读方式也会逐渐深化，形成三个递进的层面：读懂作者、读到自己、读出问题，这样才能高效地横跨时空维度与作家、与作品、与时代进行交流。

例如《红楼梦》第二回，冷子兴于酒席间与贾雨村提及"金陵四大家族"，对其讲述了金陵贾府的情况，当下贾府的子孙后裔在朝廷上功绩微乎其微，无得力之人却依旧是钟鸣鼎食之家、位列八公。这就值得读者对其背后的缘由进行思考，进而分析得出，贾府地位的显赫离不开宫廷权力的支持。不论是元春进入宫廷、获得晋封还是秦可卿葬礼上出现的北静王和内相太太监戴权，均显露了贾府与宫廷的权力政治关系。由此证明了贾府的兴盛衰败与宫廷权力政治关系密切,元春的突然薨逝代表着贾府在宫中的保护伞轰然倒塌,贾府衰败没落的结局已是板上钉钉。

教师要引导学生尝试以"对话者"的身份对文本进行深入阅读、思考。坚持"读者中心论",强调读者的主观能动性与创造性,在阅读中不断地锻炼和发展思辨能力。如今,整本书阅读教学仍然要面对许多困难和逆境,未来,教学的关键着力点仍然在于如何让整本书阅读教学更有成效,促使学生在整本书阅读中得到真正意义的全面发展。根据相关的文献研究并结合当今整本书阅读的现状,教师可以用小说整本书的思辨性阅读作为发力点,锻炼学生的思维能力,让他们在阅读中有所思、有所感、有所悟、有所得,进而帮助学生养成良好的阅读习惯,提高阅读能力,提升自身综合素质。

第四节　诗歌阅读

一、诗歌的内涵及诗歌教学作用

诗歌包括诗歌和诗词,从文体特征的角度来看,它是一种抒情言志的文学体裁;想象丰富,语言和思想呈现出跳跃性;语言凝练,节奏与韵律感强;有特殊的表现手法和技巧,如起兴、象征、隐喻、意象等。这些决定了诗歌教学要注重感悟体验、二度创作、感情朗读等。

诗歌作为文学的重要形式,是语言艺术的精华,具有丰富的文化内涵和艺术价值。有效的诗歌教学对于学生来说具有多方面的作用:欣赏和解读诗歌可以培养学生对美的感知能力和鉴赏能力,提高其审美情趣和文学素养;对诗歌的韵律、修辞和形象的分析,可以帮助学生提升语感和表达能力;体验诗歌的情感,可以引发学生的情感共鸣,增强其情感体验;解读诗歌的文化内涵,可以增强学生对传统文化的认同以及文化自信,提高其文化传承能力;阅读和创作诗歌,可以培养学生的创新思维,提高其创造力;理解诗歌中的情感和作者对社会、人生的态度,能够有效增进学生的人文关怀。

二、诗歌阅读教学的必要性

(一)新课标要求

新课程改革强调,要着重培养学生的综合素养和创新精神,要求学生不仅要读好课本中的经典文学作品,还要广泛接触和阅读各类文本,包括诗歌、小说、散文等。因此,在语文课程中进行诗歌阅读,有助于贯彻落实新课程改革的要求。

(二)诗歌群文阅读的优势

诗歌群文阅读是一种通过接触各类诗歌文本来培养学生阅读兴趣和阅读能力的方

式,它的特点是多样性和广泛性。诗歌群文阅读的多样性和广泛性能为学生提供丰富的阅读资源和学习机会。通过接触不同领域、不同形式的诗歌阅读材料,学生可以拓宽视野,加深对世界的认知和理解。

同时,诗歌群文阅读也有利于培养学生的批判思维和创新意识。在阅读不同文本和材料的过程中,学生需要思考和比较,形成自己的观点和见解,从而提高自己批判性思维能力。通过接触不同的诗歌文本和材料,学生也可以锻炼创新思维,从不同的知识中获得灵感,促进自己的创造力发展。

（三）诗歌教学面临的问题

当前,学生对于诗歌的阅读兴趣和理解能力普遍不足,现有的诗歌教学也面临一些问题:第一,在快节奏的多媒体信息时代,学生很容易接触到流行文化和娱乐产品,而对经典文学作品,尤其是诗歌的接触和理解不足;第二,学生更倾向于学习具有实用性和直接性的内容,而对抽象和感性的诗歌缺乏兴趣;第三,当前教育体系普遍注重考试成绩和评估指标,而诗歌作为一种艺术形式,难以用传统的评估方式进行准确评价,这也导致部分教师忽视诗歌教学。

（四）群文阅读与诗歌教学的契合点

诗歌作为一种特殊的文学形式,常常与其他文本相互交融。通过群文阅读,学生可以接触与诗歌相关的各类文本,多角度、深入地理解诗歌的内涵及其艺术美。群文阅读与诗歌教学的契合点具体体现在以下几方面。

1. 形式对比与韵律感受

群文阅读可以帮助学生对比诗歌与其他文学形式的语言表达和韵律节奏。教师可以选择一首现代诗和一首流行歌曲的歌词,如海子的《面朝大海,春暖花开》与一首流行歌曲的歌词,让学生对比两者的表达方式和韵律节奏,探讨它们在情感传递上的异同。通过这样的对比,学生可以理解诗歌的独特之处,感受不同语言表达的精妙之处,从而学习如何通过韵律和节奏来传达情感。

2. 主题共通与文本对比

群文阅读可以帮助学生将诗歌与其他文本形式进行对比,引导学生发现不同文学形式之间的主题共通之处,加深学生对诗歌主题的理解。例如,教师可以选择一首描述大自然美景的诗歌,并选取一篇散文,引导学生探索二者的表达方式和情感传递有何异同,以此帮助学生更深入地理解诗歌的主题。

3. 感知文学历史与文化背景

学生可以通过群文阅读来了解不同时期和地区的诗歌作品,从而深入了解诗歌的历史和文化背景。例如,教师可以组织学生阅读中国古代经典诗歌,并引导学生将其与现代诗进行比较,让学生发现诗歌的演变,以及社会背景对诗歌变化的影响。例如,教师可以选取李白的《静夜思》及郭沫若的《静夜》,让学生通过对比二者的语言风格、意象和主题,了解古代诗歌和现代诗歌的差异和相似之处,帮助学生更好地把握诗歌的发展脉络,理解历史和文化背景对诗歌的影响。

4. 多元文本解读与批评能力

通过群文阅读,学生可以对不同领域、形式的文本进行多元解读和评价,提升对诗歌的理解能力和评价能力,提高自己的批判性思维能力。教师可以选择一首抒情诗,如白居易的《赋得古原草送别》,以及与之相关的绘画作品,如张大千的山水画,引导学生分析诗歌、绘画的表达方式和情感抒发方式有何不同,理解诗歌和绘画在艺术表达上的共通之处,并进行批判性思考和评价,以此培养学生的文学鉴赏能力和批判性思维能力。

群文阅读与诗歌教学的契合度较高,因此,将群文阅读与诗歌教学相结合,有利于解决高中语文诗歌教学现存的问题,为学生提供更广阔的阅读视野和更丰富的阅读体验,使学生能够更深入地理解和欣赏诗歌,提升学生综合文学素养和批判性思维能力,激发学生对文学的兴趣与学习诗歌的热情,实现更全面的发展。

三、诗歌阅读教学策略

(一) 把握诗词导向,定位诗词焦点

张黎认为,"焦点是人们在交谈当中传递的重要信息,它是话语当中的重点"[1]。刘丹青提出,"焦点是强调突出的部分,强调让听者关注到这方面的信息"[2]。总的来说,"焦点"主要有两种含义,一是从信息传递的角度切入,即说话人想要传达的或强调的新信息,以及新信息中的重点;二是从说话人的语用或心理动机角度切入,即说话人认为听话人需要特别注意的重点信息或语言片段。[3] 在古诗词的阅读中,焦点是古诗词内容中的核心关键点。古诗词的焦点是能够引发学生重点思考关注的部分,起着牵一发而动全身的作用,有着统领全篇的功能。在古诗词教学中,教师可以通过诗眼和关键词定位古诗词焦点。当然诗词的焦点并不是唯一的,在教学中,教师应根据具体的教学情况选定。

1. 通过诗眼定位焦点

诗眼是一篇诗词中最具代表性的关键点、中心点。诗眼就像是诗词的"窗户",不受

① 张黎.句子语义重点分析法刍议[J].齐齐哈尔师范学院学报,1987(1):63.
② 刘丹青.语法调查研究手册[M].上海:上海教育出版社,2008:219-245.
③ 祁峰.现代汉语焦点研究[M].上海:中西书局,2014:7.

时空的限制,以"眼"传情,联系着诗人和读者。诗人的所思所悟通过诗眼这扇"窗户"传递给我们,我们也可以借助诗眼走进诗人的内心世界。诗眼的表现形式是多样的,它可以是一个字,也可以是一个词,甚至是一句诗。诗眼不是固定不变的,根据不同的教学侧重点而有所差异,教师可以依据教学内容选择不同的诗眼。

诗眼分为篇眼和句眼,前者是对于整篇诗词而言的,后者则是对于诗句而言的。[①]句眼大多数时候是一个字,是诗人"千锤百炼"之字,如"山随平野尽"的"尽"字。篇眼通常是一个句子,如辛弃疾的《破阵子·为陈同甫赋壮词以寄之》中的篇眼是"可怜白发生";篇眼也会以单个字或者几个字的形式出现,如杜甫的《月夜忆舍弟》中"忆"字是本首诗的诗眼。诗眼无论是一个字还是一句话,都是诗词中最为传神、最为传情的焦点。

（1）从诗题中寻找诗眼。

诗人在创作的时候对拟题十分讲究,所谓"题好文一半",诗词命题的形式主要有:写作中心为题、以句首为题、即事命题,以及以乐舞、词牌命名等。[②]诗词的题目与诗词的创作有着密切联系,诗题是诗词内容的精练表达,有的诗题暗含着诗人的情感,如杜甫的《书愤》,诗题中的"愤"字抒发了诗人的忧愤之情;有的诗题蕴含着诗词的中心,如杨万里的《插秧歌》,诗题中"插秧"二字点出了本首诗的中心是描写插秧劳动场景。有的诗题点出了诗词描写的对象,如《诗经》中的《静女》,诗题表明本首诗是围绕静女展开的。

诗题就像是诗歌的"头",抓住这个"头"抖一抖,就能顺着线索确定焦点。苏轼的词《江城子·乙卯正月二十日夜记梦》表明这首词的创作时间是乙卯正月二十日的夜晚,记录的是诗人的"梦",根据词的内容结合诗题,我们就可以确定诗眼为"梦"。

（2）根据词性寻找诗眼。

诗是由词组成,词分为动词、名词、形容词等,不同类型的词在诗文中的作用不同。这里所说的词指的是语言学当中能独立使用的最小的单位。诗眼往往是个"响字",响即动,是让整篇诗词或者诗句动起来的动词,除此之外名词、形容词、副词等也都有可能成为诗眼。

词的多样性赋予了词意斑斓的色彩,在不同的使用环境下,同一个词能够蕴含多种不同的含义。同时,在特殊的语境中,因为内容的需要,词性也会发生转变,在古诗词当中名词、形容词可能活用为动词。因此在诗文中寻觅诗眼可以从词性、词意入手。如

---

①　王漫.致广大而尽精微:"诗眼"教学法的妙用[J].中学语文教学,2017(4):30-31.

②　王群丽.唐前诗歌的主要命题模式——兼论诗题和诗歌之间的关系[J].杜甫研究学刊,2022(4):69-84.

《涉江采芙蓉》这首诗通过描写主人公想要采摘芙蓉送给远方的人这一事件，抒发了思念之情，"所思在远道"中的"思"这一动词在文中有着统领全文的作用，在赏析诗词时可以将"思"作为本首诗的诗眼。

（3）从情感变化中寻诗眼。

《心理学大辞典》认为，"情感是人对客观事物是否满足自己的需要而产生的态度体验"[①]，人的感情是复杂的，包括喜、怒、悲、恐、忧、思、愁等，还包括人感官的和精神的感受。人的情感表达主要是通过言语、行为和表情三种方式，在古诗词中，言语是情感表达的主要方式，文中的诗句就像是诗人娓娓道来的言语。语言是情感的外壳，褪去外壳，隐藏在言语之下的是诗人炽热的情感。

在寻找诗眼的过程中，教师可以引导学生抽丝剥茧般将其中最真挚的情感"解剖"出来，找到诗人情感的爆发点。寻找诗词中情感的爆发点可以着眼于诗词当中情感的转折之处，以情感的变化作为突破口。如杜甫的《登高》，这首诗描写的是诗人登上高处的感受，诗人看到秋日空旷辽阔之景，联想到自己的人生遭遇，不禁百感交集，转而心生悲愁之感。根据作者所抒发的情感我们可以将本首诗的诗眼确定为"悲"。

2. 通过关键词定位焦点

诗眼是诗词中诗人情感的凝聚，是诗歌中最为传神之处，而关键词是诗词中的具有重要地位的词句。诗眼一定是诗词中的词句，而关键词既可以是诗词中固有的词，也可以是基于诗词本身内容而提炼出来的具有代表性的词句。关键词就像诗中的"线"，把词串成句，把句连成篇，起着"渗透"全诗的作用。抓住古诗词当中的关键词就相当于抓住了古诗词的焦点。

（1）根据意象确定关键词。

袁行霈认为，"意象是融入了主观情意的客观物象，或者是借助客观物象表现出来的主观情意"[②]。诗语即诗情，景语皆情语，诗人的情感贯穿整篇诗文，而意象是情感的载体，也是情感的具体表现。确定诗词的关键词也可以从诗词的意象入手。

意象可以分为社会人文类意象和自然地理类意象，社会人文类意象是社会生产生活中产生的，如"舟""酒"等；自然地理类意象是指自然世界存在的意象，如"风""月"等，自然意象是古诗词中最常见的。

不同的意象承载着诗人的不同情感，如"月"代表着思念之情，"柳"代表着留恋不舍之情。张若虚的《春江花月夜》围绕"江""月"这两个意象描绘了一幅优美的春江月夜之景，在教学时，教师可以抓住"江月"这个关键词。李清照在《声声慢》中，描写了"酒"

---

① 林崇德,杨志良,黄希庭.心理学大辞典(上)[M].上海:上海教育出版社,2003:940.
② 袁行霈.中国诗歌艺术研究[M].北京:北京大学出版社,2009:54.

"风""雁""黄花""梧桐""雨"等意象,这些意象表达了诗人烦闷的心情,通过这些意象我们可以提炼出本首词的关键词:"忧愁"。

（2）从内容变化处、情感转折处确定关键词。

白居易在《与元九书》中提出,"文章合为时而著,歌诗合为事而作"。诗词的创作一方面要表现社会现象,反映社会现状;另一方面要贴近生活事实,描写日常百态,反映生活。诗人创作内容是社会现实和生活事实的融合,在诗词创作过程中,诗人在诗词内容上倾注了丰富的情感,其表达的情感是多层次的。

在赏析古诗词时,我们可以重点关注古诗词中的"转折点",从诗词内容变化处或者情感转折处提取关键词,词的矛盾、转变点恰恰就是诗词内容的关键。例如,王安石的《桂枝香·金陵怀古》,本首词上阕描写了诗人登上金陵城看到的一片开阔景色,展现了一种旷然之感,然而下阕笔锋一转,开始回忆往昔,诗人想起当初的金陵昌盛之状,对比现在的荒凉之貌,生出了亡国之悲。抓住上下阕情感的变化,依据词中描写的内容,我们可以将本首词的关键词定为"悲叹"。

（二）掌握诗词内容,提炼基本问题

"只有进入文本的内部,梳理清楚作者构造的文本世界后,我们才有可能提出问题"[1]。运用焦点阅读法的前提是熟悉、了解课文,对文章有深入的研究,对文本进行细致的分析。

提炼古诗词的基本问题时,首先要细读文本,在掌握文本的基础上确定古诗词类别;其次是感受文中体现的情感,把握主要情感,将古诗词按照不同的思想情感进行分类;最后是在梳理诗词内容、体悟思想感情的基础上提炼焦点,确定文本的基本问题。

1. 细读文本,归纳诗词类别

窦桂梅认为,文本细读是"在充分阅读背景资料的基础上,借助文学理论为我们提供的方法和视角,就文本本身,进行反复、深入、全面、细致的阅读"[2]。文本细读指的是从文本出发,抓住文字,联系上下文对文本进行研读,强调要尊重文本。此外,文本细读不是将文本拆成一个一个字来阅读,而是在整体把握文本的情况下对文本进行解读。余映潮认为,"整体阅读就是不肢解全文的阅读"[3]。

在阅读古诗词的时候,首先要有大局观,能够掌握整体框架,抓住主题思想,把握诗词主旨。其次要立足课文的原文,在细读原文的基础上深入解读文章内容,在遵循文章内容的基础上,联系诗词创作的时代背景和诗人的生平经历,多方面地了解诗词表现的

---

① 倪文锦."焦点阅读"初探[J].语文建设,2018(13):21-22.
② 窦桂梅.窦桂梅的阅读课堂[M].长春:长春出版社,2009:208.
③ 余映潮.整体阅读教学[J].中学语文教学,2008(6):32.

内容和蕴含的思想感情。

在文本细读过程中，教师要重视学生的主体地位，尊重学生在古诗词方面的理解和接受能力，尊重学生的发展能力。诗词是由词句构成的整体，在阅读古诗歌时，首先要总览，了解诗词所在的单元的主题。其次是细看，细读诗词的语言、情感、手法等，了解诗词所表达的内容，理解诗人的所闻所感。

文本要细读而非断章取义，不能截取部分诗句片面地理解。诗词是诗人内在"志"的体现。根据诗人吟咏描写对象的不同，部编版高中语文教材中选编的古诗词可以分为：咏怀类、叙事类、怀古类、爱情类、闺怨类、战争类、山水类等。不同类别的诗词有不同的特点，所表现的内容也有所不同。

以田园类的诗词为例，陶渊明的《归园田居（其一）》书写了乡村中的自然景象，描绘了一幅闲适的隐居生活画面。研读本首诗，首先，我们要抓住本单元的人文主题："生命的诗意"，本单元的诗词体现了了不同时期的诗人的不同人生思考和人生选择。其次，我们要关注本首诗的内容，这首诗描写的是归隐生活，结合诗人陶渊明的生平经历可知，他是田园山水诗人，不愿为五斗米折腰，向往山水归隐生活。教师在文本细读教学中，可以引导学生抓住"归园"二字，通过这两个字可以理解诗人的闲情逸致，以及诗人对田园生活的热爱。

2. 重视学情，突出学生的主体地位

《课程标准》中提到，"要根据学生身心发展和语文学习的特点，保护学生的好奇心、求知欲，鼓励自主阅读、自由表达，激发问题意识，引导他们体验发现问题、解决问题的过程"[①]。在古诗词教学中，教师要重视学生的学习情况，在符合学生学情的基础上聚焦文章的基本问题。高中学生在经过义务教育阶段的学习之后，已经具备初步阅读理解文章的能力，能够把握文章的层次结构。

在思维能力方面，高中阶段的教学应该重视学生思维能力的发展，培养学生结构化思维、批判性思维，促进学生逻辑思维的发展；要培养学生问题意识，使学生能够抓住关键问题，联系生活解决问题，学以致用，同时在此基础上提出问题，用发展的眼光看待事物，让学生能够自主发现问题、探究问题。

各个班级的学生的学习水平有差异性，教师在设计基本问题时也要考虑这一情况，并在教学中根据学生的学习反馈灵活调整。如教《江城子·乙卯正月二十日夜记梦》这首词时，教师执教的 A、B 两个班级的学生属于中等偏下水平，因此，教师依据学生学情设计了基本问题："梦见了什么，因何而梦？"同时，A 班学习水平比 B 班略高一些，因此

---

① 中华人民共和国教育部.普通高中语文课程标准(2017 年版 2020 年修订)[M].北京：人民教育出版社，2020：42.

在以学生为主体的理念指导下,教师在 A 班教学时侧重引导学生对情感进行探究,在 B 班教学时侧重引导学生对内容进行探究。

3. 把握情感,分类思想主题

情感是人们对于事物的感受和体验,诗词从西周至今,经历悠悠几千载的发展演变,诗歌创作中的情感表达方式也在不断地丰富。诗人的自身性格和人生阅历不同,他们对事物和情感的体验也有差异,因此,不同的诗人在其作品中会展现独具特色的思想感情。"诗缘情而绮靡",诗词是诗人情感的集合体,诗人将自己的情感倾注于诗词中,以此抒发内心的情思。有绵绵不断的思乡之情,炽热真挚的爱国之情,美好纯真的爱情……

通过对诗词的鉴赏,我们可以将高中语文教材中的古诗词蕴含的情感概括为歌颂劳动之情、渴望建功立业之情、归隐闲适之情、反抗斗争之情、忧郁愁闷之情、山河赞美之情、离别离乡之情、怀才不遇之情、婚姻爱情反思之情、缅怀与敬仰之情、爱国之情、相思之情等。

例如,《芣苢》描写了采摘芣苢的场景,《插秧歌》描写了田野上插秧的场景,这两首诗歌都表达了诗人对劳动人民的赞美之情;《离骚》通过描写香草、美人高尚的品行节操来表达自己的忠贞之心,并且借此表达了诗人的拳拳爱国之心。

4. 抓住焦点,聚焦基本问题

焦点是诗词的核心,起着统领全文的作用。确定文本基本问题先要抓住文本的焦点。文本焦点的确定可以从以下两个方面入手,一是古诗词的诗眼,二是古诗词当中的关键词。此外,确定文章基本问题还要先理解古诗词的基本内容,从整体上掌握文章的结构。在此基础上,教师可以根据古诗词的内容把握古诗词当中所抒发的情感,体悟古诗词的思想主旨。

确定基本问题时,最重要的是关注学生的学情,基本问题是基于学生的基本情况而确定的。以《登高》为例,这首诗描写了杜甫登高时的所见、所闻、所感,前两联刻画了秋天的景象:秋风瑟瑟猿猴啼啸,鸟儿盘旋在河洲之上,无边无际的树叶纷纷飘落,长江之水滚滚而来。面对着这样的秋景,诗人悲从中来,感慨自己漂泊在外、忍受着病痛,看着双鬓斑白的自己内心愁闷,想要以酒消愁,奈何愁更愁。

高中的学生在教师的引导下能够掌握和理解《登高》的内容,我们不难发现,本诗是围绕"悲"字来写的,诗人通过描写高处所见的秋日之景,表达了自己的悲愁之情。因此,可以将"悲"定为本诗的焦点,根据焦点"悲",基本问题可以设为"诗人为何而悲?"。

(三)探究诗词内在,厘清问题层次

诗词是诗人思绪的凝练和表达,每一首诗词都有其明确的内部结构,而不是胡乱的文字堆砌。读诗也是读诗人,教师要引导学生走进诗人的世界,品读诗人的语言逻辑,体悟诗人的思想情感。阅读诗歌,不是简单地只看诗词的外表,还要厘清内部构造,划分不同的层次。划分层次能够让诗词结构更加明了,在学习诗词时也能够更好地把握诗歌内涵。当然分析问题的层次并不是要抽丝剥茧一般地拆解,而是条分缕析。

1. 依据诗文内容

古诗词的特别之处在于,其语言含蓄凝练,内容富有哲思。诗人运用具有表现力的语言,凝练地展现社会生活的丰富图景。尽管篇幅不长,但古诗词所涵盖的内容是多样的。

诗文的层次可以依据描写内容划分为不同的层次,如《孔雀东南飞》按照内容可以划分为兰芝被遣、夫妻别离、兰芝抗婚、双双殉情四个层次的内容。也可以根据同一内容的不同角度进行划分,如苏轼的《江城子·乙卯正月二十日夜记梦》,根据"记梦"可以划分为梦前、梦中和梦醒三个层次。

以《登高》为例,本首诗描写了诗人杜甫在秋日登上高处的见闻,学生阅读本诗时可能会产生疑问,诗人写登高而眺,为何会内心哀愁?诗人为什么悲?教师可以根据文本内容并基于学生的理解,以"诗人为何而悲"作为基本问题,将诗文划分为听到看到的和内心想到的两个层次。第一层次是诗人听到猿猴凄凉的哀鸣声,看到鸟儿在水中沙洲盘旋、落叶纷飞、江水滚滚而去;第二层次是内心想到的,诗人联想到自身头发花白还漂泊流落在外,已不再是少年的模样,内心悲苦。

2. 辨析行文结构

诗词写作讲究行文布局,诗词的结构和排列往往都经过诗人的精巧构思设计。诗词中的字词组合看似随意,没有模板可循,但是诗词的结构却是有迹可找的。诗词的结构如同房子的"顶梁柱",支撑着诗词的外形。起承转合是诗文的排列结构,"起者,起下也,连合亦起在内;合者,合上也,连起亦合在内;中间用承用转,皆兼顾起、合也"[①]。起是诗文的开头部分,承是发展的过程,转是转折变化,合即结尾。古诗词层次的划分可以依照诗词当中的起承转合来进行。

例如,杜甫的《登岳阳楼》,首联开头破题:曾经听闻洞庭美景,今日终于登上岳阳楼。颔联承接上联写了洞庭湖壮阔无垠、烟波浩渺。颈联一改前两联的风格,作者看到洞庭湖的宽广转而联想到自身渺小无依,垂暮之年依旧漂泊不定。尾联从自身命运延伸到国家的前途命运。根据行文结构,我们可以将内容划分为四个层次,第一层次是登岳阳楼的由来;第二层次是洞庭美景;第三层次是自身感慨;第四层次是忧心国家。此

---

① 刘熙载.艺概注稿[M].袁津琥,校注.北京:中华书局,2009:840-841.

外,词一般分为上下两段,即上下两阕,层次划分也可以基于词的上下阕结构。例如,王安石的《桂枝香·金陵怀古》,上阕写的是王安石登上江陵故都看到的景象,以"念"字为转折,下阕写的是过去的繁华的金陵。上下之分,今昔对比,第一层次是如今之象,第二层次是往昔之景。

又如,在学习《秋兴八首(其一)》时,老师可以将杜甫的诗文《咏怀古迹(其三)》《蜀相》《登高》等放在一起进行群文阅读,让学生选择其中一篇精读,再略读其他两首诗文,在此基础上思考作者的思想。通过阅读思考,学生能在多篇文章中把握杜甫的作品的整体结构,见微知著,了解诗圣杜甫"以天下为己任"的忧患思想。除此之外,对于相关的题材文章或者结构相似的诗文,老师均能引导学生通过上述群文阅读方法进行学习,帮助学生快速掌握文脉发展规律及更多学习、复习技巧,提升学生的阅读水平,帮助其实现语言体系的构建和知识的积累。

3. 关注情感内涵

抒情性是古诗词的特点,诗词蕴含着诗人的情感。"夫缀文者情动而辞发,观文者披文以入情。"①诗人在创作诗词的时候,将自己对客观事物的情感体验通过文字表达出来。在古诗词中,诗人内心情感体验的变化,在其诗词作品中体现为内容层次的丰富与转变。因此厘清诗文层次可以从情感变化入手,根据诗人情感的变化将内容划分不同的层次。

以《氓》为例,全诗是以女子的口吻描写婚姻爱情,包含了丰富的感情,每十句为一章,第一章描写的是女子对美好爱情的期待,体现了相遇之情;第二章描写的是女子嫁与心上之人的沉醉之情;第三章女子总结了自己的生活经验;第四章描写的是女子对"士贰其行"的怨恨之情;第五章描写的是女子悔不当初、"躬自悼也"的悔恨之情;第六章描写的是女子坚决结束这段情感的决绝之情。根据诗文中女子情感的变化可以将内容划分为两个层次,第一层次为婚前,包括第一章和第二章;第二部分为婚后,涵盖第三章到第六章。

4. 重视诗歌风格

诗歌风格,是指诗人在选择题材、塑造形象,以及语言运用等方面的艺术特色和创作个性。每位诗人都会因其生活环境的不同、人生经历的差异,形成自己独特的创作风格。了解诗人的创作风格,是诗歌鉴赏的重要前提。对于一些有代表性的诗人诗作的鉴赏,教师可以运用群文阅读的方式选择相关诗作,让学生进行比较阅读,既可以将不同诗人作品进行横向比较,又可以将诗人自身不同时期的作品进行纵向比较。通过比

---

① 刘熙载.艺概注稿[M].袁津琥,校注.北京:中华书局,2009:840-841.

较,学生可以直观地掌握诗人的创作风格。

例如,李清照的《声声慢·寻寻觅觅》突出表现了词人的创作风格,她是写"愁"的高手,教师可以通过群文阅读的方式,比较《鹊桥仙·纤云弄巧》《虞美人·春花秋月何时了》等词作,分析婉约派的不同词人的创作风格,比较他们写"愁"的不同手法。经过对多首诗歌的互学、共鉴、共赏,学生能够认识到同一时代、有相似生活阅历、同一流派的诗人的诗歌表达方式和表现风格是各不相同的,这些不同点体现在对某种事物或情感的描写中。

5. 鉴赏诗歌意象

诗人通过对景物、事物和人物的塑造与连缀,创造了一个个诗歌意象,将自己的思想感情和诗歌形象融为一体,进而创造出优美的诗歌艺术境界。对诗歌意象的鉴赏也是诗歌阅读教学的目标,要求学生在理解诗歌、理解诗人、理解时代的同时,也要深刻感悟诗歌的意象,领会诗人表达的思想感情。

中国古典诗歌中的意象大多是相同、相通或相近的,所构筑的意境也有共通之处,如果学生能领悟这些相通之处,便可以举一反三、触类旁通。例如,在赏析寄情山水、归隐田园的"隐者"意象时,教师可以将陶渊明的《归园田居(其一)》与王维的《竹里馆》、贾岛的《寻隐者不遇》等放在一起开展群文阅读。通过比较鉴赏,学生可以归纳这几首诗歌意象的共同点,这有利于他们掌握田园类诗歌意象的固定含义,以后再遇到类似的诗歌意象分析时,就不会无从下手了。

(四)遵循诗词结构,串联"问题链"

"问题链"实质是问题的排序,把相关的问题按照一定的顺序排列起来,文本内容就能够层层相接、环环相扣,形成链条。"问题链"就像是锁链,节节相接、上下相连、左右贯通,使诗词的同一个层次的问题能够串联起来,不同层次之间的问题也能够衔接起来。

问题的排列顺序影响着学生对诗词的理解,在建构问题链的时候,教师要考虑学生的学习情况,根据具体的情况,选择不同的点切入。教师可以按照问题的难易程度,先浅后深。可以让学生先掌握基本的内容,慢慢递进到分析诗人所感所想,再由所想所感去深入了解诗人的情感。还可以按照诗词的内在逻辑进行排列,比如时间顺序、事情发展的顺序等。

1. 深浅有序,先易后难

文本问题链的构建,可以遵循先易后难的原则。目前,学校教学大多采用的是班级授课制,而班级中的学生的学习能力和接受水平各有差异。在古诗词教学中,教师要先从简单的部分入手,对于基础较为薄弱和基础一般的学生来说,他们能够通过教师的引导掌握简单的知识,从简单的内容过渡到深层的内容,对于学习水平比较好的学生来说,他们在掌握基本知识的基础上能够进一步分析深层次的内容。从易到难建构问题链能够满足多个层次的学生的需求。

以杜甫的《登高》为例,本诗的内容可以分为听到看到的和想到的两个层次。在教学中,教师可以先引导学生关注听到看到的层次,即诗的前两联,学生在教师的引导下能够轻松地了解:这一层次是描写诗人登高所听到看到的秋日景象。

第一层次的问题链可以设置为:诗人看到了哪些景物? —这些景物有什么特点? —表明了诗人怎样的心境? 由易到难,在完成第一层次的教学之后,教师可以引导学生过渡到第二层次,这一层次所描写的是诗人心中的所想,第二层次的问题链可以设置为:诗人看到这些景象想到了什么? —诗人为什么会这么想,哪些原因使诗人有如此感想? —诗人为何而"悲"? —表达了诗人怎样的感情?

2. 逻辑分明,条理清晰

逻辑学家彭漪涟认为,"古诗词作品虽然是古代诗人词人运用形象思维进行文学创作的成果,但形象思维并非与逻辑思维是绝对对立的,二者也有其一致之处。而这一点就决定了古人在创作古诗词的形象思维过程中不可能完全摆脱逻辑思维"[①]。

逻辑是思维的运行方式,诗人运用自己的写作逻辑创作古诗词,将自己的行文思路融入古诗词的逻辑结构当中。教师也会借助教学逻辑,引导学生学习古诗词。古诗词中常见的逻辑有比较、推理、论证等。在诗词当中,无论是字词的排列,还是句子的顺序,都是诗人思维逻辑的表现。在建构古诗词问题链时,教师可以根据文本内在的逻辑排列。

以《氓》为例,本诗按照事情发展顺序描写了女子与男子相爱结婚再到分开的过程,根据诗歌内容,可以将诗分为婚前和婚后两个层次,根据行文发展逻辑,第一层的问题链可以设置为:婚前男子和女子的感情是怎样的? —文中哪些字词可以体现男子和女子的感情? 第二层的问题链可以设置为:第四章描写了女子什么情感? —第五章描写女子经历了什么,有哪些变化? —结尾最后一章表达了什么情感? —比较婚前与婚后男子和女子的变化,表达了诗人怎样的情感?

（五）关注核心素养,突破问题整合

1. 多元解读,深度理解

孙绍振提出,"多元解读,不是绝对自由的,应该是以文本主体和读者主体的历史性结合为基础的"[②]。多元解读指的是读者在了解作者的写作背景的基础上、在相关解读

① 彭漪涟.古诗词中的逻辑[M].北京:北京大学出版社,2005:1.
② 孙绍振.名作细读:微观分析个案研究[M].上海:上海教育出版社,2009:3.

理论的指导下对文本进行多方面的理解。

多元解读要求教师从多个不同的视角、不同的方面、不同的层次对文本进行全面的解读。教师对古诗词的多元解读是展开焦点阅读教学的重要基础，教师在多方面理解文本内容的基础上才能更加精准地抓住古诗词的焦点，根据焦点对教学问题进行整合。在解读过程中需要注意尊重原文、重视学生的学情。

从多元解读的主体方面来看，教师是教学的主要引导者，因此教师要博览相关的资料，钻研教材，深挖文本中的内涵情感。教师要了解古诗词的写作背景和诗人生平经历等资料，并在此基础上对古诗词的内容和情感主旨有多元的理解。此外，学生是学习的主体，在多元解读古诗词时，教师应发挥学生的主体作用，鼓励学生联系生活经验走进教材，引导学生结合课文中的注释和相关知识，关注诗词的重点，根据重点探究文本的内涵。

从多元解读的方法来看，教师可以采用多种形式解读古诗词，例如开设古诗词解读分享会，教师可以根据古诗词的内容确定分享会的主题，让学生自由组队，分小组分享自己的阅读感受。

2. 重视素养，全面培育

《课程标准》提到，语文核心素养包括语言、思维、文化和审美四个方面，强调要重视语言文字的运用，关注中华优秀文化的传承和发展，促进学生思维的发展，提高审美鉴赏能力。在语文学习中，这四个素养是紧密关联的。"语文课是凭借言语作品学习语言。"[①]语文课上，不仅仅要让学生学习语言文字，还要培养其语文素养。在学习古诗词的过程中，教师可以通过抓住焦点，将古诗词划分为不同层次，进而形成问题链来培养学生的思维能力，学生可以在语文课程学习中了解作者的行文逻辑，教师的教学逻辑；教师可以通过开展古诗词学习活动，培养学生的审美意识，让学生在发现美的同时创造美，运用语言文字进行古诗词创作，感受古诗词的独特魅力。中华优秀传统文化是语文的根基，古诗词是中华优秀传统文化的代表，在古诗词学习过程中要注重文化的学习，继承弘扬优秀文化，培养文化自信。

3. 形式多样，优化教学

倪文锦提出，焦点阅读法起着"提供阅读分析的基本框架或学习支架"[②]的作用。焦点阅读法是古诗词教学中的一种有效的教学方法，为学生的学习提供了基本支架，在古诗词教学当中，教师可以在运用此教学方法的基础上结合其他教学方法，共同促进学生的学习。如焦点阅读法可以与大单元教学相结合。大单元教学是以单元为整体，从

---

① 倪文锦."焦点阅读"初探[J].语文建设,2018(13):21.
② 倪文锦."焦点阅读"问答[J].语文教学通讯,2019(6):7.

单元内的课文中提取共同单元目标,围绕主题,将课文按照一定的逻辑重组排列,课内课外相结合,以学生为主体设计学习任务,促进学生语文学科核心素养的提高。[①]

将焦点阅读法运用在大单元教学中是具有可行性的,首先,焦点阅读法强调围绕焦点展开教学,大单元教学强调围绕单元目标设计教学活动,大单元教学中的单元目标可以作为焦点阅读法中的基本问题。其次,焦点阅读法注重问题的分层,在大单元教学中,可以将单元课文按照逻辑、文章特点等分层次教学,使大单元教学逻辑更加分明。最后大单元教学是按照课文内在联系、逻辑顺序等串联单元内的课文的,将焦点阅读法运用在大单元教学中可使文章构成一条逻辑链。在此基础上,教师可以尝试将焦点阅读法运用在大单元教学中,并且选择部编版必修上册第三单元进行教学设计。

四、诗歌群文阅读案例——以《蜀相》为例

诗词鉴赏是从情感角度对诗词进行个性化理解和解读的活动,将群文阅读运用到诗词鉴赏活动中,能有效提高教学效率,提高学生的语文核心素养。《蜀相》是杜甫创作的一首七言律诗,抒写了诗人游览武侯祠的所思所感。在教学中,通过群文阅读,可以使诗词鉴赏课堂呈现别样的风采。

(一) 确定核心议题,实施跨越教材的篇目融合

群文阅读可以围绕核心议题展开,议题能够体现教学目标,起到重要的衔接作用,更好地串联起教学内容。《蜀相》的鉴赏教学可以围绕"泪"这一核心议题展开,选取诗人的其他作品以及同类题材的古诗词,比较其中的思想感情,从而实现跨教材的群文阅读,帮助学生掌握鉴赏技巧。在《蜀相》的教学中,教师可以围绕核心议题"泪",向学生提供诸如《蜀先主庙》《八阵图》《临江仙》《过五丈原》等咏史怀古诗。同时,教师应给学生介绍借景抒情、用典、对比等表达方法,帮助学生掌握咏史怀古诗的鉴赏技巧。

首先,教师可以介绍有关三国的历史资料,让学生围绕核心议题"泪",分析诸葛亮在三国历史中的影响,体会杜甫游览武侯祠时的心境。其次,教师可以在确定核心议题的基础上,通过介绍诸葛亮在蜀汉章武元年担任蜀国丞相的历史,联系《蜀相》的创作背景,让学生在群文阅读中,了解杜甫目睹国势艰危却报国无门的无奈心情,从而理解杜甫仰慕诸葛亮的原因。在此基础上,学生就能把握咏史怀古诗的鉴赏技巧,并在品鉴以上古诗的基础上,对《蜀相》的审美观点形成独到见解,实现跨越教材的篇目融合。最后,教师要给学生充足的时间,营造热烈的交流氛围,让学生围绕"泪"这一核心议题,说出杜甫的情感寄托,使之通过群文阅读、交流心得体会,掌握咏史怀古诗的鉴赏技巧。

---

① 崔允漷.学科核心素养呼唤大单元教学设计[J].上海教育科研,2019(4):1.

（二）精析例诗语言，实现不同作品的对照比较

教师需要精析《蜀相》的文本语言，为学生提供明确的群文阅读指引，使之能够通过对照比较不同的作品，感知语言之精妙，体会情感之真切，并能够运用所掌握的学习方法和品鉴技巧对文本进行鉴赏，从而积累丰富的文学知识与学习经验。

杜甫在创作《蜀相》时，安史之乱还未平息。正因目睹国破家亡、请缨无路，杜甫才对临危受命、挽救时局的诸葛亮产生无限的敬仰。教师应在群文阅读教学过程中，精析《蜀相》的语言，挑选不同的诗词作品进行比较，让学生加深对咏史怀古诗语言的印象。

首先，在精析例诗语言的活动中，教师可以引用《出师表》《后出师表》《诫子书》《兵法二十四篇》等文，带领学生对诸葛亮进行细致的分析。然后，教师可以为学生讲解《蜀相》的创作背景，让学生在知晓创作背景的基础上，明确例诗表达的情感，感受杜甫炉火纯青的创作技法，体会诗句语言中蕴含的忧国情感。为实现不同作品的对照比较，教师可以根据《蜀相》进行设问，要求学生回答有关杜甫对诸葛亮敬仰原因的问题，以驱动学生对比不同诗词，体会物是人非之感，感受"乐景衬哀情"之妙。教师还可以引导学生结合诗词的用典，对诸葛亮人物事迹形成更深刻的认识。最后，教师可以展示武侯祠的导游词，紧扣"泪"这一核心议题，让学生对比《蜀相》以及杜甫创作的其他诗词，在感受语言魅力的同时，产生对诸葛亮的崇敬之情。

（三）自主理解感悟，推动各类诗词的理解品鉴

以《蜀相》鉴赏为中心，带动多篇目鉴赏的群文阅读教学，可以提升诗词鉴赏教学的效率，推动学生对各类诗词的理解与品鉴，进一步巩固、深化学生对鉴赏知识的理解，增加教学厚度，促进师生之间、学生之间的交流互动。教师可以参照《蜀相》的群文阅读方法，选择有关三国历史题材的咏史怀古诗，立足核心议题，引导学生进行自主理解和感悟，以促进学生语文学习的融会贯通。

教师可以给学生提供《赤壁》《念奴娇·赤壁怀古》《南乡子·登京口北固亭有怀》三首诗，鼓励学生在鉴赏《蜀相》的同时，立足"泪"这一核心议题，分析不同诗词的艺术手法。《赤壁》的艺术手法：以小见大，通过"二乔"的命运，设想孙刘阵营败亡的后果。《念奴娇·赤壁怀古》的艺术手法：以虚实相生的方式，凸显地势险峻，展现火烧赤壁的磅礴场景；运用烘托的手法，展现"多少豪杰"，并重点描写周瑜，烘托其少年得意的风姿；以借景抒情的方式，表达对三国豪情的向往以及怀才不遇的忧愤。《南乡子·登京口北固亭有怀》艺术手法：以用典的方式，借"登高"展现自己的无尽愁思和感慨，使得整首诗词浑然一体；以借景抒情的方式，道尽三国历史，抒发激昂之思和爱国之情。

在学生自主分析的过程中，教师应给学生介绍三首诗词的作者的境遇，围绕"泪"这

一核心议题,让学生自主理解、分析、提问、作答,以获得良好的鉴赏体验,提升审美素养。

(四) 鼓励求同存异,寻求鉴赏方法的充实升华

求同存异是指学生在群文阅读中进行精析和自主探究后,对诗词鉴赏形成共同的认知,并探索不同篇目的鉴赏技巧,从而掌握更加丰富的鉴赏方法。教师要坚持整体性原则,引导学生在群文阅读中尝试归纳不同诗词的情感表达技巧,积累鉴赏知识,掌握不同的鉴赏方法。在确定核心议题、精析语言、自主理解的基础上,学生已经对《蜀相》形成了一定感知。

首先,教师应遵循求同存异原则,营造良好的群文阅读氛围,引导学生发表自己的诗词鉴赏观点,让学生掌握更多的诗词鉴赏方法。然后,教师可以为学生归纳不同诗词的表达技巧,紧扣"泪"这一核心议题,总结不同诗人对诸葛亮的敬仰和惋惜之情,结合杜甫的哲思、抱负、理想等,拓宽学生的群文阅读交流空间。

其次,教师应当列举学生耳熟能详的三国故事:"三顾茅庐""草船借箭""空城计"等,引出涉及相关故事的其他诗词,要求学生参考注解或课外资料进行体会,充实诗词鉴赏教学活动。为了真正发挥群文阅读的教学功能,教师可以让学生把握古诗词的鉴赏技巧,教师还可以引导学生创作诗词,使之在群文阅读中体验文化理解与传承的全过程,领悟杜甫在《蜀相》中抒发的思想感情。在与杜甫情感共鸣的同时,学生能够学习不同诗人以豁达之姿稀释苦闷、将志向升华为文人共鸣、借古人之言诉说强国期盼的崇高精神品质,切实提高古诗鉴赏水平。

最后,教师可以用诗词鉴赏带动多类型文本分析,坚持以精讲带动群文阅读,围绕"泪"这一核心议题,引导学生阅读有关杜甫、诸葛亮的诗词与文章,让学生在群文阅读中形成全面认知的大局观,促进鉴赏教学效果的提升。

第五节　戏剧阅读

戏剧作品作为文化的重要载体,深刻映射出不同时代、不同民族的剧作家的独特视角与思想精髓,展现了丰富多彩的社会现实。学生通过阅读戏剧作品,能更加深刻地理解社会和人生。教学中,教师要帮助学生深入理解戏剧作品,把握悲剧的意蕴及"良知与悲悯",辅助学生掌握传统戏曲和现代戏剧的基本特征。

一、部编版高中语文教材戏剧选文情况

部编版高中语文教材是教师课堂教学的重要依据,也是学生独立自主学习的重要资料。教材的选文编排直接反映了当下人才教育的培养要求,因此教材选编要遵循《课

程标准》中提出的理论要求,精准把握语文学科特点,并且要遵循教育教学的基本规律与高中生身心发展的特点,促进教育教学工作的高效开展。

(一)选文篇目梳理

部编版语文教材戏剧单元选取了《窦娥冤(节选)》《雷雨(节选)》以及《哈姆莱特(节选)》三篇戏剧片段,戏剧单元的主题为"良知与悲悯",通过本单元的学习可以让学生了解复杂的人性,领悟戏剧作品中人物坚毅、善良的美好品质,学会辨别并摒弃虚伪奸诈的不良品行。

选择性必修中册的戏剧篇目为易卜生的《玩偶之家》,教师可以带领学生通过该戏剧作品了解"社会问题剧"的样式,了解作者对于女性解放的鲜明立场。选择性必修下册的戏剧篇目为老舍的《茶馆》,研读本单元戏剧作品,可以知悉百年来中国社会的变革,探析当时的民族精神与时代精神。教材中所选篇目涵盖古今中外,都是戏剧文化中的精粹,既有利于优秀戏剧文化的传承,又有利于培养学生的戏剧文学素养。

(二)选文编写理念

部编版高中语文教材戏剧单元中的选文理念主要体现为人文性、实践性以及多元性。部编版高中语文教材所选篇目主要是悲剧性作品,大部分作品反映了时代阴霾下的多重矛盾,然而主人公们没有屈服于时代压力、接受命运的不公,而是勇敢抗争、绝不妥协。部编版语文教材的编写理念立意高,既有整体规划,又注重在细节中潜移默化地实现知识的有机渗透,力求达到润物无声的教育效果;既重视传统文化的传承与民族精神的培养,又紧密结合语文学科特点,培养学生的语文核心素养。部编版语文教材的选文理念体现了整体与局部、传统与创新、工具与人文的统一。由于戏剧文本大多被运用于舞台表演,因此戏剧题材的文本教学具有很强的实践性。戏剧单元导语中明确提出戏剧文本教学要借助阅读鉴赏、编排演出等活动,帮助学生深入理解戏剧作品,把握其悲剧内蕴,这体现了戏剧文本教学的实践性理念。另外,戏剧文本选编具有多元性,从《窦娥冤(节选)》《雷雨(节选)》《哈姆莱特(节选)》《玩偶之家》以及《茶馆》被选编入高中语文教材中可以看出,戏剧选编体现了文化多元性。

(三)选文编排特征

部编版语文教材中戏剧选文主要集中在必修下册第四单元,相较于小说、散文、诗歌以及文言文,戏剧选文数量虽然少,但是质量都很高。部编版语文教材中所选篇目《窦娥冤(节选)》《雷雨(节选)》《哈姆莱特(节选)》《玩偶之家》以及《茶馆》等篇目体现了由古至今、贯通中西的编排特点,从中国古代元杂剧到中国现代话剧再到西方古典戏剧的编排顺序,能够在有效减少教学负担的基础上保证教学质量,使得学生在戏剧教学中感受不同国家、不同时代的优秀戏剧作品,从而提高戏剧文学素养。除此之外,戏剧选文的编排体现了文化传承与发展的特点,突出了戏剧学习的重要性。优秀的戏剧文学是人类文化中的瑰宝,需要我们继承与发扬。部编版高中语文戏剧选文的编排合理,有利于教师展开戏剧文化教学,有利于学生获得戏剧文化的熏陶。

二、戏剧阅读教学的必要性

(一)顺应新课程改革的要求

《课程标准》在戏剧教学课程目标中强调,要通过戏剧作品的阅读鉴赏,培养学生的阅读兴趣,使学生从优秀的戏剧作品中,"汲取思想、感情和艺术的营养,培养健康高尚的审美情趣,丰富、深化对历史和人生的认识"①,要求学生通过学习,把握戏剧的艺术特征,提高阅读能力和鉴赏水平。

(二)构建开放、多样、有序的语文课堂

教师要在《课程标准》的指导下,精选学习内容,改变学生的学习方式,构建更加开放、多样的语文课堂。信息时代,戏剧阅读教学具有多样化的信息获取渠道和丰富的信息资源,知识的传播方式也发生了转变,知识从教师向学生的单向输送转变为知识在不同人群中的交叉传输,具有明显的互动性。戏剧阅读教学强调要以学生为中心,实现以知识为本向以学生为本的教学转变,实现学生学习方式由记忆式向体验式的转变,使学生在戏剧阅读的训练与教师的引导中,不断激发自身的学习潜能;在戏剧阅读教学的实践活动中开阔眼界;在更加广阔的语文学习空间中发展自己的个性与特长。因此,戏剧阅读教学具有明显的实践性。戏剧阅读教学中,教师可以借助跨媒体阅读教学的辅助作用,构建更加开放、多样的语文戏剧课程。

(三)提高学生戏剧阅读兴趣

优秀的经典戏剧作品具有深厚的文学底蕴与丰富的文化内涵,在培养学生良好的文学素养与审美能力,树立正确的情感、态度、价值观方面具有重要价值。但由于古今中外戏剧作品创作背景各不相同,一些作品展示的是较为复杂的社会生活场景。部分学生面对这样戏剧作品,可能会产生一些畏难情绪,没有深度阅读的勇气,也无法从中汲取思想艺术的营养。同时,戏剧艺术形式独特,是融合语言、音乐、舞蹈、动作等形式的综合性艺术,而教材中的戏剧作品则是以文本的形式呈现的,一定程度上也影响了学生的理解和阅读兴趣。在新媒体背景下,戏剧阅读可以借助新媒体的优势,以兴趣为出发点,为学生提供丰富的情境化资源,不仅可以帮助学生从多个角度欣赏剧本,还可以

---

① 中华人民共和国教育部.普通高中语文课程标准(2017年版2020年修订)[M].北京:人民教育出版社,2020:32.

让学生置身其中,帮助学生在听、说、读、写的教学实践中积累更多的语言材料和语言经验,从而更好地获得情感体验,丰富深化对历史、社会、人的认识,提高对戏剧作品阅读兴趣。

戏剧具有舞台情境,选择不同的媒体形式,能够从不同角度向学生展示戏剧情境,增加戏剧学习对学生的吸引力,调动学生的阅读兴趣。纸质媒介是通过文字描绘戏剧学习情境的,如《雷雨(节选)》中对人物的语言与神态描写,当周萍叫下人将鲁大海拉出去时,鲁侍萍说:"(大哭起来)哦,这真是一群强盗!(走至周萍面前,抽咽)你是萍,——凭,——凭什么打我的儿子?"①这处断断续续、欲言又止的语言描写中涵盖了很多潜台词内容,将鲁侍萍内心的痛苦、纠结与矛盾展现得淋漓尽致。教师可以利用话剧表演的照片向学生展示舞台场景、人物妆造,让学生了解更加真实的戏剧情境;还可以运用影视媒介资源,通过将文字描述的抽象画面具体化,给学生强烈的视听冲击,向学生展示真实的戏剧情境,从而减轻老师的负担,使教学情境的创设更为简单、方便、快捷,提高教学效率,也提高学生学习的积极性。不仅如此,戏剧具有极高的美学价值,教师可以通过创设富含美感的戏剧教学情境,让学生体会美的存在,丰富美感体验。从静态美到动态美,从自然美到社会美,是在戏剧教学中进行审美教育的重要形式。

三、戏剧阅读教学的价值

(一)品评戏剧语言文字,提高学生的语用能力

语言是传播交流信息的重要工具,也是人类所特有的用来表达思想的关键手段,语言包括书面语言及口头语言。戏剧语言也包括两个部分。一是台词:戏剧人物间的对话和旁白。二是舞台提示:戏剧中的说明性文字。戏剧文本台词是戏剧艺术精华的凝结,品评戏剧语言文字是提升学生语用能力的重要方法,也是戏剧阅读深度教学目标达成的重要途径。戏剧台词在戏剧人物形象塑造、戏剧情节发展变化、戏剧矛盾升级等方面发挥着重要作用。因此,通过戏剧阅读,品析戏剧语言之精巧,有利于学生语言运用能力的提升。

所谓语言运用能力,是指在具体的言语交际情境中运用语言文字进行听、说、读、写活动的能力。语文学科素养的核心作用是促进学生语用能力的发展。戏剧语言文字对于学生语用能力发展的作用体现在方方面面。例如,戏剧文本《雷雨(节选)》中鲁侍萍阻止周萍殴打鲁大海时说:"你是萍,——凭,——凭什么打我儿子?""我是你的——你打的这个人的妈。"这里的语言文字表现了鲁妈那种想要认亲却又不敢认亲的无力感,眼看儿子近在眼前却满是辛酸的惆怅,简短的语言文字透露了戏剧人物内心的复杂。

---

① 中华人民共和国教育部.普通高中教科书语文必修下册[M].北京:人民教育出版社,2019:36.

另外,戏剧文本中的舞台提示语言也具有至关重要的作用。例如,《雷雨(节选)》这一片段的语言提示。

周朴园:(指窗)窗户谁叫打开的?

鲁侍萍:哦。(很自然地走到窗前,关上窗户,慢慢地走向中门)

周朴园:(看她关好窗门,忽然觉得她很奇怪)你站一站。(侍萍停)你——你贵姓?

周朴园问鲁妈窗户"谁叫打开的",接着舞台提示鲁妈很自然地走到窗前去关上窗户,这个情景的描写能够看出鲁妈虽然看似没有来过周朴园的房间,但却对此很熟悉。显然,周朴园也意识到这个问题,因此旁白会出现"忽然觉得她很奇怪"的提示,这里为下文的情节做了铺垫。赏析戏剧语言文字不仅要注重对戏剧中人物台词的理解及运用,也要重视对舞台提示的解读。教师在戏剧阅读教学时,要引导学生深度品析戏剧语言文字,通过分析精湛的语言文字提升学生的语用能力。

(二) 剖析戏剧矛盾冲突,提高学生的高阶思维能力

语言学习是发展思维的前提,而思维又指导着语言文字的表达。高阶思维是高层次、高水平的思维,主要包括反思性思维、批判性思维和创新性思维等。[1] 戏剧文学是双重想象的结果,分别是作者创作过程中的想象和读者阅读过程中的想象。学生可以在戏剧学习过程中通过双重想象训练,拓展高阶思维能力。语文教材中的古今中外的戏剧文学作品均由字词、语句、语段和篇章组成,其中的遣词造句、字句篇章的组合存在一定的逻辑关系,这种逻辑关系符合事物发展的规律。戏剧的首要特征就是集中浓缩地反映现实生活,因此戏剧往往需要将日常生活中的矛盾冲突集中表现出来,通过戏剧冲突来推动故事发展。学生展开深度阅读时,可以对戏剧文学作品中的矛盾冲突进行探析,对戏剧情节矛盾冲突进行反思,批判性地思考戏剧文本的现实意义,创新性地学习作家对戏剧中矛盾冲突的创作,从而发展高阶思维能力。矛盾冲突作为戏剧情节的核心内容,是推动戏剧情节发展的根本因素,矛盾冲突的存在对于戏剧故事发展有着十分重要的意义,可以说,矛盾冲突是戏剧精髓。剖析戏剧的矛盾冲突有助于拓展学生的高阶思维能力,从而达成戏剧深度教学的目标。

(三) 鉴赏戏剧文化之美,提高学生的审美能力

戏剧学习的过程是感受戏剧文本意境美、学习戏剧文本精湛的语言的过程。鉴赏戏剧不仅能够陶冶学生的情操,也有利于提高学生的审美素养。戏剧阅读教学中的审美教育不仅是语文戏剧阅读深度教学理论和《课程标准》的要求,也是戏剧文学的固有特点。戏剧为审美教育的开展提供了丰富的支持条件,戏剧文学之美在于人物形象的

---

① 郭元祥.深度教学——促进学生素养发育的教学变革[M].福州:福建教育出版社,2021:9.

多重特征,在于戏剧情节的跌宕起伏,在于戏剧台词的恰到好处,在于戏剧思想的深层表达。深度鉴赏戏剧文学不仅能够学习戏剧知识,还能够获得戏剧审美愉悦的体验。因此,教师在戏剧阅读深度教学过程中要注重挖掘戏剧文化之美,帮助提升学生的审美能力。感受戏剧文化之美可以基于戏剧作品中人物形象的分析,也可以通过戏剧矛盾冲突,还可以通过人物情感态度。例如,《罗密欧与朱丽叶》中的朱丽叶,虽是一名家世显赫的贵族小姐,但却一点也不怯懦,她的身上闪烁着勇敢的光辉,为了爱情,她敢于冲破世俗、家族反对,勇敢地与罗密欧相爱。通过分析朱丽叶的形象我们可以看到她对爱情的执着和勇敢,这与社会上的一些畸形的恋爱观形成了强烈的对比,有着极强的审美意义。

(四)理解戏剧文化要义,推动优秀文化传承

戏剧文学作品包含着丰富的历史故事,形形色色的人物形象,学习戏剧文学作品既能增进学生对于戏剧文化的了解,又能推动优秀文化的传承。戏剧阅读教学有利于学生积累戏剧文化知识,赏析戏剧文本精湛的语言以及跌宕起伏的情节。戏剧阅读深度教学旨在帮助学生们有效地利用教学课时充分理解戏剧文化,并从中得到启发。

戏剧文化的传承可以借鉴诗歌的路径,诗与剧联系紧密。戏剧作为优秀传统文化,滋养着读者的精神世界,同时也促进了优秀文化的传承。中国传统戏剧文化中包含着许多优秀的传统文化,高中戏剧阅读深度教学要求教师具有文化敏感性与包容性。

如在学习关汉卿的《窦娥冤》时,学生可以学习窦娥不畏艰难、不妥协于恶势力、坚持正义、顽强不屈等精神,这是我们民族优秀传统文化的重要组成部分,值得学生继承与创新发展。因此,学生在戏剧阅读深度教学过程中,能够受到优秀传统文化的熏陶感染,从戏剧文化中获取重要的知识,有利于学生传承弘扬优秀传统文化,追求更高的人生境界与价值理想。

四、戏剧阅读教学策略

(一)教师戏剧阅读教学的优化策略

教师是教育主导者,在教学过程中起引导作用。教师对戏剧的态度会直接影响到学生的戏剧学习效果,因此教师首先应转变自身观念,认识到戏剧教学的重要性。在教学目标、教学内容以及教学方法上,教师都需要做出有效调整,以促进高中语文戏剧阅读教学的发展。

1. 优化戏剧阅读教学目标

(1)语言目标:品读戏剧语言,内化语言经验。

语言建构与运用是语文学科核心素养的核心,是一切语文学习活动的出发点和落

脚点,学生思维、审美文化素养的提升也有赖于语言建构与运用。语言在语文教学过程中至关重要。语言建构与运用的教学目标可以分解为语言的建构目标以及语言的运用目标,这两个目标不是孤立割裂、毫无联系的,而是辩证统一、相辅相成的。例如《雷雨(节选)》的教学目标:

一是深入品味戏剧人物语言特色,分析人物形象;

二是深入赏析戏剧人物对白、旁白等语言文字,感悟戏剧语言文字的艺术之美;

三是积累丰富的语言材料,将其内化为自身的言语经验,促进语文学科核心素养的发展。

语言的建构目标要求学生在戏剧学习中丰富语言材料,建构自身的言语经验。戏剧阅读教学中的静态知识积累包括理解戏剧作品中的言语表达,赏析作品言语创作技巧,探究语言文字构建的文本内涵、价值、意义等。学生在充分感知戏剧作品的言语运用之后,还要学会模仿和撰写戏剧文本。

戏剧阅读教学的语言运用目标要求学生活学活用,从优秀的戏剧作品中学习他人的言语经验,以此充实自身的言语知识库,逐步建构自身的言语体系。学生语言建构主要从两个方面展开,一是书面语言运用,二是口头语言运用。就语文戏剧阅读教学而言,戏剧剧本改写、创作,以及撰写戏剧剧评、戏剧人物点评等都是提升学生书面表达能力的途径。另外,教师可以适当安排戏剧实践活动,例如,组织戏剧表演比赛、戏剧专题演讲活动、戏剧文本小组讨论等,锻炼学生的口头表达能力。

(2)思维目标:分析戏剧冲突,提高思维能力。

戏剧教学的思维目标是语文课程思维发展与提升的具体呈现。思维发展与提升可以从形象思维和逻辑思维着手,通过学习戏剧文本感受戏剧矛盾冲突,进而提升逻辑思维能力和形象思维能力。

教师要帮助学生在戏剧阅读过程中抓住矛盾冲突点,人物的形象会在矛盾冲突中立体呈现出来。同时,这种矛盾分析的方式也能提升学生的逻辑思维能力。在戏剧教学过程中,教师可以设置戏剧人物专题的教学活动,让学生感知不同剧本中的人物形象,寻找不同人物的共性及个性,并且分析戏剧人物之间的矛盾冲突,促进学生的深度思维能力的发展。

戏剧鉴赏要从文本的情节出发,借助人物形象,通过人物的语言、动作领悟戏剧中真善美、假恶丑。学生带着问题去理解文本,有助于树立良好的价值观,锻炼形象思维能力。同时这种形象的记忆要比抽象的概念记忆更加持久,学生也更容易接受、理解。

逻辑思维是人类思维发展的高级阶段,是人脑借助概念、判断、推理以及其他逻辑方法反映客观现实的认识过程。戏剧文学作品的鉴赏要以感性为基础,最终要上升到理性的思考与反思。教师可以设置相关教学实践活动锻炼学生的逻辑思维,例如辩论赛、演讲比赛等,让学生有逻辑地阐释自己对戏剧文学中某一部分的思考。比如《窦娥冤(节选)》的教学目标:

一是深度梳理戏剧情节,把握戏剧矛盾冲突,运用直觉思维、形象思维、逻辑思维、创新思维以及辩证思维等解读文本情节中的矛盾;

二是通过文本矛盾的梳理与解读,帮助学生获得思维能力的提升,促进语文学科核心素养的发展。

(3)审美目标:鉴赏戏剧文学,增进审美能力。

戏剧阅读深度教学的审美目标是审美鉴赏与创造能力发展的具体呈现。审美鉴赏与创造主要包含审美鉴赏与审美创造两个方面,具体要求包括对作品的美感体验、鉴赏文学作品以及表达美与创造美。

戏剧相关学习任务群提出多角度欣赏戏剧作品、剧本创作、撰写读书笔记和作品评论以及撰写论文的学习目标。戏剧文学美体现在语言的精巧、情节的跌宕、人物的复杂等方面,赏析戏剧文学是提升学生审美能力的重要途径,是陶冶学生情操的必要手段。学生可以通过戏剧阅读、戏剧观赏以及戏剧表演等戏剧阅读实践活动提升戏剧鉴赏能力,从而获得丰富的审美体验。优秀经典的戏剧文学本身就具有审美性,学生可以就戏剧文本中的"美"进行相关讨论,教师在戏剧文本的教学过程中,可以让学生鉴赏戏剧文学的情节之美、语言之美或者人物形象之美,通过审美表达训练提升学生的审美素养。

除此之外,戏剧阅读深度教学具有实践特征,教师应当带领学生欣赏真实灵活的戏剧文化,观看戏剧表演、收听戏剧节目,进而从戏剧实践学习中得到不同的体验,增进艺术审美能力。

(4)文化目标:传承优秀戏剧,理解戏剧文化。

"文化传承与发展"是指学生在语文学习过程中,传承和弘扬中华优秀传统文化,理解和借鉴不同民族和地区文化,对文化有自己的见解,能够挖掘文化中的精神。古今中外的戏剧文化博大精深,源远流长,丰富的戏剧文化是人类的一笔无价财富。学生在学习戏剧文本时不应当局限在课本之中的一隅,课堂之外的浩如烟海的优秀戏剧文本也值得理解和传承。因此,戏剧阅读教学的文化目标的实现应当从戏剧文化的传承与理解的角度入手。

首先,戏剧教学的文化目标应包括对优秀戏剧文化的传承,教师在课堂上要引导学生关注戏剧文化,了解更多戏剧文化知识,帮助学生辨别优秀的戏剧文化,从而加入优秀戏剧文化传承的工作中。另外,学生应当树立戏剧文化自信和文化认同。文化认同是最深层次的认同,是民族团结的根脉。戏剧文化的传承与坚守需要传承者秉持文化自信和文化认同,从内心深处渴望优秀戏剧文化的绵延不绝。

其次,戏剧文化教学还应当注重对戏剧文化理解,理解文化是传承文化的前提,学生在传承文化的过程中也能增进对文化的理解,二者相辅相成。关于戏剧文化的理解要深刻、深切、深入,要借助课堂学习及课外知识拓展,切身体会戏剧文化的方方面面。对戏剧文化的理解不拘泥于书本之中,还应当在实践中升华。深入理解戏剧文化,需要学习者具有持之以恒的决心以及丰富的戏剧知识。

2. 优选戏剧阅读教学内容

(1) 依据《课程标准》选择教学内容。

《课程标准》的文学阅读与写作学习任务群对戏剧教学提出了要求:"精读中今古外优秀的文学作品,感受作品中的艺术形象,理解欣赏作品的语言表达,把握作品的内涵,理解作者的创作意图。"[①]在高中语文戏剧教学中具体落实这一目标,可以从以下三个维度深入挖掘教学内容。

第一,精读古今中外优秀戏剧作品,感知戏剧作品中的人物形象;第二,理解鉴赏戏剧作品的语言,通过作者的语言表达,鉴赏作品的内在美;第三,在精读、深思作品之后,理解作者的创作想法。

《课程标准》还强调,要"根据诗歌、散文、小说、剧本不同的艺术表现方式,从语言、构思、形象、意蕴、情感等多个角度欣赏作品,获得审美体验,认识作品的美学价值,发现作者独特的艺术创造"。这要求教师在戏剧文本的教学中,从多角度赏析作品,重视对戏剧内容与感情的理解与体会,引导学生学习戏剧剧本的创作、品味剧作家的语言,培养学生的创作力和想象力。

《课程标准》提出:"选读古今中外文化论著,在整体了解论著内容的基础上,把握论著的主要观点和基本倾向,了解用以支撑观点的关键材料,拓宽文化视野和思维空间,提高文化修养。"[②]这启示教师要选择能够促进学生思维发展、拓宽学生文化视野的教学内容,以发展的眼光看待教学内容,让学生学会尊重和理解不同时代、不同民族、不同流派的戏剧文化,从而提高思维能力,不断进步。

---

① 中华人民共和国教育部.普通高中语文课程标准(2017 年版 2020 年修订)[M].北京:人民教育出版社,2020:17.

② 中华人民共和国教育部.普通高中语文课程标准(2017 年版 2020 年修订)[M].北京:人民教育出版社,2020:21.

（2）依据戏剧文本选择教学内容。

依据戏剧的文本来确定教学内容，在一定程度上要求教师根据戏剧文本的特征开展教学，戏剧文本阅读教学的内容要与其他文学体裁的阅读教学内容有所区分，要制订适宜的教学内容。

教师不仅要考虑戏剧文本的共性特点，而且要关注单篇文本的个性特征，这是确定教学内容的重中之重。比如，教材中选取的《窦娥冤（节选）》《雷雨（节选）》《哈姆莱特（节选）》这三篇戏剧文本，它们的共同之处是都属于戏剧文学，但每一篇文本都有其独特的个性特征。比如《哈姆莱特（节选）》与《雷雨（节选）》《窦娥冤（节选）》因为国别的差异，在文化上也存在着一定的差异性。因而，教师在确定戏剧阅读深度教学内容时，不仅要关注戏剧类文本所具有的共性特点，还要把握它们自身的个性和特点。

（3）依据学生主体选择教学内容。

上好一堂课的前提是充分备课，充分备课需要教师关注教学主体，也就是学生。语文教学效果的优劣取决于教师对学生是否了解。教师在选择教学内容时要关注学生的情感体验，从学生感兴趣的地方入手，鼓励学生分享自己对于戏剧文学的感触，这样不仅能够了解学生的戏剧阅读水平，还能够了解学生的戏剧阅读喜好，方便教师为戏剧阅读教学做好充分的准备。

另外，依据学生这一主体选择教学内容也要关注学生的戏剧认知水平，教师只有对学生的认知能力有所把握才能更好地制订戏剧教学目标。因此，教师备课不仅要全方位了解学生的戏剧阅读兴趣、戏剧思维方式和戏剧学习特点，还要了解学生已有的戏剧认知基础和戏剧生活经验。教师在全面的了解基础上再去展开戏剧阅读深度教学，其效果将会更好。

（4）依据核心素养选择教学内容。

《课程标准》指出，语文学科核心素养是学生在语文学习中获得的语言、思维与情感的综合发展。学生的学习要以语文核心素养的要求为根本指导，因此，教师要以语文学科核心素养为导向选择戏剧阅读教学的内容。

首先，教师要注重学生语言运用能力的培养，帮助学生积累言语经验，教师在教授戏剧文本时要注重文本语言的解读，帮助学生丰富语言运用经验。其次，教师可以通过戏剧中的矛盾冲突教学提升学生的思维能力，戏剧文本本身的情节波澜起伏，有利于学生透过文字进行想象和思考。再次，戏剧文学是优秀的审美教学资源，戏剧中蕴含着许许多多的美，例如戏剧中人物形象的立体美、戏剧故事的起伏美等，这些美都值得学生细细揣摩。最后，教师在引导学生关注传统戏剧文化的同时也要关注当代戏剧文化，鼓励学生传播先进文化。

3. 创生戏剧阅读教学方法

（1）体验式教学法：观演创评，深切体验。

教学应与实践牢牢结合，戏剧教学应紧紧抓住戏剧"体验性"的特点，教师要将这一特点融入具体教学中，实行多种具有体验性的戏剧文学教学策略。体验式戏剧教学法可以从"观、演、创、评"四个方面展开，根据不同的戏剧文本特点选择恰当的教学方式。比如，教师在教《雷雨（节选）》时可以带领学生观看话剧《雷雨》，从而丰富学生对于文本的认知，激发戏剧学习兴趣。

教师可以组织学生们自行安排戏剧观赏活动或自行组织戏剧表演活动，对戏剧作品的再创造，也能激发学生的想象力。相较于观看和演出，关于戏剧的创作和评价更考验学生的学习能力，也更有利于提升学生的语文学科核心素养。因此，教师在教学过程中要着重培养学生的戏剧创作能力和评价能力。戏剧创作可以基于原文编写故事，也可以自由想象主题进行创作；戏剧评价主要围绕戏剧文本以及戏剧影视或舞台展开。例如，《雷雨（节选）》的教学设计：

首先，学生自由选择文中人物进行角色扮演，通过演绎加深对人物的了解以及对故事情节的把握；

其次，观看表演后，教师进行点评，学生之间进行生生互评，点评可以从多方面展开，旨在提升学生对戏剧表演的鉴赏能力；

最后，学生课后根据戏剧文本内容进行二次创作，拓展思维能力。

（2）鉴赏式教学法：多元赏析，沉浸感知。

《课程标准》的"文学阅读与写作"学习任务群提出"根据诗歌、散文、小说、剧本不同的艺术表现方式，从语言、构思、形象、意蕴、情感等多个角度欣赏作品""在阅读鉴赏中，了解诗歌、散文、小说、戏剧等文学体裁的基本特征及主要表现手法"[①]。可见，鉴赏戏剧文本角度是多元化的，戏剧语言、构思、形象、意蕴、情感，都是值得突破的鉴赏要点。

研读鉴赏剧本，教师应该搭建知识跳板，帮助学生建立已有的戏剧相关知识经验与学习剧本所需经验之间的联系，削弱学生对戏剧的疏离感，引导学生更好地把握戏剧的文体特质。通过构建思维支架为学生提供多种思维方式，从多角度去分析、理解、综合感知剧本，在梳理剧本线索的过程中厘清戏剧剧情，同时鼓励学生发散思维，多元解读剧本，帮助学生挣脱定式思维的束缚。戏剧研读鉴赏的关键是要从多个维度深入揣摩文本，从戏剧阅读深度教学的角度来看，戏剧语言赏析不应该局限在具体文本之中，而要跳出课本，进行多元赏析。例如《窦娥冤（节选）》的教学设计：

首先，圈画出窦娥的语言以及描写窦娥的文字，分析窦娥人物形象；

---

① 中华人民共和国教育部.普通高中语文课程标准（2017 年版 2020 年修订）[M].北京：人民教育出版社，2020：17.

其次,从文本中主要人物的形象入手,探析本文的多种情节冲突;

最后,深入探索作者心中的复杂情感,进一步赏析文本深层意蕴。

(3)探究式教学法:聚焦矛盾,探寻内蕴。

戏剧阅读教学不应停留在教师单向传授知识的层面,而是要引导学生独立探究戏剧文本的矛盾。戏剧文本的精彩之处在于其矛盾情节。因此,戏剧文本的阅读教学适合采用探究式教学法,让学生在探究的过程中感受戏剧人物的特征、戏剧情节的跌宕起伏以及戏剧情感的错综复杂。例如在《雷雨(节选)》的教学设计中,教师可以通过分析戏剧冲突,探寻悲剧精神内核。教师可以预设以下问题:

一是周朴园知道鲁大海的身份之后,他对鲁大海的态度如何?根据周朴园与鲁大海的矛盾,分析两人的人物形象。

二是鲁侍萍与周朴园相认的过程中产生了什么矛盾?通过人物之间的拉扯,分析二人的形象。

三是分析繁漪的人物形象,聚焦新时代女性思维与旧时代理念的矛盾冲突。

语文戏剧教学应聚焦戏剧情节矛盾,探寻文本背后蕴含的深刻意义。例如《雷雨(节选)》中,资本家与劳动阶级之间有难以化解的矛盾,周朴园与鲁侍萍有着多年的恩怨,鲁侍萍想认儿子又不敢认儿子的那种无力感,四凤与周萍那种超越伦理的矛盾,还有繁漪追求女性解放的精神,这些都可以通过探究式教学法进行学习,能够加深学生对于文本的理解。

(4)对比式教学法:同异对比,深化理解。

在戏剧阅读教学中,教师可利用比较阅读的方式让学生主动了解剧本中的多样文化,发掘优秀传统文化的现代践行意义,使优秀传统文化焕发新的活力,促进学生对优秀文化的传承。比较阅读可以是纵向比较,即以时间为线索的比较;也可以是横向比较,即以空间为线索的比较。戏剧阅读对比式教学法可以从以下两个方面展开。一是古今对比。古典戏剧和现代戏剧都是表演艺术,通过纸质书阅读戏剧获得的体验感是有限的,学生可通过观看相关影视作品或舞台作品,比较古今戏剧形式的不同,了解古今戏剧的文化魅力。二是中西对比。中西方作者所处的社会现实和文化背景不同,其创作的戏剧也有不同的文化品格追求,戏剧中蕴含的精神和旨趣也就各具特色。教师可指导学生以《窦娥冤》与《俄狄浦斯王》为探究的基本语言材料,将阅读书面语言材料与观赏戏剧演出视频相结合,提醒学生在对比中西戏剧文化品格时,可以观看戏剧还原度更高的剧院戏剧演出的视频实录。学生可以通过对比阅读、观看戏剧,梳理总结中外戏剧文化品格的不同。

(二)学生戏剧阅读学习的优化策略

学生是学习活动的主体,学生的全面发展是其积极投入、全身心参与学习活动的结果。《课程标准》提出,要关注学生在教学活动中的主体作用。语文戏剧教学作为高中语文教学的重要组成部分,在培养学生语文核心素养方面发挥着重要作用。

1. 注重戏剧阅读,激发阅读兴趣

阅读是读者与作者的相遇与对话,是读者走进文本、理解文本、发现文本、还原文本、建构文本的过程。[①] 阅读不仅是个人获得知识、增长见识、开阔眼界的认知过程,也是个人的精神之旅,是一个人精神的发育和建构过程,是滋养心灵、丰富情感、陶冶品格、塑造灵魂的过程。戏剧阅读是激发学生戏剧学习兴趣的前提,戏剧学习兴趣可以反过来推动戏剧阅读的深入。

(1)课前预读,明晰戏剧学习内容。

预习是学生预先阅读文本,通过阅读筛选重要的文本信息,再结合自己头脑中原有的旧知识,进行分析、判断、推理、评价、反馈,对新旧知识进行"同化"或"顺应",并合成新知识的过程。[②] 新课标指出,语文教学要着眼于培养学生的自学能力。可见,改变学生的学习方式,是新课改的重要目标之一。课前预读任务是戏剧学习的良好基石,有助于学生对戏剧文本的初步理解,以及教学目标的达成。课前预读的关键在于了解教学内容,学生要清楚教学目标,而不是完全依赖教师教学,脑袋空空地开始学习。戏剧文本的特殊性要求学生在课前预读过程中通篇阅读文本,对文本内容有所认识,厘清文本中人物的复杂关系,从戏剧人物的角度初步了解戏剧的情节,为后续的戏剧学习做好准备。

(2)课中精读,加深戏剧文化理解。

精读教材要求学生围绕戏剧文本的重点段落咬文嚼字、仔细揣摩,理解文本的内容与写法,从而领会阅读写作的要领。文本精读,体现为对文本的赏析与体味,它要求读者对戏剧文本进行品评赏鉴,从字里行间剖析作者叙述的功夫与用心。戏剧文本的精读应当有一定的范围,例如,在教《雷雨(节选)》一文时,教师可以指导学生精读描写周朴园与鲁侍萍的情感矛盾和仇恨恩怨的内容,学生通过精读人物心理活动和语言表达,能够加深对于戏剧文本的认知。

(3)课后泛读,开拓戏剧学习思路。

泛读是指一般性的阅读。通过泛读,学生可以在短期内阅读大量的戏剧文学作品,从而将前面所学的戏剧知识灵活运用到实际的研读鉴赏过程中。比如,学生在学习关汉卿的《窦娥冤(节选)》之后,可以泛读《救风尘》《拜月亭》。学习莎士比亚的《哈姆莱特(节选)》之后,可以学习著名戏剧《奥赛罗》《李尔王》。

---

① 余文森.论阅读、思考、表达的教学意义[J].全球教育展望,2021(8):23.
② 王文彦,蔡明.语文课程与教学论[M].北京:高等教育出版社,2002:61.

高中生已经精读了一些名篇佳作，积累了不少戏剧知识，这有助于学生在泛读文本过程中理解文本内容，其新旧知识在泛读过程中能够不断地融合。精读与泛读之间有着密切的关系，学生通过精读，可以了解戏剧的语言和文字的特点，为泛读打下基础。通过泛读，学生能巩固已学到的知识，提高戏剧精读能力。

2. 加强阅读练习，提升阅读素养

（1）精读文本练习与略读文本练习相结合。

"精读"从字面意思剖析就是精心细致地阅读，不放过任何细节，不丢掉任何部分。[①] 戏剧阅读学习需要学生将精读文本练习与略读文本练习相结合，这有助于学生在学习戏剧文本时选择更为恰当的戏剧阅读方法。

首先，学生要主动探索阅读的途径，协调好精读练习和略读练习的关系。其次，学生可以采取不同阅读方式进行练习，例如参加线下读书会、线上阅读会讨论。学生通过练习，能够借鉴同学的阅读练习经验。最后，教师要结合学生的阅读练习情况进行指导，对于练习过程中的问题耐心答疑，这有助于学生阅读能力的快速提升。

（2）集体阅读练习与个体阅读练习相结合。

集体阅读练习是针对班集体所有学生的共同练习，具有普适性；个体阅读练习是学生按照自己的能力自行安排的练习，具有特殊性。学生的认知水平、学习经验、学习兴趣以及生活经历不同，戏剧阅读教学中，教师要关注集体学生的阅读练习，也要关注个别学生的特殊练习，促进每位学生戏剧文学素养的提升。在戏剧阅读教学过程中，教师可以在班级内组织集体性的课外阅读活动，让学生们开展自主性集体阅读，并在集体阅读过程中设置一定的问题，通过解决问题这种方式激发学生的阅读动力。

在组织集体课外阅读活动的过程中，教师必须充分协调各方资源，为学生们做好活动的准备工作，从而有效保障高中生们的集体阅读时间和阅读质量。个体阅读是私人化阅读行为，相对于集体阅读更自由，拥有更多的自主性。但是，个体阅读也需要教师进行引导及把关，否则会出现阅读随意化、碎片化以及单一化等问题。

（3）课内阅读练习与课外阅读练习相结合。

戏剧教学要注意课内阅读与课外阅读的有效结合。戏剧课内阅读是教师指导学生学习教材中的戏剧文本，主要学习场所是课堂，课内阅读过程中，教师一般会设置清晰的教学目标，教学内容也比较单一，因此课内阅读主要是学生通过课堂上的戏剧学习获得知识的过程。课外阅读相对灵活，主要是学生自主阅读，阅读书目不受限制，学生的课外阅读是课内阅读的补充，课内阅读与课外阅读相结合有利于学生戏剧阅读能力的

---

① 任苏民.教育与人生——叶圣陶教育论著选读[M].上海：上海教育出版社，2004：79.

提升。

（4）整本书阅读练习与单篇阅读练习相结合。

整本书阅读是深度的学习和阅读，有利于打破语文阅读教学的狭小格局，实现课外阅读与课内阅读的有机结合。单篇阅读教学过程中，教师要带领学生"细嚼慢咽"，从而培养学生阅读的基础能力，这是阅读教学的常态。单篇阅读教学的价值在于以经济的阅读载体让学生获得集中而丰富的阅读体验，为语言认知能力的持续发展奠定基础。[1]由于教材中的戏剧大多数是戏剧文本节选，因此戏剧文本阅读需要将整本书阅读与单篇阅读相结合，从细节处着眼，逐步构建对整体的全面认知，随后再从整体视角回溯至各个局部。

整本书阅读指导与单篇阅读指导相结合的策略应该从以下三个方面展开。首先，建立阅读共同体。学生在戏剧学习过程中可以根据不同的阅读兴趣建立阅读小组，小组成员可以定期举行阅读活动，并且约定在固定时间进行汇报交流，教师可以辅助学生组建阅读小组，恰当地给学生提出建议。其次，设计整本书阅读任务。教师可以让学生自行推荐选读书目，这一方面可以锻炼学生的戏剧文本阅读能力，增强他们的阅读兴趣和自信心，另一方面也有助于其他学生了解不同类型的书籍。最后，监控整本书阅读过程。教师要做好整本书与单篇阅读指导工作，时刻关注学生的阅读情况，适时给予点拨，提升学生的戏剧学习体验，激发学生的戏剧阅读兴趣。

3. 制订阅读计划，培养阅读习惯

（1）设置阅读目标及书目。

学生的戏剧学习应该紧密围绕戏剧阅读目标展开，从而激发学生的戏剧学习兴趣，增进其对戏剧文化的理解。学生在阅读一本书的时候，要有问题意识，并且要在阅读之后逐个解决这些问题，要把这种提出问题、回答问题的方法变成自己阅读一本书的习惯。学生的戏剧阅读目标可以根据主要问题来设置。例如，这篇戏剧文学的主要内容是什么？这篇戏剧介绍了哪几个重要人物，他们有什么特征，作者是如何刻画他们的外貌和内心世界的？除此之外，戏剧阅读目标也可以是对教材中戏剧文学的补充，学生学习完教材中的戏剧文本后，对于课文之外的故事也会充满好奇。那么，这类戏剧阅读目标，就是课堂教学目标的延伸，有助于学生拓展戏剧知识，品析戏剧之美。

阅读书目的选择是慎重而灵活的，在浩如烟海的戏剧文学作品中选择适合学生学习的书目是一项艰巨的任务。除了依据教材中的单篇戏剧文本，在课外阅读完整的戏剧作品之外，戏剧书目的选择还应当更加开放包容，这有助于学生阅读面的拓展。阅读

---

① 王君,司体忠.单篇.群文.整本书:语文阅读的"三态"共建[J].语文教学通讯,2021(11):17.

书目可以选择同一时期相同风格的戏剧文本、同一时期不同风格的戏剧文本,也可以选择不同时期相同风格的戏剧文本以及不同时期不同风格的戏剧文本。

（2）安排阅读时间及进度。

在指导学生阅读整本书时,教师还应该要求学生根据自身实际,合理安排阅读时间。为了让学生养成每天定时阅读的习惯,教师应该要求学生围绕阅读内容,科学合理地安排阅读时间。例如,在学校课后服务期间,如果某学生提前完成了教师布置的书面作业,那么,该学生就可以利用这段空闲的时间,自主完成当天的阅读任务。在安排阅读时间时,教师绝对不能采取"一刀切"的方式,要鼓励学生根据自身实际,个性化、合理化地安排阅读时间。

（3）重视阅读反思及测评。

戏剧阅读的检测是对戏剧学习结果的有效评估手段之一,能够清楚反映学生的戏剧学习情况。但是,戏剧作为语文阅读教学的重要文学体裁之一,高考试卷鲜有涉及,这就很容易让教师和学生忽视戏剧文体。戏剧文本的教学不能缺少测评,教师应当在戏剧文本教学结束之后设置一些测评内容,帮助学生温故而知新。

戏剧教学测评的问题可以从以下两方面展开。一是客观题,客观题的内容可以是戏剧基础知识、文本客观内容。二是主观题,主观题可以从戏剧情感、态度、价值观着手,设置相对开放的问题,使得学生能够自由解读文本,抒发自身感想。

（三）戏剧教学资源和氛围的优化策略

1. 开拓戏剧教学资源,创设多元学习平台

（1）开发戏剧校本课程。

校本课程是指以学校为本位、由学校自己确定的课程,与国家课程、地方课程相对应。开发戏剧校本课程要保证其具有地域特色,并且具有可行性,戏剧校本课程内容应当依据学生的年龄特点,选择适合学生身心发展的戏剧学习资源,或者结合当地特色进行选择。

例如,黄梅戏之乡的安庆的某中学,其学生从小便在黄梅戏的熏陶下成长,对于黄梅戏的了解颇深。该校的戏剧校本课程的开发可以结合黄梅戏这一地方特色。在戏剧课程实施过程中,教师要引导学生分析他人、他物之间的关联,从而探索戏剧文本的内涵,这是一种以学生学习为主体的教学模式。教师要在戏剧活动中适时适度地提出问题、引导讨论、营造氛围、把控戏剧活动节奏,让学生在戏剧特色课程中感悟戏剧的美好,热爱戏剧这门艺术。

（2）创建戏剧教研小组。

戏剧教研是戏剧教学发展的有效途径。戏剧教研集结了教师的智慧,是戏剧教学课堂实践经验的精华。创建戏剧教研小组可以从以下几个方面展开。

首先,学校要选择合适的教师成立戏剧教研团体,让教师在教研过程中畅所欲言,共同讨论适合语文戏剧阅读教学的方法或者内容。戏剧教研也可以每期制定一个课题,教师通过研究课题加深对戏剧教学的认识,同时转变戏剧阅读教学功利性观念。

其次,戏剧教研小组要定期进行考核评价,通过考核激发教师戏剧教研的热情和动力,也能够促进教研效率的提升。教研考核评价可以围绕课题开展情况进行,教师可以通过课题考核评价完善原本课题,从而促进戏剧阅读教研的发展。

最后,教研小组的研究理论要付诸课堂实践,或者从课堂实践中观察戏剧教学存在的不足,进而加以研究探讨。创建戏剧教研小组有利于戏剧阅读深度教学的开展,戏剧阅读深度教学的发展转过来又能促进戏剧教研小组的进步和发展。

（3）创立戏剧兴趣社团。

创立戏剧兴趣社团是学生戏剧文本实践的重要方法之一,学校开设戏剧兴趣社团有利于学生戏剧实践能力的培养,有利于激发学生的戏剧学习兴趣,因此,创建戏剧兴趣社团尤为重要。戏剧兴趣社团应当合理创建,不能完全脱离教学实际,兴趣社团应当依托语文戏剧学习课堂来开展戏剧社团活动。

戏剧兴趣社团的活动可以从以下三个层面展开。首先,合理设置戏剧兴趣社团的形式,学生在校园内可以通过戏剧表演、戏剧演讲、戏剧演唱等方式展开学习,教师可以辅助学生展开戏剧兴趣活动。其次,戏剧兴趣社团可以从课堂走向课外,教师在教授戏剧文本知识时,可以让学生利用课外社团,丰富课内文本的实践活动,教师也可以参与学生的戏剧兴趣社团活动。最后,戏剧兴趣社团需要记录学生的戏剧学习过程,帮助学生深刻认识戏剧学习,获得阶段性成长。

（4）组织戏剧表演活动。

戏剧的独特之处在于,学生能够依据戏剧的文本语言进行演绎,借由戏剧表演这一形式,将戏剧文学更深入地融入现实生活之中。《课程标准》提出,要引导学生自主创建各类社团,开展各类语文学习活动,如读书交流、戏剧表演等。戏剧表演活动可以由学校官方组织,也可以由单个班集体组织,戏剧表演活动具有强烈的感染力,有助于学生身临其境地感受戏剧文化的魅力,同时也能让观赏者产生戏剧阅读的兴趣。戏剧表演活动应当围绕两方面展开:一是课内戏剧表演活动,这类表演可以与课堂教学结合,丰富学生的知识和情感体验;二是课外戏剧表演活动,这类表演活动的组织可以根据古今中西优秀戏剧文化展开,让学生感受戏剧文化的磅礴,从而加深对于戏剧的理解。

2. 重视戏剧教学地位,营造良好教学氛围

（1）加强对戏剧教学重要性的认知。

戏剧作为一种传统的文化娱乐方式,受众面比较窄,不被青年观众青睐,想要走入大众视野,还很艰难。从教育的层面来说,戏剧作为一种具有代表性的中国传统文学,是语文教育的一部分,教育部门应给予重视。教师是教育者,在教学过程中起主导作用。教师对戏剧的态度会直接影响学生的戏剧学习,因此教师应改变自身观念,重视戏剧文本,提高学生学习戏剧的兴趣。

在语文教学过程中,教师对教材文本的掌握与运用情况对学生的学习起着重要作用,教师需要根据教学目标传授知识,充分调动学生的积极性,帮助和指导学生进步。因此,教师必须认识到戏剧教学对学生的重要性,课前认真备课,对语文教材中戏剧作品的内容进行深入挖掘,充分认识戏剧与其他文体的差别。教师要改变自身对戏剧教学的功利性态度和观念,用正确、适当的教学方法为学生呈现戏剧的魅力,让学生能够在学习戏剧的过程中提高语文素养。

(2)建立良好的戏剧课堂教学氛围。

教学氛围是一种隐形的教学节奏,教师在教学过程中要利用教学机制把握好课堂教学氛围,营造良好的教学氛围和更加轻松愉悦的教学环境。良好教学氛围的营造需要教师深入了解学生,一方面要了解学生对于戏剧的情感态度,另一方面要了解学生当前的阅读兴趣。教师只有充分了解学生才能有效把握课堂节奏,营造良好的戏剧教学氛围。教师可以从日常观察中得知学生对戏剧文学的态度,如果学生对于戏剧文学非常感兴趣,教师可以进一步指导;如果学生对于戏剧文学不感兴趣,教师可以采用有趣的教学方式激发学生对戏剧文学的兴趣。

(3)重视教师戏剧教学素养的培养。

在戏剧教学中,语文教师的戏剧素养至关重要,语文教师戏剧素养的提高不仅是戏剧教学的需要,也是教师个人发展的需要。语文教师戏剧素养关系着学生戏剧鉴赏能力的提升,良好的戏剧教学素养是教学成功的保证和前提。

语文教师戏剧阅读素养可以从以下几个方面展开:首先,教师要强化对戏剧学习的认知,认可戏剧教学的重要性;其次,教师要加强对戏剧文化理论知识和实践知识的学习,为戏剧教学课堂实践打下扎实基础;最后,教师要时常对自己的戏剧学习过程进行反思,通过反思,促进自身戏剧教学素养的提升。

(4)注重戏剧教学的课堂内外考评。

语文戏剧阅读深度教学离不开科学的教学考评制度,考试评价制度的改革,是我国基础教育改革和发展的重要内容,也是教育领域综合改革的重要内容。[①] 完整的教学

---

① 郭元祥.深度教学——促进学生素养发育的教学变革[M].福州:福建教育出版社,2021:368.

考评体系包括对教师的考评和对学生的考评,对教师的考评内容应包括教学态度、教学内容、教学方法手段、教学效果和科研实绩五个方面内容;对学生的考评内容包括学习态度、学习能力、学习成绩等方面内容。

戏剧教学课堂内外的考评既要关注对教师教学的考评,也要注重对学生戏剧学习的考评。通过考评结果可以找出教师戏剧教学与学生戏剧学习的不足之处,再根据问题对症下药。一是语文戏剧教学考评要注重对教师课堂内外教学的考评,比如戏剧教学内容、戏剧教学方法、戏剧教学态度等,进而对教师考评结果进行科学分析,运用有效的策略解决教师戏剧教学中存在的问题,以期教师能够呈现更好的戏剧深度教学的课堂。二是戏剧教学要重视对学生课堂内外学习的考评,学生是学习的主体,也是戏剧课堂考评的主体,学生的考评可以从戏剧学习态度、戏剧学习能力及戏剧学习成绩着手,通过对学生戏剧考评结果分析,总结学生戏剧学习的问题,采取针对性策略解决问题,这有助于戏剧深度教学课堂的深入发展。

五、戏剧整本书阅读教学案例

语文教材里的戏剧文本都是节选内容。要完整地了解戏剧知识,需要进行整本书阅读。现以《雷雨》为例,将戏剧整本书阅读教学的课前、课中、课后三个阶段的开展情况做具体说明。

(一)《雷雨》整本书阅读课前情节梳理

在开始整本书阅读时,学生还没有完全进入整本书阅读的情境当中,需要教师的指导。教师可以为学生制订相对容易操作的基础阅读任务,使其逐步进入整本书的阅读状态。

1. "卡片"设计理情节,人物性格深探究

(1)阅读任务一。

在整本书阅读的初始阶段,请同学们对剧中每一幕出现的角色以及他们的出场次序进行整理,并剖析、归纳人物性格特征。

(2)设计依据。

整本书阅读过程中,基础阶段是学生融入阅读情境的一个重要时期,教师要帮助学生认识剧中的角色,深化他们对角色的印象,从而更好地理解角色。在一部戏剧中,角色是不可或缺的重要因素,角色的设置通常蕴含着作家要表达的重要思想内涵,同时,对主角的塑造也可以将整个戏剧的主题表现得淋漓尽致。对人物的登场以及人物性格特征展开深入探究,可以帮助学生积累更多的创作材料,进一步提高他们的写作能力。

(3)具体实施。

在《雷雨》整本书阅读基础阶段,学生可以在阅读过程中记录自己对人物的感受和理解,然后制作人物"卡片",将各幕中出现的人物以及作者曹禺对每个人物出场时的点评,还有学生自己根据人物对话分析出得出的人物性格填进卡片中。

2. 绘制人物关系谱,理清人物间关系

(1)阅读任务。

绘制剧中重要角色之间的关系图谱,除了八个人物的亲属关系外,还要重点梳理剧中人物的矛盾冲突关系、情爱关系。

(2)设计依据。

本任务以上一任务为依托,是对上一任务单元的扩展。《雷雨》中的主角只有八个,但是他们之间的矛盾冲突却是复杂的、交叉式的,形成"三角结构",即由三个人物组成的"三角",这个"三角结构"揭示了人物之间矛盾且复杂的关系,并导致剧中人物走向了悲惨的结局。

(3)具体实施。

《雷雨》主要围绕周、鲁两家八个人的矛盾冲突展开,周家和鲁家的人物组成比较简单。

在《雷雨》的整本书阅读教学中,教师可以引导学生绘制剧中八个人物的矛盾冲突网状关系图,然后让学生总结八个人物的矛盾冲突,并绘制成"三角结构"图,分析出每一个"三角结构"中人物之间的关系,或者要求学生课下独立绘制并分析八个人物矛盾冲突的"三角结构"。

3. 阅读问题勤收集,引导学生深探究

(1)阅读任务。

教师可以将学生阅读中迸发出的灵感、产生的奇思妙想或者发现的一些有价值的观点或疑惑收集起来,以此为切入点引导学生深入探究,为之后的阅读研习做准备。

(2)设计依据。

学生在课堂上提出问题,是学生对阅读内容进行思考的体现,在问题的基础上进行交流,可以激发学生的阅读兴趣。在阅读任务的驱动下,学生们已经通读了整本书,这个时候,他们脑海中的许多奇思妙想和疑惑急需教师、同伴协助解决。与此同时,在学生初读文本的时候,老师也可以以读者的身份与他们共读,这个时候,老师要积极引导和组织学生交流和讨论阅读心得,并与他们共享自己的阅读体验。

(3)具体实施。

首先,教师要对学生进行分组,由每组组长将各组学生的阅读任务卡进行汇总,然后向全班汇报小组讨论中发现的有意义、有价值的内容。教师要总结学生提出的最多的问题。其次,教师可以邀请其他小组的同学点评汇报小组的汇总内容,可以先对所收集的问题的价值意义进行判断,给出原因,并说出自己在阅读过程中是否注意到了这个问题,然后再谈谈自己有什么不同的看法。最后,教师在也要向学生分享自己的阅读经验与感受。

(二)《雷雨》整本书阅读课中细节探究

完成《雷雨》整本书的情节梳理后,教师需要在"精耕"阶段对《雷雨》整本书细节进行探究,这一阶段也需要学生完成三个阅读任务,从而仔细体味作者的情感表达并正确地把握剧作主旨。

1.周朴园的人物形象探究

(1)阅读任务。

小说和戏剧最大的区别在于故事的呈现形式。小说是叙述者讲故事,戏剧是演员演故事。这一阶段的阅读任务是让学生通过品味台词和舞台说明,深度解读《雷雨》中周朴园的形象。

(2)设计依据。

长期以来,对周朴园形象的主流解读是将他定义为封建势力的代表,但书中的周朴园的人物形象是多面化的:威严的家长,精明毒辣的资本家,有情有义却顾及现实的情人,感觉人生凶险、企望晚年平安的老人,以及无奈地面对天地间的残忍的"人"。① 曹禺对周朴园的态度是复杂的,有批判的一面又有同情的一面,周朴园的确有冷酷自私的一面,但他也会因为一段往事而怀念半生、忏悔半生、痛苦半生,因此周朴园是一个立体多面的形象,在他身上,痴情与无情、温柔与冷酷、可悲与可恶、人情味与铜臭味是时刻交织着的。

剧本是人物对话的书面表达,它的语言细节、人物的形体和动作,都是人物在言语交往中无意识的反映。因此,阅读一出戏的最基本方法,就是解析它的对白和情节。在这部戏里,周朴园的每一个细节、剧中周朴园点点滴滴的人物侧写,就是以这种方式表现出来的,因此教师将这一最核心、最基础的方法教给学生,有助于学生更好地解读文本,深度理解人物形象。

(3)具体实施。

教师引导学生通过品味台词和舞台说明,深度解读《雷雨》中的周朴园形象。学生可自主完成表格的设计与填写工作,并把自己对台词和舞台说明的理解与分析写成不

---

① 樊功莉,陆炜.《雷雨》中最丰满的人物——周朴园的再解读[J].戏剧(中央戏剧学院学报),2019(5):12.

低于 200 字的文本，在课堂上与大家讨论分享。

2. 女性形象的矛盾性探究

（1）阅读任务。

请你对书中女性人物形象做出解读，分析作者通过对繁漪、侍萍、四凤、未留名的太太等女性人物形象的塑造与刻画想要表达什么，你从中得到了什么启发？

（2）设计依据。

整本书阅读与局部精读是相辅相成的。局部精读可以让学生更深入、更全面地把握人物形象，这使得繁漪这一人物形象在学生们的心目中变得更加立体饱满，而故事情节也更加真切。同时，局部阅读也是整本书阅读的一部分，局部衬托整体，整体引导局部。[①] 教师要以学生在整本书阅读时的心理需求为依据，指导学生进行局部精读，因势利导，针对学生具体情况，给出一个具有探讨意义的主题，供学生深入品读和研究。

（3）具体实施。

教师可以要求学生在课后时间进行深入阅读，寻找《雷雨》中关于女性形象的矛盾复杂性的描写，在书中勾画出自己认为的重点，并进行深度思考与研讨，撰写读书笔记。

3. 主题探究——对序幕和尾声的解读

（1）阅读任务。

精读《雷雨》的序幕和尾声以及曹禺本人对序幕和尾声的两处阐述，然后思考：《雷雨》的序幕和尾声有什么作用？

（2）设计依据。

在舞台剧的表演中，《雷雨》的序幕和尾声这两部分常常遭到删减，在如今的课堂教学和文本分析中，很多人也忽视了这一部分的内容，因此造成了文本的误读以及对文本文学性和戏剧性的不准确理解。事实上，在《雷雨》中，序幕和尾声都是曹禺精心安排的、不可或缺的部分，这有助于突出救赎主题，又能引发观众对主人公的同情与思索。

序幕的发生时间是 1933 年，也就是《雷雨》故事发生的十年后。曹禺不仅为观众留出足够的观看距离，也交代了剧中人物的结局——两位妻子先后发疯，儿子下落不明，鲁贵因酗酒死去，周公馆被卖给了教会医院。曹禺如此写作，明显有其深刻的含义。在序幕和尾声中，基督教与耶稣象征着救赎，说明晚年的周朴园陷入了对过去的追忆与忏悔中。应当说，曹禺对剧中的每一个角色都饱含深情、给予同情。

曹禺保留序幕和尾声，并强调了这个故事的演绎得由一个机智的导演来完成，由此可见，序幕和尾声中表达的救赎意义对于戏剧的主题的表达有着重要影响。因此，在

① 钱晓棠.关于整本书阅读教学的思考与实践——以《雷雨》阅读教学为例[J].语文教学与研究,2018(23):82-85.

《雷雨》整本书阅读中,对于戏剧的主题进行探究时,教师不妨从这一角度入手,而不再只是简单地评价是非对错、讨论阶级和社会矛盾。从序幕和尾声的角度探究《雷雨》的主题,可以把戏剧的主题意义上升到哲学层面,更有利于学生对生命意义进行思考。

（3）具体实施。

教师可以布置阅读计划,指导学生精读《雷雨》的序幕和尾声,以及阅读曹禺本人对序幕和尾声必要性的两处阐述:"我的方法乃不能不把这件事推溯,推,推到非常辽远的时候,叫观众如听神话似的,听故事似的,来看我这个剧……而这种方法犹如我们的孩子们在落雪的冬日,偎在炉火旁边听着白头发的老祖母讲从前的故事","我把《雷雨》作一篇诗看,一部故事读,用'序幕'与'尾声'把一件错综复杂的罪恶推到时间非常辽远的处所。……那'序幕'和'尾声'的纱幕便给了所谓'欣赏的距离'。这样,看戏的人可以处在适中的地位看戏,而不至于使情感或者理解受了惊吓。"然后引导学生思考:《雷雨》的序幕和尾声有什么作用？教师可以组织学生先分小组探究这一问题,然后展开班级研讨,鼓励学生踊跃发言,大胆展示自己的阅读成果。

（三）《雷雨》整本书阅读课后阅读提升

《雷雨》整本书阅读的第三个阶段是课后的"延展"阶段,要求学生在前两个阶段的阅读过程中,写出自己的阅读心得,然后进行话剧会演,从而提高学生的阅读水平,让他们的阅读经验更加丰富。

1. 撰写阅读感悟

（1）阅读任务。

《雷雨》这部经典戏剧,我们已经进行了细致入微的整本书阅读,在阅读的过程中你有哪些感悟和体会？又或是从谁的身上学到了什么？请大家将自己的阅读感悟撰写成不少于 800 字的阅读后记,和全班同学一起分享。

（2）设计依据。

阅读与写作是相辅相成的。"读"是"感"的基础,"感"是由"读"而生的。唯有仔细阅读,找出其中的难点与疑点,理出头绪,对全文的内容与要旨有一个全面的把握,对原文的精神进行了深入的理解,并与历史经验、当前形势以及本人的现实生活相结合,才能真正有所"感"。教师要引导学生撰写阅读感悟,不仅要写实感,还要在读懂原作的基础上做出自己的分析和评价。分析和评价是对所"感"的酝酿、集中和演化的过程,只有这样,学生的阅读感受才能与原作品的主旨保持一致。

（3）具体实施。

学生们对作品阅读研讨过后,教师可以要求学生们自拟题目和内容,撰写自己的阅读感悟,字数为 800～1200 字。教师可根据实际情况让学生在课后完成这项任务,或者专门安排一堂写作课让学生在课上完成阅读感悟的撰写。

2. 片段话剧汇演

（1）阅读任务。

教师可以要求学生以小组为单位，选取这部戏剧当中最感兴趣的1~2个片段进行剧本的改编和表演，并进行汇报演出。

（2）设计依据。

话剧表演是一种生动、富有感染力的艺术形式，同时也是我国民族文化的重要组成部分。在国家高度重视学生艺术素养培育的形势下，推动戏剧表演进课堂，以戏剧为载体，对学生展开生动的艺术教育十分必要。戏剧的编排演出也是跨媒介阅读与交流的重要载体，《课程标准》学习任务群3指出："引导学生理解多种媒介运用对语言的影响，提高学生综合运用多种媒介有效获取信息、表达交流的能力，培养学生求真求实的态度。"①这一任务的设计，要求学生可以在组织话剧汇演的过程中，深入理解角色，探究作品传达的深层意蕴，促进学生思维的提升，这对提高戏剧作品的教学质量有着不可忽视的价值。

（3）任务具体实施。

①表演准备：将全班同学划分成若干表演小组，每组由一名导演和几名演员组成；各小组明确各自的演出主题（即剧本的哪一幕或哪几幕），学生依据各自的兴趣进行角色分工和布置；选出评审小组，建立具体的评分标准。②排练：各小组课下自行排练，表演时能够做到脱离剧本。③表演汇报：笔者选择了语文晚自习的时间，向学校申请了学术礼堂作为学生表演的场地，各小组的汇报表演结束后，由评委组评审和颁发奖项。

戏剧表演对提高学生的审美情趣、促进学生情趣与理趣的协调发展具有重要意义。通过戏剧表演，演员与观众之间的距离感消失了，实现了良性互动。通过改编、表演、评审等活动，使同学们能够就人物形象的塑造、人物情感的处理等问题，进行有效的沟通与讨论，从而促进同学们更好地感知美、鉴赏美、表达美。

检 测 与 思 辨

1. 为议论文《答司马谏议书》和《劝学》设计阅读教学导入语。

2.《故都的秋》《荷塘月色》和《我与地坛》描写的是同一个城市的景物，呈现出多姿多样的美。选取你认为最精彩的段落，反复朗读，细加品味，写一段评点文字。

---

① 中华人民共和国教育部.普通高中语文课程标准（2017年版2020年修订）[M].北京：人民教育出版社，2020：17.

3. 以苏轼为中心设置议题,可以把议题设置为"人生如逆旅——从岁月中看苏轼的人生态度"。中学语文教材中的苏轼的作品有《(前)赤壁赋》《石钟山记》《记承天寺夜游》《念奴娇·赤壁怀古》《定风波·莫听穿林打叶声》等。请根据苏轼的作品设置一个可以关联这几篇文章的议题,并结合这些课文分析为什么要设置这个议题。

4. 将史铁生的《我与地坛》《秋天的怀念》《合欢树》组成一组群文,这三篇文章都通过景物描写表现对母亲深深的怀念和痛彻心扉的悔恨。在阅读完这三篇文章后撰写一篇有关母爱的散文,要求有景物描写、具体事件叙述。

5. 将小说《荷花淀》与《党费》进行比较阅读,分析两篇小说中的女主角有什么相同之处? 两篇小说中的男主角有什么特色? 小说是如何描写他们的?

6. 阅读鲁迅的小说《祝福》,写一篇关于"祥林嫂之死"的评论文章。

7. 比较阅读李白的《静夜思》及郭沫若的《静夜》,分析对比二者的语言风格、意象和主题,了解古代诗歌和现代诗歌在文学历史和文化背景上的差异和联系,思考如何理解历史和文化背景对诗歌的影响?

8. 深入阅读《雷雨》这部戏剧,在阅读的过程中你有哪些自己的感悟和体会? 又或是从谁的身上学到了什么? 请将自己的阅读感悟撰写成不少于 800 字的阅读后记。

参考文献

[1] 中华人民共和国教育部.普通高中语文课程标准(2017 年版 2020 年修订)[M].北京:人民教育出版社,2020.

[2] 中华人民共和国教育部.义务教育语文课程标准(2022 年版)[M].北京:北京师范大学出版社,2022.

[3] 教育部考试中心.中国高考评价体系[M].北京:人民教育出版社,2019.

[4] 褚树荣,毛刚飞.跨界之美:跨媒介阅读与交流[M].上海:上海教育出版社,2018.

[5] 邓彤.语文深度学习[M].上海:上海教育出版社,2021.

[6] 蒋军晶.让学生学会阅读:群文阅读这样做[M].北京:中国人民大学出版社,2017.

[7] 靳建设.语文群文阅读探究[M].兰州:甘肃教育出版社,2021.

[8] 李海龙.阅读教学论[M].成都:西南交通大学出版社,2011.

[9] 刘大伟,贾敏.群文阅读教学的理论与实践[M].南京:南京出版社,2020.

[10] 刘艳.你一学就会的思维导图[M].北京:文化发展出版社,2017.

[11] 陆志平,张克中.高中语文学习任务群详解与案例丛书:思辨性阅读与表达[M].北京:语文出版社,2021.

[12] 倪文锦.高中语文新课程教学法[M].北京:高等教育出版社,2004.

[13] 钱梦龙.我和语文导读法[M].北京:人民教育出版社,2005.

[14] 钱理群,孙绍振,等.名师六十讲:语文课上的文学[M].北京:语文出版社,2012.

[15] 欧阳林.批判性思维与中学语文学习[M].北京:中国人民大学出版社,2017.

[16] 孙绍振.孙绍振如是解读作品(散文卷及其他卷)[M].福州:福建教育出版社,2018.

[17] 孙绍振.古典散文解读全编[M].上海:上海教育出版社,2022.

[18] 孙绍振.审美阅读十五讲[M].北京:北京大学出版社,2013.

[19] 孙绍振.孙绍振解读经典散文[M].北京:中华书局,2015.

［20］ 王荣生.阅读教学教什么［M］.上海:华东师范大学出版社,2016.

［21］ 王荣生.语文科课程论基础［M］.北京:教育科学出版社,2017.

［22］ 吴欣歆.高中语文学习任务群教学笔记［M］.北京:北京师范大学出版社,2020.

［23］ 吴格明.逻辑思维与语文教育［M］.南京:南京师范大学出版社,2022.

［24］ 余党绪.祛魅与祛蔽:批判性思维与中学语文思辨读写［M］.北京:中国人民大学出版社,2016.

［25］ 余映潮.余映潮的中学语文教学主张［M］.北京:中国轻工业出版社,2012.

［26］ 余映潮.语文教学设计技法80讲［M］.广州:广东人民出版社,2014.

［27］ 余映潮.中学语文精品阅读课教学实录［M］.北京:中国轻工业出版社,2016.

［28］ 于泽元,王雁玲,石潇.群文阅读的理论与实践［M］.重庆:西南师范大学出版社,2018.

［29］ 陈赛花.批注式阅读法在语文教学中的有效运用［J］.求知导刊,2020(26):44-45.

［30］ 陈章泉.新课标背景下的高中语文群文阅读教学思考与实践［J］.高考,2023(1):33-35.

［31］ 程元.对"跨媒介阅读与交流"学习任务群的理解和思考［J］.语文建设,2018(10):8-11.

［32］ 池朱兴.走向深度学习的阅读教学初探［J］.语文建设,2021(2):7-10.

［33］ 崔凤琦,晋彪.群文阅读:"阅读策略"教学新路径［J］.语文建设,2020(14):8-13.

［34］ 代晓奎.初中语文散文教学存在的问题及对策［J］.学周刊,2015(8):168-169.

［35］ 丁俊.高中语文群文阅读教学实践研究［J］.甘肃教育,2023(11):111-114.

［36］ 丁俊杰.整本书阅读思想下高中语文小说教学策略［J］.山西教育(教学),2022(1):59-60.

［37］ 段利萍."三新"背景下高中语文阅读教学现状及对策［J］.新课程,2022(20):63-65.

［38］ 方东流.群文阅读的文本组织策略［J］.教育科学论坛,2017(1):47-50.

［39］ 顾之川.跨媒介阅读与交流:教材、教学及评价［J］.语文建设,2018(34):17-21.

［40］ 何春虹.高中语文教学中群文阅读模式的应用研究［J］.试题与研究,2023(4):7-9.

［41］ 胡根林.知人论世:散文阅读教学的必要支架［J］.中学语文教学,2018(9):30-37.

［42］ 黄斌.新高考背景下的高中语文阅读教学"对标"研究［J］.基础教育论坛,2021

(26):55-56.

[43] 黄碧珍.核心素养视域下高中语文群文阅读教学策略[J].中学课程资源,2023 (1):54-55.

[44] 郎德俭.高中语文阅读教学现状及改进策略探究[J].学周刊,2023(15):52-54.

[45] 李生莲.语文思辨性阅读教学策略研究[J].作文,2023(3):25-26.

[46] 李文英.新高考背景下高中语文阅读教学有效性的思考[J].学周刊,2023(4): 121-123.

[47] 李雅琴."三新"背景下高中语文群文阅读教学策略与研究[J].学周刊,2023 (17):58-60.

[48] 凌鹏国.群文阅读文章选择及教学的优化策略[J].语文建设,2021(4):70-72.

[49] 明超男.新课标背景下高中语文群文阅读策略分析[J].试题与研究,2023(11): 108-110.

[50] 倪文锦.群文阅读中的思维策略[J].课程·教材·教法,2020(2):72-76.

[51] 孙绍振.苏洵《六国论》和作为古典散文文体的"论"[J].语文建设,2021(3): 37-41.

[52] 司新华.整体性设问,让阅读教学不再散乱[J].语文建设,2013(10):32-34.

[53] 唐娅娜.提升高中语文教学中散文阅读的方法[J].课程教育研究,2020(19): 50-51.

[54] 王立.跨媒介阅读的课程建设及教学策略[J].语文建设,2018(25):73-76.

[55] 王科.比较式阅读法在高中语文教学中的运用[J].辽宁教育,2022(13):78-80.

[56] 王慧.高中语文现代散文阅读教学优化策略探索[J].中学课程辅导(教师通讯), 2020(24):66-67.

[57] 王荣生.阅读教学的基本任务与路径[J].课程·教材·教法,2012(7):84-91.

[58] 王建强.课堂问题链的设计、实践与思考[J].上海教育科研,2015(4):71-73.

[59] 王海英.高中散文阅读如何做到精细化[J].语文教学与研究,2021(22):92-93.

[60] 温儒敏."学习"与"研习"——谈谈高中语文"选择性必修"的编写意图和使用建议[J].中学语文教学,2020(8):4-12.

[61] 徐大庆.《乡土中国》整本书阅读教学研究[J].高考,2023(2):105-107.

[62] 徐鹏.深度学习视域下的语文教学变革[J].中学语文教学,2019(1):4-7.

[63] 余党绪.基于思辨读写的整本书阅读教学[J].语文建设,2022(1):35-40.

[64] 朱少山.基于思辨能力培养的高中语文教学[J].语文知识,2015(11):40-43.

[65] 张凌云.核心素养导向下高中语文群文阅读教学策略解析[J].作文,2023(4):

23-24.

[66] 张敏.高中语文整本书阅读教学现状及改进策略研究[J].新课程,2022(42)：103-105.

[67] 张海容.大单元视域下群文阅读教学的实践探索[J].中学语文,2021(24)：97-99.

[68] 周丽美.比较阅读在高中语文教学中的运用策略探究[J].考试周刊,2021(47)：57-58.

引用作品的版权声明

与本书配套的二维码资源使用说明

　　本书部分课程及与纸质教材配套的数字资源以二维码链接的形式呈现。利用手机微信扫码成功后提示微信登录,授权后进入注册页面,填写注册信息。按照提示输入手机号码,点击获取手机验证码,稍等片刻收到 4 位数的验证码短信,在提示位置输入验证码成功,再设置密码,选择相应专业,点击"立即注册",注册成功。(若手机已经注册,则在"注册"页面底部选择"已有账号? 立即注册",进入"账号绑定"页面,直接输入手机号和密码登录。)接着提示输入学习码,需刮开教材封面防伪涂层,输入 13 位学习码(正版图书拥有的一次性使用学习码),输入正确后提示绑定成功,即可查看二维码数字资源。手机第一次登录查看资源成功以后,再次使用二维码资源时,只需在微信端扫码即可登录进入查看。